新能源汽车检测与维修岗课赛证融通系列教材

新能源汽车底盘系统检修

组　编　北京新能源汽车营销有限公司

主　编　高　云　吉武俊

副主编　冯　涛　高尚安　王红伟　刘国强　周　明

参　编　宫英伟　王悬悬　胡　浩　张新敏　钟彦雄　易　娇　旷文兵　黄志勇　宇正鑫　霍志毅　王　鹏　王　彪　郭志勇　管伟雄　王娜娜　侯　非

机械工业出版社

《新能源汽车底盘系统检修》是面向高等职业学校、高等专科学校及技工院校的理实一体化教材，包括理论学习模块、实训任务模块、考核评分模块；还设置了案例解析内容，通过汽车制造企业和汽车维修企业的真实技术案例，使读者对所学内容有更进一步的理解。全书包括新能源汽车传动系统、新能源汽车行驶系统、新能源汽车转向系统和新能源汽车制动系统四个项目，共九个任务。

为方便教学，本书配套操作视频，扫描二维码即可观看学习；还配备了习题库，也可扫描二维码进行线上答题练习。订购本教材的教师可以登录 www. cmpedu. com 注册后免费下载配套课件、习题和习题答案。

本书可作为中、高等职业院校及技工院校新能源汽车、汽车检测与维修等专业的教学用书，也可作为汽车售后服务人员的参考学习读物。

图书在版编目（CIP）数据

新能源汽车底盘系统检修/北京新能源汽车营销有限公司组编；高云，吉武俊主编. —北京：机械工业出版社，2024. 5（2025. 8 重印）
新能源汽车检测与维修岗课赛证融通系列教材
ISBN 978-7-111-75293-6

Ⅰ. ①新… Ⅱ. ①北… ②高… ③吉… Ⅲ. ①新能源-汽车-底盘-车辆检修-教材 Ⅳ. ①U469. 707

中国国家版本馆 CIP 数据核字（2024）第 051499 号

机械工业出版社（北京市百万庄大街 22 号 邮政编码 100037）
策划编辑：母云红 责任编辑：母云红 丁 锋
责任校对：甘慧彤 李 婷 封面设计：张 静
责任印制：单爱军
中煤（北京）印务有限公司印刷
2025 年 8 月第 1 版第 3 次印刷
184mm×260mm · 12 印张 · 293 千字
标准书号：ISBN 978-7-111-75293-6
定价：49. 90 元

电话服务 网络服务
客服电话：010-88361066 机 工 官 网：www. cmpbook. com
010-88379833 机 工 官 博：weibo. com/cmp1952
010-68326294 金 书 网：www. golden-book. com
封底无防伪标均为盗版 机工教育服务网：www. cmpedu. com

新能源汽车检测与维修岗课赛证融通系列教材

编　委　会

前言 PREFACE

2020年9月22日，在第七十五届联合国大会一般性辩论上，国家主席习近平向全世界郑重宣布：中国二氧化碳排放力争于2030年前达到峰值，努力争取2060年前实现碳中和。这就是"3060"目标。随后，《2030年前碳达峰行动方案》等顶层文件出台，促使汽车产业加快绿色转型。2021年10月26日，国务院发布《2030年前碳达峰行动方案》，明确提出大力推广新能源汽车，逐步降低传统燃油汽车在新车产销和汽车保有量中的占比。公安部发布的数据显示，2023年底全国新能源汽车保有量达2041万辆，占汽车总量的6.07%，其中，纯电动汽车保有量1552万辆，占新能源汽车总量的76.04%；新注册登记新能源汽车数量从2018年的107万辆到2023年的743万辆，呈高速增长态势。新能源汽车发展已是大势所趋。

目前，在我国市场销售的新能源车型有纯电动、混合动力、燃料电池电动汽车等几类，总体来说，纯电动汽车占比最大。我国汽车市场自主品牌、合资品牌、进口品牌均有新能源车型上市销售，且从2022年上半年的销售数据来看，新能源汽车销量排名前十的品牌除特斯拉外都是自主品牌。

随着新能源汽车市场占有率的增加，新能源汽车在客户使用、售后维护与修理等方面的问题也会逐步增加，这就要求广大汽车售后服务人员和职业院校相关专业毕业生进一步了解和掌握新能源汽车的结构、原理、使用、维护和修理方法。

为培养紧跟行业发展、贴合企业需要的新能源汽车售后服务人才，北京新能源汽车营销有限公司组织多所汽车职业和技工院校，以及教育部公布的"汽车运用与维修、智能新能源汽车1+X"证书制度试点职业教育培训评价组织单位共同编写了这套"新能源汽车检测与维修岗课赛证融通系列教材"。本套教材融合多年校企合作经验与成果、全国职业大赛参赛经验，紧跟行业技术发展现状，着力满足企业工作岗位需求，同时紧密契合院校课程体系建设，包括《新能源汽车构造与检修》《新能源汽车使用与安全防护》《新能源汽车维护》《新能源汽车底盘系统检修》《新能源汽车车身与电气系统检修》《新能源汽车动力蓄电池与管理系统检修》《车载网络与智能网联系统检修》；主要参编院校包括云南交通运输职业学院、湖南汽车工程职业学院、河北科技工程职业技术大学、北京交通运输职业学院、河南职业技术学院、云南机电职业技术学院、广州市交通技师学院、杭州汽车高级技工学校、山东工程技师学院、山西工程科技职业大学、四川工程职业技术学院、云南红河技师学院、保山技师学院等（排名不分先后顺序）。

本套教材是面向中、高等职业院校及技工院校的理实一体化教材，包括理论学习模块、实训任务模块、考核评分模块；设置了案例解析内容，通过汽车制造企业和汽车维修企业的真实技术案例、实际工作流程，使读者对所学内容有更进一步的理解，力图使所学内容更贴近生产一线的实际工作情况。为方便教学，本书配套实操视频，扫描二维码即可观看学习；还配备了习题库，也可扫描二维码进行线上答题练习。全书数字资源总码见下，扫描即可查看。订购本教材的教师可以登录 www. cmpedu. com 注册后免费下载配套课件、习题和习题答案。

《新能源汽车底盘系统检修》分为新能源汽车传动系统、新能源汽车行驶系统、新能源汽车转向系统和新能源汽车制动系统四个项目，共九个任务，可作为职业院校新能源汽车课程的教学用书，也可以作为新能源汽车售后服务人员学习使用的参考书。

在本教材编写过程中得到北京中车行高新技术有限公司、北京德和顺天科技有限公司的大力支持，在此表示感谢！

由于编者水平有限，书中不足之处在所难免，欢迎广大读者批评指正。

编　者

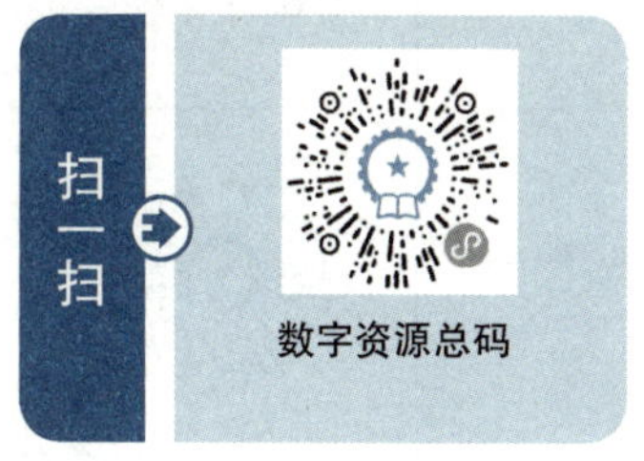

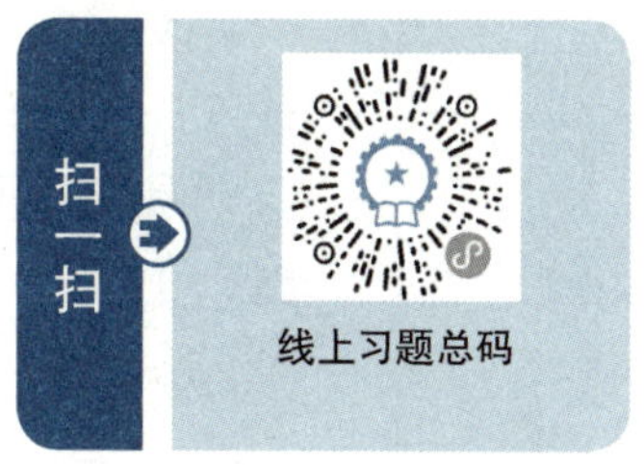

二维码目录

目　录　CONTENTS

项目三 新能源汽车转向系统 097

项目四 新能源汽车制动系统 126

参考文献 180

活页式教材使用注意事项

根据需要，从教材中选择需要夹入活页夹的页面。

02

小心地沿页面根部的虚线将页面撕下。为了保证沿虚线撕开，可以先沿虚线折叠一下。注意：一次不要同时撕太多页。

03

选购孔距为80mm的双孔活页文件夹，文件夹要求选择竖版，不小于B5幅面即可。将撕下的活页式教材装订到活页夹中。

也可将课堂笔记和随堂测验等学习资料，经过标准的孔距为80mm的双孔打孔器打孔后，和教材装订在同一个文件夹中，以方便学习。

温馨提示：在第一次取出教材正文页面之前，可以先尝试撕下本页，作为练习

项目一
新能源汽车传动系统

任务一　减速器总成的维护与检修

【学习目标】

知识目标：

1）了解减速器总成的功能。

2）理解减速器总成的传动原理。

技能目标：

1）掌握减速器总成的检修方法。

2）能运用维修资料及相关设备对减速器总成进行检修。

素质目标：

1）具有良好的品德、文化修养和职业道德。

2）具有良好的身体素质和心理素质。

3）具有一定的计划、组织、实施、评估等工作能力和沟通、表达、团队协作等社会能力。

4）具有良好的自我学习及持续进步能力。

【任务描述】

新能源汽车乘用车的电机产生的动力经传动系统驱动车轮滚动时，采用对变速杆的操纵产生的信号通过整车控制单元（Vehicle Control Unit，VCU）和电机控制单元（Motor Control Unit，MCU）对电机的调速实现动力传递传输变速、反向行驶及中断传动等功能，而传输过程要求的大转矩、差速及变角度动力传递需另外的零部件完成，以满足各工况下动力传输需要。本任务将介绍这些零部件的结构与工作过程及拆检过程。

【相关知识】

传统内燃机汽车由发动机提供动力，经离合器、变速器、分动器、万向传动装置、主减速器、差速器、半轴等装置把动力传递给驱动车轮，从而实现车辆的行驶。新能源纯电动汽车则取消了传统的内燃机，由动力蓄电池、电机、电子控制系统组成的“三电”提供动力，经由减速器总成、万向传动装置把动力传递给驱动车轮，实现车辆的运行。

减速器总成具有减速、变速、轮间差速等功能，与车载电机配合工作，能够保证汽车在各种情况下继续正常地行驶，并且具有良好的动力性和适当的续驶里程。

小知识

汽车传动系统的功能是把电机输出的动力，经减速器、主减速器、差速器、半轴及万向传动装置传递给驱动车轮，保证车辆的行驶。因此，车辆的传动系统承担着动力传递的重要功能。作为新时代的大学生，我们自身也承担着传承中华优秀文化、知识、技能的责任，不断地继承并发扬。

一、减速器总成的结构原理

1. 主减速器的功能及类型

（1）主减速器的功能

主减速器的功能是将输入的转矩增大、转速降低，并将动力传递的方向改变后传给差速器。

（2）主减速器的类型

按参加传动的齿轮副数目分类，可分为单级式主减速器和双级式主减速器。有些重型汽车又将双级式主减速器的第二级圆柱齿轮传动设置在两侧驱动轮处，称为轮边减速器。

按主减速器传动速比个数分类，主减速器可分为单速主减速器和双速主减速器。单速主减速器的传动比是一个定值，而双速主减速器则有两个传动比，即两条传动路线供驾驶员选择。

按齿轮副结构形式分类，主减速器可分为圆柱齿轮式（又可分为定轴轮系和行星齿轮系）主减速器和圆锥齿轮式（又可分为螺旋锥齿轮式和双曲面锥齿轮式）主减速器。

小知识

对汽车主减速器的构造与工作原理的学习使我们了解到常规减速器的构造以及工作原理，其各零部件之间的相互配合、位置关系在整个系统工作中均发挥着独特的作用。新时代要求我们要像这些齿轮、螺钉一样，忠于职守、团结协作，发挥自身优势，乐于奉献、服务社会，共同建设我们美好的家园。

2. 差速器的功能及类型

（1）差速器的功能

差速器的功能是将主减速器传来的动力传给左右两半轴，并在必要时允许左右半轴以不同的转速旋转，以满足两侧驱动轮差速的需要。

（2）差速器的类型

差速器的类型按其工作特性可分为普通齿轮式差速器和防滑差速器两大类。

小知识

> 汽车差速器的出现解决了在一些特定场合下车辆同轴不同速的问题，例如在转弯行驶时，通过不同轮速解决车轮绕定点转动的机械干涉问题，防止损坏汽车零部件。
>
> 差速器输出齿轮同速则公转，不同速则齿轮既公转又自转，通过上述运动方式保持车辆平稳行驶。这就提醒我们，在生活中也应刚柔并济、一专多能。

3. 新能源汽车动力系统

（1）驱动电机

下面以北京-EU5 搭载的 TZ220XS560 驱动电机为例，介绍新能源汽车驱动电机的特点、功能、工作原理等基本情况。

TZ220XS560 驱动电机是一款液冷的永磁同步电机。其最大输出转矩不小于 300N · m，其驱动效率、疲劳寿命、NVH（Noise、Vibration、Harshness 的缩写，即噪声、振动与声振粗糙度）等重要指标均达到我国同类产品先进水平。该电机结构采用永磁励磁方式，结构紧凑，可靠性高，易于加工，拆装方便。TZ220XS560 驱动电机通过整车驱动控制策略，实现以电动机模式驱动车辆前进、倒车，以及以发电机模式实现制动能量回收。

TZ220XS560 驱动电机主要有以下优点：1）转速大、输出转矩大；2）NVH 性能好；3）最高效率达 96.7%；4）可靠性高，工作温度范围广。

驱动电机的功能：TZ220XS560 输出转矩范围为 0~300N · m，峰值转速为 11000r/min。某车型 TZ220XS560 驱动电机主要技术参数见表 1-1。

表 1-1　某车型 TZ220XS560 驱动电机主要技术参数

参数项目	参数内容	参数项目	参数内容
电机类型	永磁同步电机	电机型号	TZ220XS560
额定功率	80kW	峰值功率	160kW
额定转矩	150N · m	峰值转矩	300N · m
基速	5100r/min	峰值转速	11000r/min
电机质量	50kg	电机最高效率	96.7%

驱动电机的工作原理：整车控制单元通过检测电子档位信号和加速踏板总成信号，以控制驱动电机的正反转、转速和转矩，通过减速器本体输出转速和转矩，进而达到调整整车车速的目的。

驱动电机控制系统：驱动电机系统的控制中心，又称智能功率模块，以绝缘栅双极型晶体管（IGBT）模块为核心，辅以驱动集成电路、主控制集成电路。

MCU 对所有的输入信号进行处理，并将驱动电机系统运行状态的信息通过控制器局域网络（Controller Area Network，CAN）进行共享发送。动力电子单元总成内含故障诊断电路，当诊断出异常时，它会激活一个故障码并发送给组合仪表，同时也会存储该故障码和相关数据。

驱动电机系统是纯电动汽车三大核心部件之一，是车辆行驶的主要执行机构，其特性决定了车辆的主要性能指标，直接影响车辆的动力性、经济性和用户的驾乘体验。驱动电机系统由驱动电机、电机控制单元构成。

电机控制单元根据车辆运行的不同情况，包括车速、档位、动力蓄电池荷电状态（State of Charge，SOC）来决定电机输出的转矩和功率。

当驱动电机控制器得到电力电子集成模块（Power Electronics Unit，PEU，其集成了电机驱动系统、变换器、车载充电器、车载加热器等功能）提供的松开加速踏板或踩下制动踏板信号时，将电动机转变成发电机，发电机将发出的三相交流电转换为两相直流电为动力蓄电池充电。

（2）减速器总成

下面以 EF130B01 减速器总成为例，介绍减速器总成的特点、工作原理和功能等。

该减速器总成的外观如图 1-1 所示，其最大输入转矩不小于 300N · m。该系列减速器总成结构采用左右分箱式，结构紧凑，刚性好，易于加工，拆装方便；采用前进档和倒档共用结构进行设计，倒档通过整车驱动电机反向驱动实现。P 位执行机构采用 12V 直流永磁同步电机进行自动驱动，P 位电机采用专用 P 位控制器（PCU）进行控制，P 位控制器通过螺母安装在整车的中通道处。

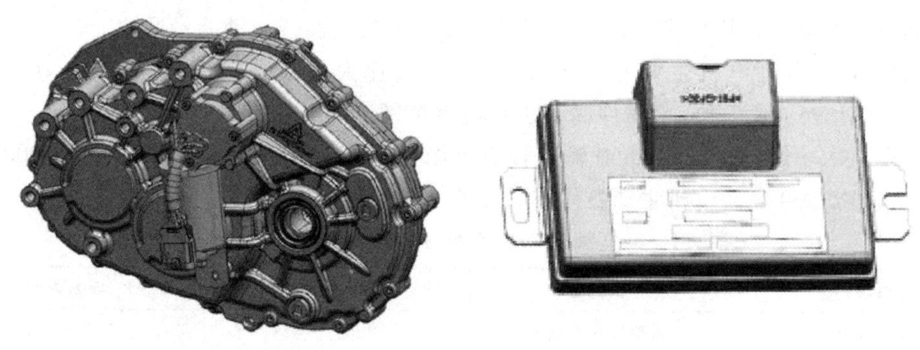

图 1-1　减速器及 P 位控制器外观

EF130B01 减速器总成主要有以下优点：1）转速大、输出转矩大；2）NVH 性能好；3）传递效率高，最高效率达 97%；4）提升整车在坡道上的驻车可靠性；5）耐久可靠性强，工作温度范围广；6）可适配转矩在 0~300N · m、峰值转速为 12000r/min 的驱动电机；7）采用专用 P 位控制器控制 P 位电机实现驻车。

其工作原理如图 1-2 所示。

1）整车通过检测电子档位信号和加速踏板信号，以控制驱动电机的正反转、转速和转矩，通过减速器总成本体输出转速和转矩，进而达到调整整车车速的目的。

2）MCU 通过检测换档信号，发送驻车指令给 PCU；PCU 将驻车信号发送给 P 位电机，P 位电机驱动减速器总成本体中的驻车机构运动，实现驻车。

3）驻车的执行情况通过角度传感器反馈给 PCU；控制显示面板将 PCU、MCU 的反馈信号呈现给驾驶员。

EF130B01 减速器总成与驱动电机直接通过花键刚性连接，减速器总成内部为 2 轴式，输入轴与中间轴互相平行。驱动电机输出的动力由输入轴输入，通过中间轴齿轮及中间轴传递给主减速齿轮，最终经差速器半轴齿轮两端输出给车轮，进而驱动整车前进或倒退。某车型 EF130B01 减速器主要技术参数见表 1-2。

表 1-2　某车型 EF130B01 减速器主要技术参数

最大输入转矩/N·m	各档传动比			
	一级齿轮传动比	二级齿轮传动比	总传动比	倒档
300	59/22	71/23	8.279	8.279

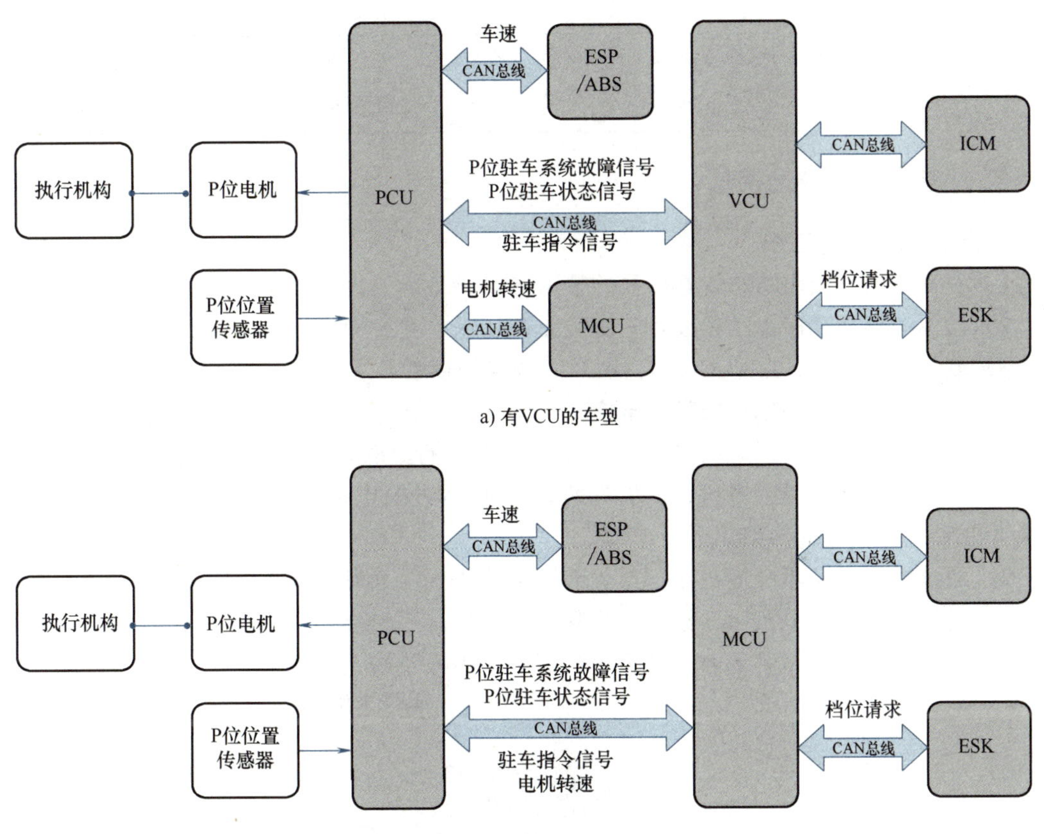

图 1-2　减速器及 P 位控制工作原理

ESP—车身电子稳定系统　ABS—防抱死制动系统　PCU—P 位控制器
ICM—仪表控制器　ESK—电子档位控制器

该减速器总成按功能和位置分为 5 大组件：右箱组件、左箱组件、输入轴组件、中间轴组件、差速器组件。

动力传递如图 1-3 所示，该减速器总成依靠两对齿轮副实现动力的传递和变换。整车前进和倒退时的动力传递路线如下：电机→减速器→主减速器→差速器→半轴→驱动车轮。

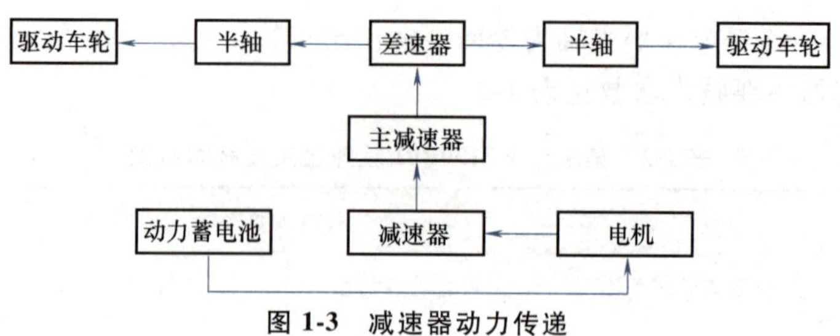

图 1-3 减速器动力传递

小知识

通过学习新能源汽车动力系统相关知识，我们可以了解到我国在新能源汽车领域已实现技术反超。只要我们坚持不懈、奋发图强，就能使我国汽车工业居于世界领先地位。

二、减速器总成的检修

1. 检修前的准备工作

1）对高压电车辆周围布置好明显的警示标识。

2）检测车辆，确保车辆无故障（主要是高压漏电类故障）。

3）制作高压标识，用于在实训过程中标识高压部件。

2. 减速器 P 位驱动电机故障件更换

若由故障码诊断确认 P 位驱动电机故障，则可进行 P 位驱动电机的更换，其流程如下：

1）通过拆卸 P 位驱动电机编码器处的 3 个 M6 螺栓及电机支架上的 1 个 M6 螺栓，可以将 P 位驱动电机及其支架整体拆下。

2）通过拆卸 P 位驱动电机尾部与支架连接的 2 个六角头螺母拆分电机与支架。

3）更换 P 位驱动电机后，按以上步骤逆序安装。

注：螺栓位置如图 1-4 所示，紧固件拧紧力矩参考技术文件要求。

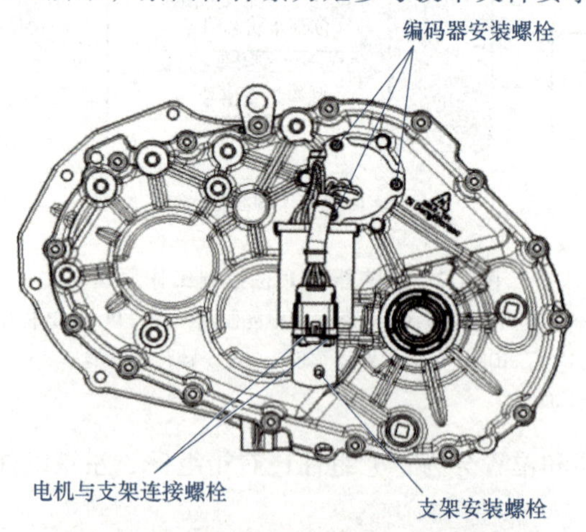

图 1-4 减速器 P 位驱动电机连接螺栓

3. 减速器 P 位驻车手动应急解锁

若车辆发生故障，导致 P 位锁止，车辆无法行进，需要临时通过手动方式应急解锁，则可按照以下操作步骤进行。

1）整车下电，拔开与整车低压电线束连接的 P 位驱动电机低压电线束插接器，如图 1-5 所示。

2）参考图 1-6 所示中插接器端子（又称针脚），将 D 端子连接到 12V 电源正极，E 端子连接到 12V 电源负极，可以让 P 位驱动电机解锁。

图 1-5　P 位电机插接器

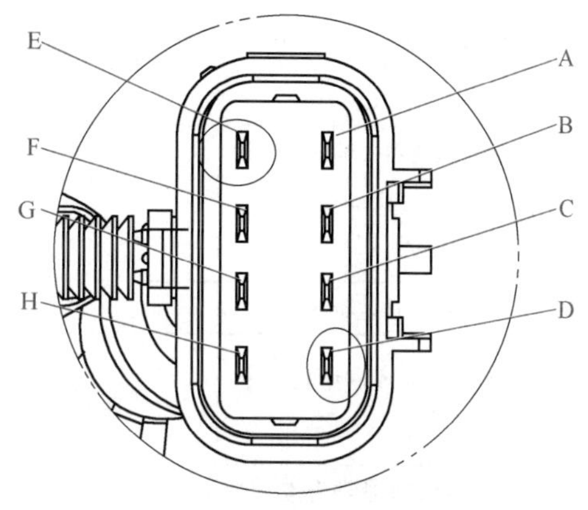

图 1-6　P 位电机插接器端子示意图

三、减速器总成常见故障解析

1. 减速器总成漏油

某车型减速器总成漏油检测流程见表 1-3。

表 1-3　减速器总成漏油检测流程

序号	检查步骤	检查结果		
0	初步检查	正常	有故障	操作方法
	减速器总成油液是否过多	进行第 1 步	减速器总成油液过多，由通气塞冒出	按规定油量排放过多的减速器总成油液
1	检查输入轴油封	正常	有故障	操作方法
	输入轴油封是否磨损或损坏	进行第 2 步	输入轴油封磨损或损坏	更换输入轴油封
2	检查差速器油封	正常	有故障	操作方法
	差速器油封是否磨损或损坏	进行第 3 步	差速器油封磨损或损坏	更换差速器油封
3	检查油位螺塞/放油螺塞	正常	有故障	操作方法
	油位螺塞/放油螺塞处是否漏油	进行第 4 步	油位螺塞/放油螺塞处漏油	更换油位螺塞/放油螺塞密封垫或油位螺塞/放油螺塞
4	检查减速器总成壳体	正常	有故障	操作方法
	减速器总成壳体是否出现破裂	进行第 5 步	减速器总成壳体出现破裂	更换减速器总成
5	检查操作	正常	有故障	操作方法
	正确检修操作后，检查故障是否再现	诊断结束	故障未消失	从其他症状查找故障

2. 无动力输出

某车型无动力输出故障检修流程见表 1-4。

表 1-4　无动力输出故障检修流程

序号	检查步骤	检查结果		
0	初步检查	正常	有故障	操作方法
	输入轴花键是否磨损或断裂	进行第 1 步	输入轴花键磨损或断裂	更换减速器总成
1	检查减速器半轴齿轮花键	正常	有故障	操作方法
	减速器半轴齿轮花键是否磨损	进行第 2 步	减速器半轴齿轮花键磨损	更换减速器总成
2	检查减速器油液	正常	有故障	操作方法
	减速器油液中是否有碎金属块	进行第 3 步	减速器油液中有碎金属块	更换减速器总成
3	检查减速器壳体	正常	有故障	操作方法
	减速器壳体是否出现破裂	进行第 4 步	减速器壳体出现破裂	更换减速器总成
4	检查操作	正常	有故障	操作方法
	正确检修操作后，检查故障是否再现	诊断结束	故障未消失	从其他症状查找故障

小知识

车辆故障无小事。精准判断车辆故障，正确执行操作流程，不仅可以保障行车安全，同时也反映出我们做事的态度。故障是无法绝对避免的，但是我们可以通过规范操作行为进一步保障驾驶员的行车安全。

【实训任务一】　减速器总成的维护与检修

实训任务 1-1　减速器总成的维护

扫一扫

减速器总成的维护

实训场地与器材

新能源汽车作业工位和举升机、新能源汽车、工作灯、汽车维修工具车。

作业准备

1）检查举升机工位相关设备和工具，如图 1-7 所示。

备注：举升机检查注意事项在《新能源汽车维护》中有详细讲解，本书不再赘述。

2）准备好新能源汽车和车内防护三件套（转向盘套、座椅套、变速杆套）等5S操作用品，如图1-8所示。

图1-7　举升机工位检查

图1-8　车内防护三件套

3）检查工位设备及防护用品，如图1-9所示。

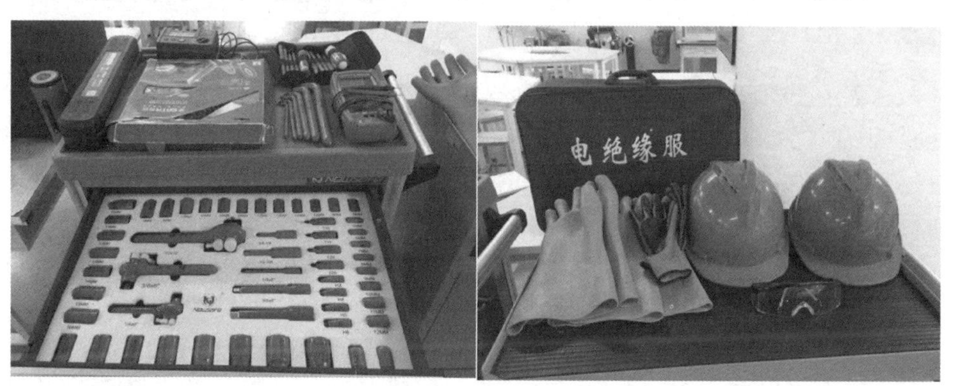

图1-9　工位设备及防护用品

操作步骤

1）将实训车辆正确停入操作工位，并安全驻车，如图1-10所示。

2）检查工位车辆支撑状态，做好举升前的准备，如图1-11所示。

3）整车举升到位，并确保举升机处于落锁状态，如图1-12所示。

4）依据技术文件说明，选择合适的工具，采用正确的方法，拆卸驱动电机底护板，如图1-13所示。

图1-10　车辆停入操作工位

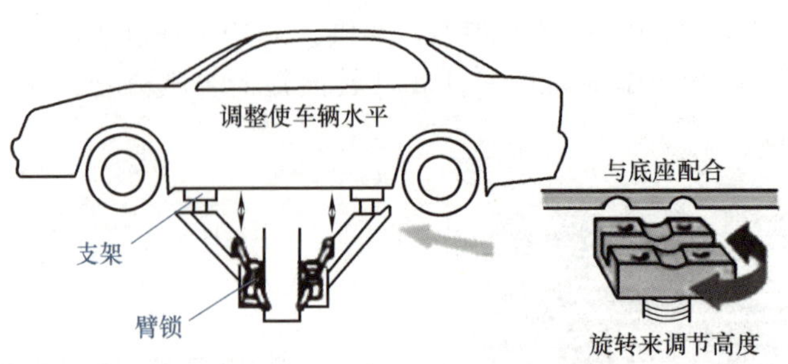

图 1-11　举升前检查

图 1-12　车辆举升状态

图 1-13　拆卸驱动电机底护板

5）减速器油位检测：旋出减速器油位螺塞（图 1-14）及密封垫组件，如有油液流出，则说明油位正常（否则，说明油量不足，应在补加油液后，重复以上步骤，直到油液从油位螺塞口顺利流出）。安装油位螺塞时注意涂布少量密封胶，以达到良好的密封性。

6）减速器油的更换：

① 减速器油的排放：拆卸电机底护板总成；旋出放油螺塞及密封垫组件（图 1-15），用一个带有刻度的容器来收集减速器油。

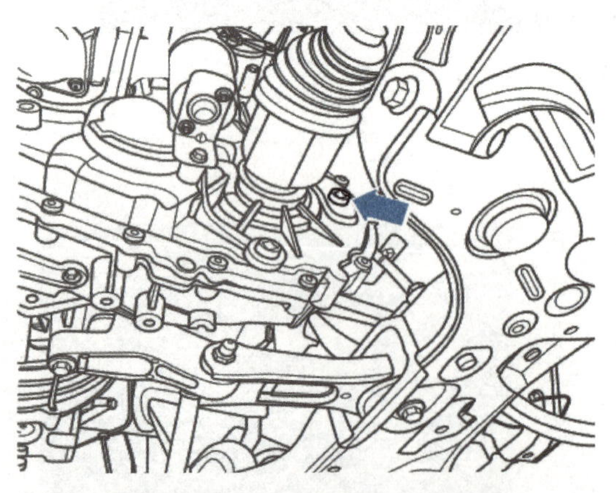

图 1-14　减速器油位螺塞/加油螺塞

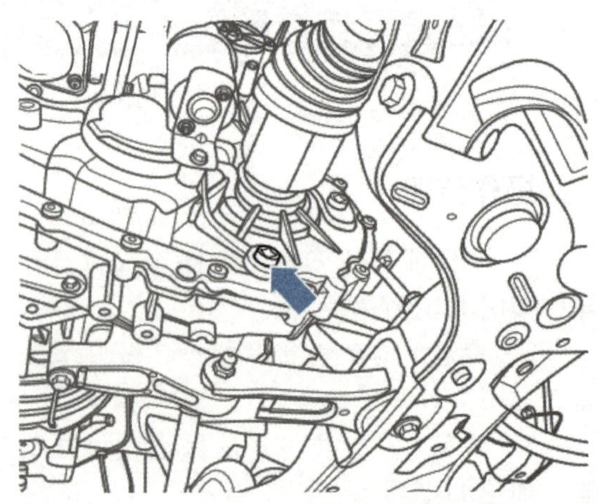

图 1-15　减速器放油螺塞

② 减速器油的添加：旋出加油螺塞及密封垫组件，如图 1-14 所示，按规定加注量添加减速器油。

③ 按照技术文件的说明，检查减速器油液位置，要求符合相关技术要求。

④ 安装加油螺塞及密封垫组件。

7）依据技术文件说明，选择合适的工具，采用正确的方法，安装电机底护板总成①，旋入箭头 A、B 所示螺栓，如图 1-16 所示。

8）操作完成后，安全落车。

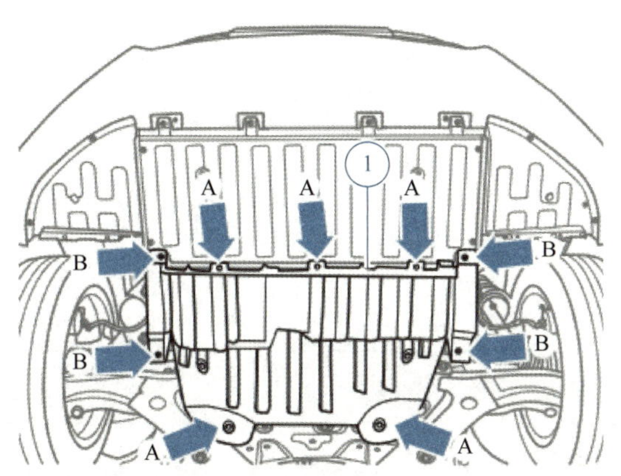

图 1-16　电机底护板总成示意图

竣工检验

整理、恢复作业场地。

实训任务总结

减速器总成的维护	工作任务单	班级：
		姓名：

1. 车辆信息记录

品牌		整车型号		生产年月	
驱动电机型号		动力蓄电池电量		行驶里程	
车辆识别码					

2. 作业场地准备

检查是否设置隔离栏	□是 □否
检查是否设置安全警示牌	□是 □否
检查灭火器压力及有效期是否符合要求	□是 □否
安装车辆挡块	□是 □否

3. 记录减速器总成维护的操作过程

减速器总成的维护		实习日期：	
姓名：	班级：	学号：	导师签名：
自评：□熟练□不熟练	互评：□熟练□不熟练	师评：□合格□不合格	
日期：	日期：	日期：	

减速器总成的维护【评分细则】

序号	评分项	得分条件	分值	评分要求	自评	互评	师评
1	安全/5S/态度	□1. 能进行工位5S操作 □2. 能进行设备和工具的安全检查 □3. 能进行车辆的安全防护操作 □4. 能进行工具的清洁、校准及存放操作 □5. 能进行“三不落地”[①]操作	15	未完成1项扣3分	□熟练 □不熟练	□熟练 □不熟练	□合格 □不合格
2	专业技能	□1. 能正确拆卸电机底护板总成 □2. 能正确查找油位螺塞 □3. 能正确拆卸油位螺塞 □4. 能正确检查减速器油位 □5. 能正确查找减速器放油螺塞 □6. 能正确拆卸减速器放油螺塞 □7. 能正确完成减速器油液的排放 □8. 能正确完成减速器油液的添加	50	未完成1项扣7分，扣分不得超过50分	□熟练 □不熟练	□熟练 □不熟练	□合格 □不合格
3	工具及设备的使用能力	□1. 能正确举升车辆 □2. 能正确使用工作灯 □3. 能正确选择和使用工具	10	未完成1项扣4分，扣分不得超过10分	□熟练 □不熟练	□熟练 □不熟练	□合格 □不合格
4	资料及信息的查询能力	□1. 能正确使用维修手册查询资料 □2. 能正确使用用户手册查询资料 □3. 能在规定时间内查询所需资料	10	未完成1项扣4分，扣分不得超过10分	□熟练 □不熟练	□熟练 □不熟练	□合格 □不合格
5	判断和分析能力	□1. 能判断减速器的类型 □2. 能判断减速器油位状态 □3. 能判断减速器的密封状态	10	未完成1项扣4分，扣分不得超过10分	□熟练 □不熟练	□熟练 □不熟练	□合格 □不合格
6	表单填写及报告的撰写能力	□1. 能正确记录所需维修信息 □2. 字迹清晰 □3. 语句通顺 □4. 无错别字 □5. 无涂改	5	未完成1项扣1分	□熟练 □不熟练	□熟练 □不熟练	□合格 □不合格
总分：							

① 三不落地指工器具与量具、零部件、油污水污不落地。

实训任务 1-2　减速器总成的拆装与更换

实训场地与器材

新能源汽车作业工位和举升机、新能源汽车、工作灯、汽车拆装工具车、工作台。

作业准备

同减速器总成维护准备工作。

操作步骤

1）停车入位，铺设防护套件。

2）检查工位车辆支撑状态，做好举升前准备。

3）确认车辆的启动停止按键处于 OFF 的位置，关闭所有用电器。

4）确保车辆的档位处于 P 位、驻车制动器已经接合。

5）断开蓄电池负极电缆①，并确保整车高压下电，如图 1-17 所示。

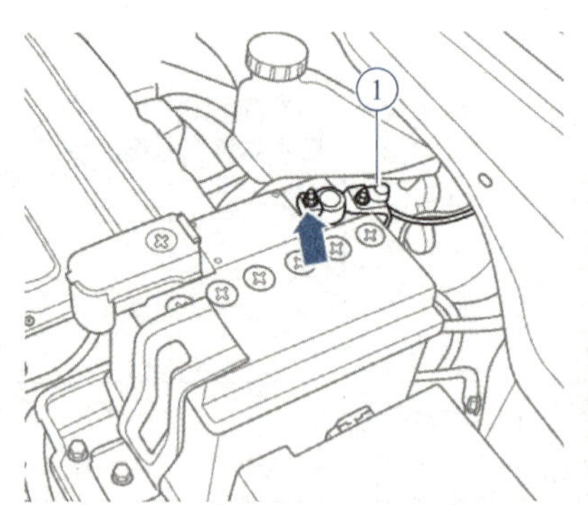

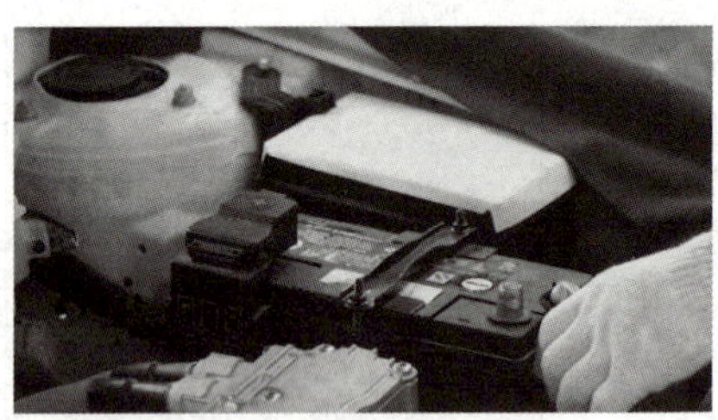

图 1-17　断开蓄电池负极电缆

6）拆卸蓄电池支架：依据技术文件说明，选择合适的工具，采用正确的方法，分别拆卸前机舱装饰板总成，拆卸蓄电池负极、正极，拆卸蓄电池压板，最终拆卸蓄电池支架①，如图 1-18 所示。

7）拆卸电动真空泵总成：如图 1-19 所示，依据技术文件说明，选择合适的工具，采用正确的方法，拆卸前机舱侧挡板；脱开前机舱线束固定卡子；断开真空泵控制器连接插头；脱开真空管与真空罐总成的连接；脱开真空管与电动真空泵总成的连接；脱开 P 位电机插头固定卡子；脱开电动真空泵总成连接插头。

8）依据技术文件说明，选择合适的工具，采用正确的方法，拆卸车辆两侧半轴总成，如图 1-20 所示。

9）依据技术文件说明，选择合适的工具，采用正确的方法，拆卸电机前部挡板①，如图 1-21 所示。

10）将动力总成举升装置置于动力总成①的下部，如图 1-22 所示。

11）依据技术文件说明，选择合适的工具，采用正确的方法，旋出后悬置与减速器的固定螺栓 A、B，如图 1-23 所示。

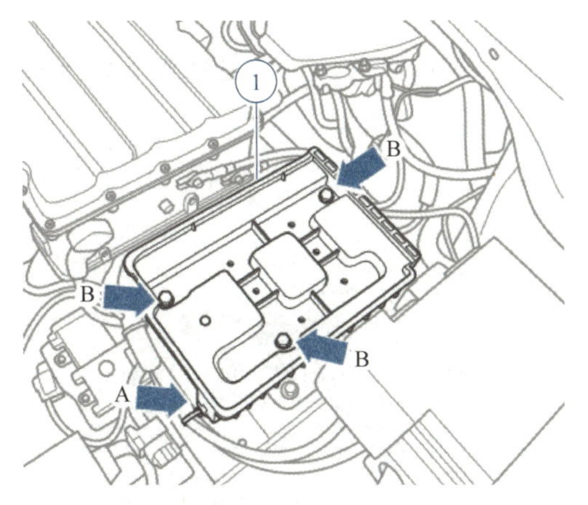

图 1-18　蓄电池支架

图 1-19　电动真空泵

图 1-20　车辆半轴

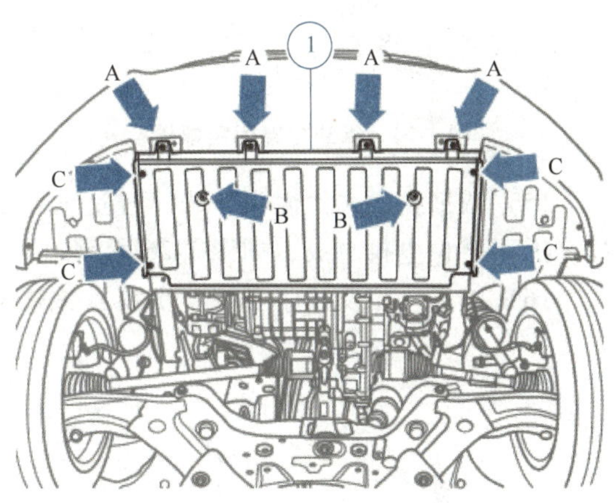

图 1-21　电机前部挡板

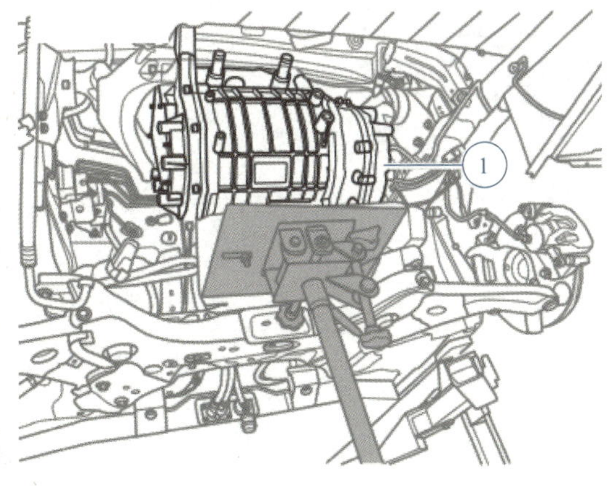

图 1-22　放置动力总成举升装置

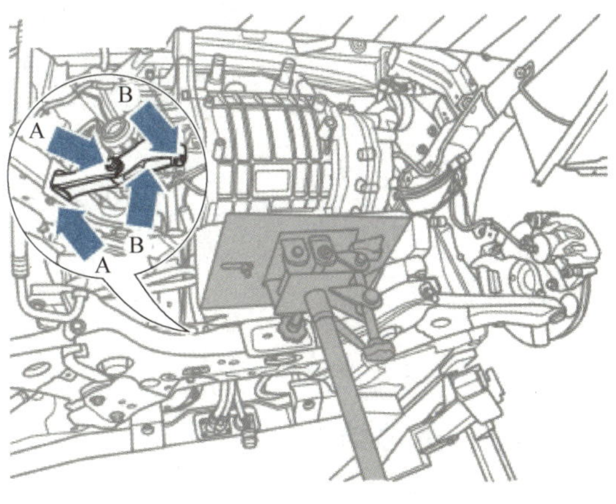

图 1-23　拆卸减速器的固定螺栓

12）依据技术文件说明，选择合适的工具，采用正确的方法，旋出左悬置软垫与左悬置支架之间的固定螺栓，如图 1-24 所示。

13）使用另一个动力总成举升装置落下减速器组件。

14）依据技术文件说明，选择合适的工具，采用正确的方法，旋出左悬置支架与减速器的固定螺栓，取下左悬置支架①，如图 1-25 所示。

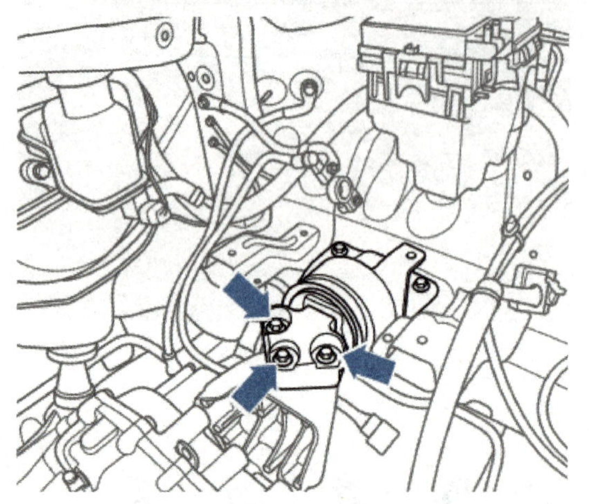

图 1-24　拆卸支架固定螺栓

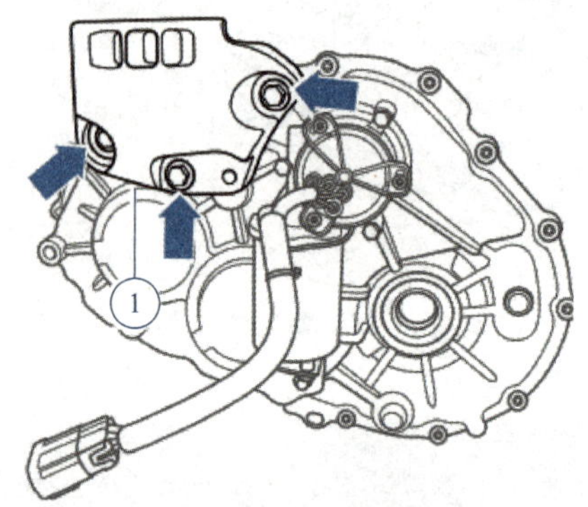

图 1-25　拆卸左悬置支架

15）依据技术文件说明，选择合适的工具，采用正确的方法，旋松箭头 A、B 所示螺栓，拆下 P 位电机总成，如图 1-26 所示。

16）以上述相反顺序安装（更换）减速器总成。

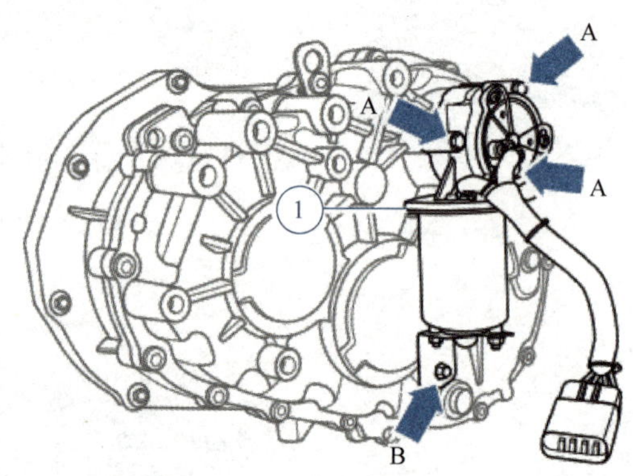

图 1-26　拆卸 P 位电机总成

竣工检验

整理、恢复作业场地。

实训任务总结

减速器总成的拆装与更换	工作任务单	班级：
		姓名：

1. 车辆信息记录

品牌		整车型号		生产年月	
驱动电机型号		动力蓄电池电量		行驶里程	
车辆识别码					

2. 作业场地准备

检查是否设置隔离栏	□是　□否
检查是否设置安全警示牌	□是　□否
检查灭火器压力及有效期是否符合要求	□是　□否
安装车辆挡块	□是　□否

3. 记录减速器总成拆装与更换的操作过程

减速器总成的拆装与更换		实习日期：	
姓名：	班级：	学号：	导师签名：
自评：□熟练□不熟练	互评：□熟练□不熟练	师评：□合格□不合格	
日期：	日期：	日期：	

减速器总成的拆装与更换【评分细则】

序号	评分项	得分条件	分值	评分要求	自评	互评	师评
1	安全/5S/态度	□1. 能进行工位5S操作 □2. 能进行设备和工具的安全检查 □3. 能进行车辆的安全防护操作 □4. 能进行工具的清洁、校准及存放操作 □5. 能进行“三不落地”操作	15	未完成1项扣3分	□熟练 □不熟练	□熟练 □不熟练	□合格 □不合格
2	专业技能	□1. 能正确操作高压下电 □2. 能正确拆卸蓄电池支架 □3. 能正确拆卸电动真空泵总成 □4. 能正确拆卸车辆两侧半轴总成 □5. 能正确拆卸电机前部挡板 □6. 能正确脱开与减速器连接的螺栓 □7. 能正确拆卸减速器P位电机总成 □8. 能正确拆卸减速器总成	50	未完成1项扣7分，扣分不得超过50分	□熟练 □不熟练	□熟练 □不熟练	□合格 □不合格
3	工具及设备的使用能力	□1. 能正确举升车辆 □2. 能正确选择工具 □3. 能正确使用工具	10	未完成1项扣4分，扣分不得超过10分	□熟练 □不熟练	□熟练 □不熟练	□合格 □不合格
4	资料及信息的查询能力	□1. 能正确使用维修手册查询资料 □2. 能正确使用用户手册查询资料 □3. 能在规定时间内查询所需资料	10	未完成1项扣4分，扣分不得超过10分	□熟练 □不熟练	□熟练 □不熟练	□合格 □不合格
5	判断及分析能力	□1. 能判断整车是否下电 □2. 能判断操作部件的技术状态 □3. 能判断减速器的技术状态	10	未完成1项扣4分，扣分不得超过10分	□熟练 □不熟练	□熟练 □不熟练	□合格 □不合格
6	表单填写及报告的撰写能力	□1. 能正确记录所需维修信息 □2. 字迹清晰 □3. 语句通顺 □4. 无错别字 □5. 无涂改	5	未完成1项扣1分	□熟练 □不熟练	□熟练 □不熟练	□合格 □不合格
总分：							

任务二　万向传动装置的维护与检修

【学习目标】

知识目标：

1）了解万向传动装置的功能。

2）理解万向传动装置的传动原理。

技能目标：

1）掌握万向传动装置的检修方法。

2）能运用维修资料及相关设备对万向传动装置进行检修。

素质目标：

1）具有良好的品德、文化修养和职业道德。

2）具有良好的身体素质和心理素质。

3）具有一定的计划、组织、实施、评估等工作能力和沟通、表达、团队协作等社会能力。

4）具有良好的自我学习及持续进步能力。

【任务描述】

一辆新能源纯电动汽车已经行驶 40000km，按照保养要求，需对车辆动力传动系统进行检查保养。维修技师接到任务后，按照技术文件要求对动力传动系统进行相关操作，并将检查结果与技术文件标准数据进行比较，判断车辆的保养状态。如需要更换部件，则按照要求填写维修工单，进行相应的技术维修，以满足车辆维修技术要求。

【相关知识】

新能源汽车与传统内燃机汽车在动力驱动方式上存在不同，新能源汽车主要是由电力驱动及控制系统、驱动力传动系统等各个部分组成，用车载电源提供行驶的动力，用电机带动减速器通过万向传动装置来驱动车轮，从而实现车辆的运动。

一、万向传动装置的应用及半轴

对于纯电动汽车，电机和减速器固定在车身上，减速器通过传动半轴与驱动车轮相连，而驱动车轮则通过悬架系统与车身相连。在汽车行驶时，悬架受路面冲击而产生振动，使驱动车轮与减速器相对位置发生变化。因此，减速器的输出端与驱动车轮的输入端不能采用刚性连接，必须采用万向传动装置，以适应两者相对位置的变化。

万向传动装置的功能是能在轴间夹角及相互位置经常发生变化的转动轴之间传递动力。

1. 万向传动装置的应用

（1）在汽车转向驱动桥中

汽车转向驱动桥的半轴是分段的，转向时两段半轴轴线相交且交角变化，因此要使用万向联轴器。

(2) 在断开式驱动桥的半轴中

主减速器壳体在车架上是固定的，桥壳上下摆动，半轴是分段的，须使用万向联轴器。

(3) 在汽车转向操纵机构中

某些汽车的转向轴装有万向传动装置，有利于转向机构的总体布置。

2. 半轴

(1) 功能

半轴的功能是将差速器传来的动力传给驱动轮。因其传递的转矩较大，常制成实心轴，如图 1-27 所示。

(2) 结构

半轴的结构因驱动桥结构类型的不同而不同。整体式驱动桥（非断开式驱动桥）中的半轴为一刚性整轴（图 1-28），而转向驱动桥和断开式驱动桥中的半轴则分段并使用万向联轴器连接（图 1-29）。半轴内端一般制有外花键与半轴齿轮连接。半轴外端有的直接在轴端锻造出凸缘盘，也有的制成花键与单独制成的凸缘盘滑动配合，还有的制成锥形并通过键和螺母与轮毂固定连接。

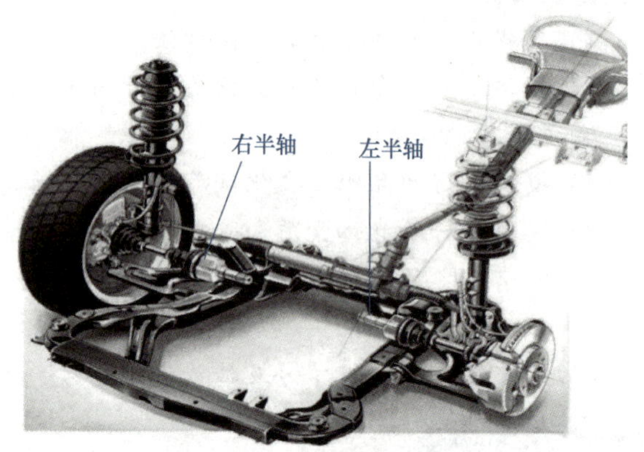

图 1-27　传动半轴

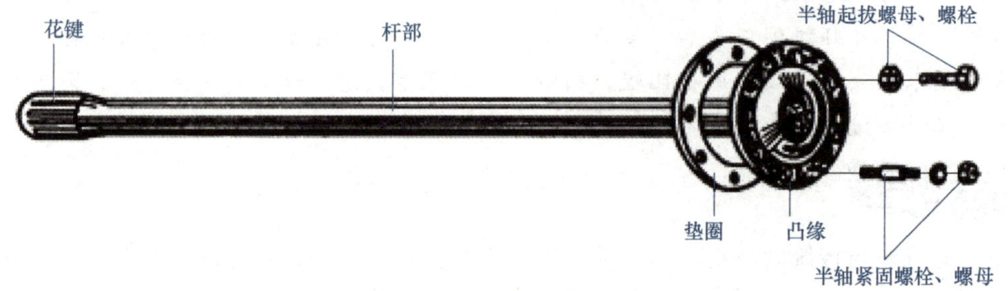

图 1-28　非断开式驱动桥半轴的结构

小知识

作为未来行业中的一分子，一份职业，一个工作岗位，是一个人赖以生存和发展的基本物质保障。在自己的工作岗位上勤勤恳恳，不断地钻研学习，一丝不苟，精益求精，才能为自己的人生打好基础，也为社会，为国家作出贡献。

二、万向传动装置的检修

1. 万向联轴器的检修

当万向联轴器分解完成后，需要用汽油清洗各零件，以便暴露出零件的损伤、磨损情况，且应按以下要求检查和修复。

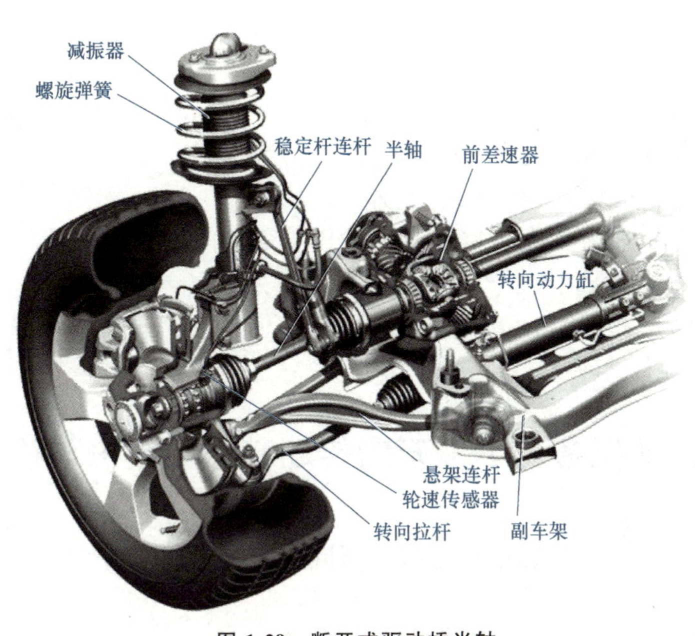

图 1-29　断开式驱动桥半轴

1）检查滚针轴承，如果滚针断裂、油封失效，应更换新件。

2）检查十字轴轴颈磨损、压痕剥落等情况。十字轴轴颈出现轻微磨损、轻微压痕或剥落，仍可继续使用，如果轴颈磨损过深、压痕严重（深度超过 0.1mm）或严重剥落，应予以更换。

3）检查万向联轴器叉不得有裂纹或其他严重损伤，否则应更换新件。

4）万向联轴器装配完毕后，可用手扳动十字轴进行检查，以转动自如没有松旷感觉为合适。若装配过紧或过松，应查明原因，必要时应拆检并重新装配。

5）对前轮驱动汽车的半轴总成（带两侧等角速万向联轴器）还应进行以下作业内容。

① 外端球笼万向联轴器用手检查应无径向间隙，否则应予以更换。

② 内侧三叉式万向联轴器可沿轴向滑动，但应无明显的径向间隙感，否则应换新。

③ 检查防尘套是否有老化破裂，卡箍是否有效可靠，如有问题，应换新。

2. 传动轴的检修

1）目视检查传动轴轴管，不得有裂纹及严重的凹瘪。

2）检查传动轴轴管全长上的径向圆跳动，应符合相关规定。

3）检查传动轴花键与滑动叉花键、凸缘叉与所配合花键的侧隙，例如，轿车应不大于 0.15mm，其他类型的汽车应不大于 0.30mm；装配后应能滑动自如。

三、万向传动装置常见故障解析

1. 万向联轴器异响

如果万向联轴器松旷，在汽车起步或突然改变车速时，传动轴会发出“吭吭”的响声；在汽车缓慢行驶时，会发出“咣当咣当”的响声。如果出现上述情况，应进行以下检查。

1）检查连接螺栓是否松动。

2）检查万向联轴器主、从动部分配合间隙是否过大。

3）检查万向联轴器十字轴磨损是否严重。

2. 传动轴异响

在万向联轴器技术状况良好时，如果传动轴在汽车行驶中发出周期性的响声，且速度越高响声越大，甚至伴随有车身振动，则应进行以下检查。

1）检查传动轴是否弯曲或传动轴管是否凹陷。

2）检查传动轴管与万向联轴器叉是否焊接不正或传动轴是否进行过动平衡试验和校准。

3）检查伸缩叉安装是否错位，如错位，将造成传动轴两端的万向联轴器叉不在同一平面内，不能满足等速传动的条件。

【实训任务二】 万向传动装置的维护与检修

实训任务 2-1 万向传动装置的维护

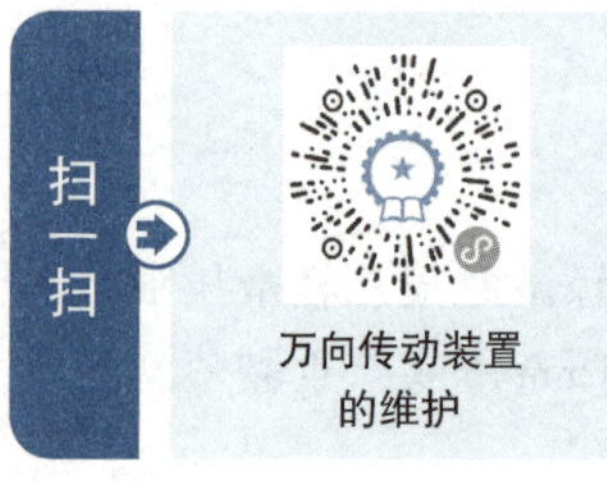

实训场地与器材

新能源汽车作业工位和举升机、新能源汽车、工作灯、汽车拆装工具车、工作台。

作业准备

同减速器总成维护准备工作。

操作步骤

1）同减速器总成维护操作步骤 1、2、3。

2）检查传动轴等速万向联轴器密封情况（检查万向联轴器防尘套是否破损），如图 1-30 所示。如防尘套破损，尘土等污染物会进入万向联轴器内，导致万向联轴器异常磨损而早期损坏。如发现万向联轴器防尘套破损，应拆检万向联轴器以确定是否需要更换。

图 1-30 万向联轴器防尘套

3）检查传动轴的技术状况，如图 1-31 所示。传动轴在使用中如果出现异响，通常为万向联轴器缺少润滑油、万向联轴器内球及球轨道磨损等造成的。应拆检传动轴，必要时更换万向联轴器。

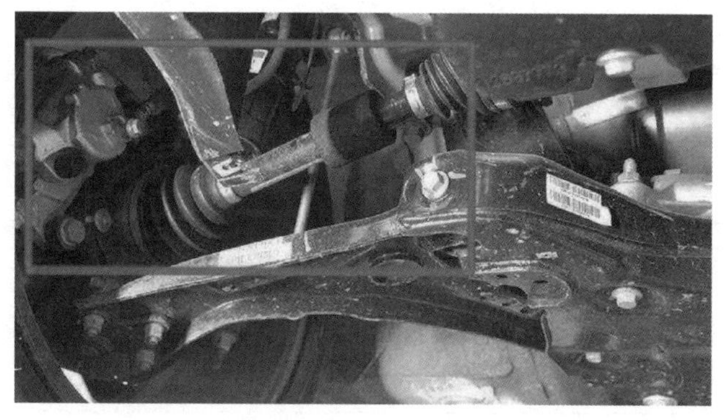

图 1-31　传动轴

4）在万向联轴器、中间支承等有润滑脂嘴的部位，应按照用户手册中保养相关规定加注润滑脂，如图 1-32 所示。

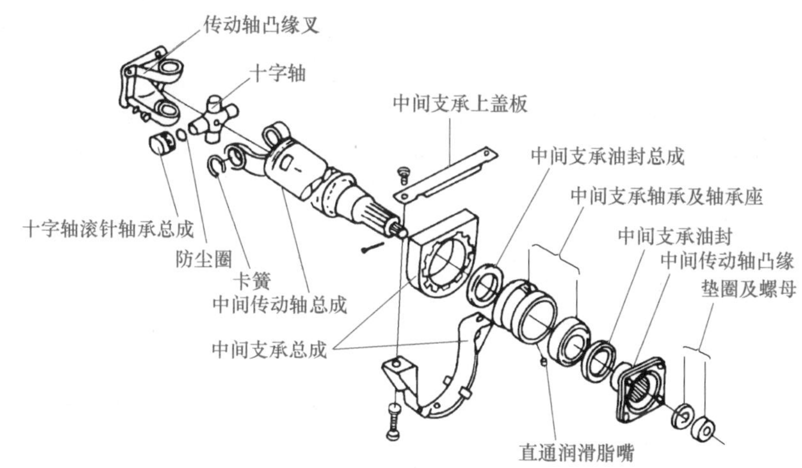

图 1-32　万向传动中间支承

5）传动部件连接松动检查，如图 1-33 所示。

图 1-33　传动部件

6）操作完成后，安全落车。

竣工检验

整理、恢复作业场地。

实训任务总结

万向传动装置的维护	工作任务单	班级：
		姓名：

1. 车辆信息记录

品牌		整车型号		生产年月	
驱动电机型号		动力蓄电池电量		行驶里程	
车辆识别码					

2. 作业场地准备

检查是否设置隔离栏	□是　□否
检查是否设置安全警示牌	□是　□否
检查灭火器压力及有效期是否符合要求	□是　□否
安装车辆挡块	□是　□否

3. 记录万向传动装置维护的操作过程

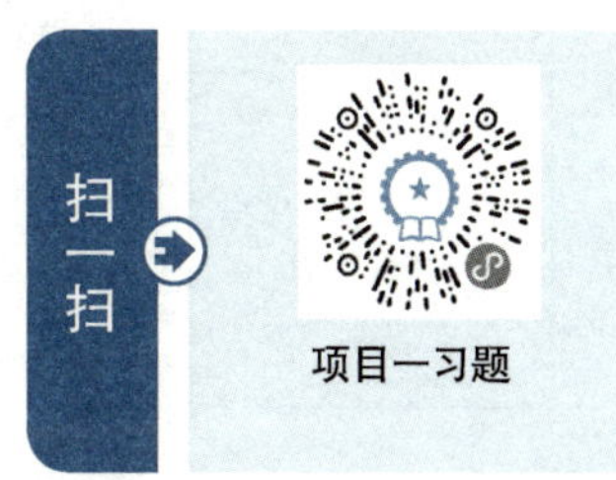

万向传动装置的维护		实习日期:	
姓名:	班级:	学号:	导师签名:
自评:□熟练□不熟练	互评:□熟练□不熟练	师评:□合格□不合格	
日期:	日期:	日期:	

万向传动装置的维护【评分细则】

序号	评分项	得分条件	分值	评分要求	自评	互评	师评
1	安全/5S/态度	□1. 能进行工位5S操作 □2. 能进行设备和工具的安全检查 □3. 能进行车辆的安全防护操作 □4. 能进行工具的清洁、校准及存放操作 □5. 能进行“三不落地”操作	15	未完成1项扣3分	□熟练 □不熟练	□熟练 □不熟练	□合格 □不合格
2	专业技能	□1. 能正确检查动力传动部件是否渗油或漏油 □2. 能正确检查密封套密封情况 □3. 能正确检查车轮侧万向联轴器状态 □4. 能正确检查减速器侧万向联轴器状态 □5. 能正确检查半轴的状态 □6. 能正确检查半轴的松动状态 □7. 能正确检查传动部件润滑情况 □8. 能正确检查半轴与车轮连接状态	50	未完成1项扣7分,扣分不得超过50分	□熟练 □不熟练	□熟练 □不熟练	□合格 □不合格
3	工具及设备的使用能力	□1. 能正确举升车辆 □2. 能正确选择工具 □3. 能正确使用工具	10	未完成1项扣4分,扣分不得超过10分	□熟练 □不熟练	□熟练 □不熟练	□合格 □不合格
4	资料及信息的查询能力	□1. 能正确使用维修手册查询资料 □2. 能正确使用用户手册查询资料 □3. 能在规定时间内查询所需资料	10	未完成1项扣4分,扣分不得超过10分	□熟练 □不熟练	□熟练 □不熟练	□合格 □不合格
5	判断及分析能力	□1. 能正确判断动力传动部件渗油或漏油密封情况 □2. 能判断车轮侧万向联轴器和减速器侧万向联轴器状态 □3. 能正确检查半轴的状态 □4. 能判断传动部件润滑情况 □5. 能判断半轴与车轮连接状态	10	未完成1项扣2分	□熟练 □不熟练	□熟练 □不熟练	□合格 □不合格
6	表单填写及报告的撰写能力	□1. 能正确记录所需维修信息 □2. 字迹清晰 □3. 语句通顺 □4. 无错别字 □5. 无涂改	5	未完成1项扣1分	□熟练 □不熟练	□熟练 □不熟练	□合格 □不合格
总分:							

实训任务 2-2　万向传动装置的拆装与更换

实训场地与器材

新能源汽车作业工位和举升机、新能源汽车、工作灯、汽车拆装工具车、工作台、球头拆卸工具。

作业准备

同减速器总成维护准备工作。

操作步骤

1）同减速器总成维护操作步骤 1、2。

2）依据技术文件说明，选择合适的工具，旋松右前车轮固定螺栓，拆卸右前侧车轮。

3）同减速器总成维护操作步骤 3。

4）排放减速器润滑油：拆卸电机底护板总成（图 1-16）；旋出放油螺塞及密封垫组件（图 1-15），排放减速器润滑油。

5）依据技术文件说明，选择合适的工具，采用正确的方法，旋出右侧半轴六角锁紧螺母，如图 1-34 所示。

6）依据技术文件说明，选择合适的工具，采用正确的方法，旋出前悬右侧下摆臂总成①与右侧前转向节总成②的固定螺母，如图 1-35 所示。

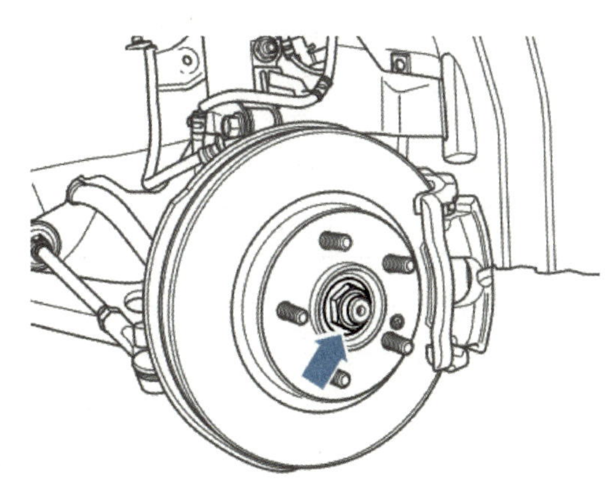

图 1-34　半轴六角锁紧螺母

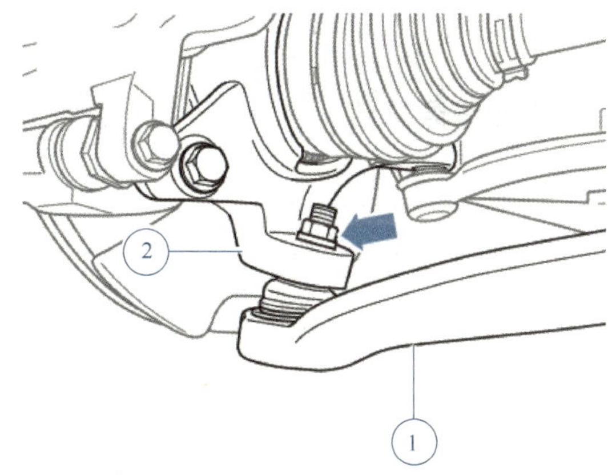

图 1-35　摆臂与转向节

7）依据技术文件说明，选择合适的工具，采用正确的方法，使用球头拆卸工具脱开前悬右侧下摆臂总成与右侧前转向节总成的连接。

8）依据技术文件说明，选择合适的工具，采用正确的方法，使用半轴总成拆卸工具撬出右侧驱动轴总成①，如图 1-36 所示。

9）以相同的方法拆卸左侧半轴总成。

10）采用与拆卸相反的顺序安装（更换）半轴总成。

11）操作完成后，安全落车。

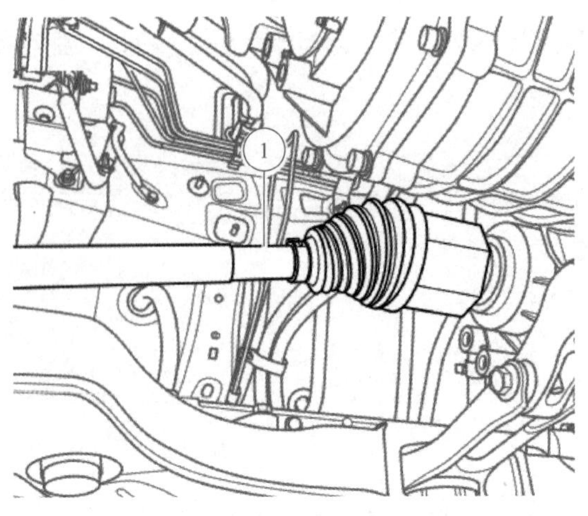

图 1-36 拆卸驱动半轴总成

注意下列事项：

1）避免损坏球笼上的防尘套。

2）不允许大力拉扯驱动轴总成，避免内球笼脱落。

3）将右侧半轴总成笔直地安装到减速器中，避免损坏油封。清除外球笼螺纹和花键中存在的残留物或锈蚀。

4）检查防尘罩是否损坏，必要时更换。

竣工检验

整理、恢复作业场地。

实训任务总结

万向传动装置的拆装与更换	工作任务单	班级：
		姓名：

1. 车辆信息记录

品牌		整车型号		生产年月	
驱动电机型号		动力蓄电池电量		行驶里程	
车辆识别码					

2. 作业场地准备

检查是否设置隔离栏	□是　□否
检查是否设置安全警示牌	□是　□否
检查灭火器压力及有效期是否符合要求	□是　□否
安装车辆挡块	□是　□否

3. 记录万向传动装置拆装与更换的操作过程

<table>
<tr><td colspan="2">万向传动装置的拆装与更换</td><td colspan="2">实习日期：</td></tr>
<tr><td>姓名：</td><td>班级：</td><td>学号：</td><td rowspan="3">导师签名：</td></tr>
<tr><td>自评：□熟练□不熟练</td><td>互评：□熟练□不熟练</td><td>师评：□合格□不合格</td></tr>
<tr><td>日期：</td><td>日期：</td><td>日期：</td></tr>
</table>

万向传动装置的拆装与更换【评分细则】

序号	评分项	得分条件	分值	评分要求	自评	互评	师评
1	安全/5S/态度	□1. 能进行工位5S操作 □2. 能进行设备和工具的安全检查 □3. 能进行车辆的安全防护操作 □4. 能进行工具的清洁、校准及存放操作 □5. 能进行“三不落地”操作	15	未完成1项扣3分	□熟练 □不熟练	□熟练 □不熟练	□合格 □不合格
2	专业技能	□1. 能正确拆卸左前轮 □2. 能正确拆卸右前轮 □3. 能正确排放减速器润滑油 □4. 能正确脱开左、右前悬下摆臂连接 □5. 能正确脱开左、右转向节总成 □6. 能正确拆卸左侧半轴总成 □7. 能正确拆卸右侧半轴总成 □8. 能正确安装（更换）左、右半轴	50	未完成1项扣7分，扣分不得超过50分	□熟练 □不熟练	□熟练 □不熟练	□合格 □不合格
3	工具及设备的使用能力	□1. 能正确举升车辆 □2. 能正确选择工具 □3. 能正确使用工具	10	未完成1项扣4分，扣分不得超过10分	□熟练 □不熟练	□熟练 □不熟练	□合格 □不合格
4	资料及信息的查询能力	□1. 能正确使用维修手册查询资料 □2. 能正确使用用户手册查询资料 □3. 能在规定时间内查询所需资料	10	未完成1项扣4分，扣分不得超过10分	□熟练 □不熟练	□熟练 □不熟练	□合格 □不合格
5	判断及分析能力	□1. 能判断左侧半轴技术状态 □2. 能判断右侧半轴技术状态 □3. 能判断安装（更换）后半轴的技术状态	10	未完成1项扣4分，扣分不得超过10分	□熟练 □不熟练	□熟练 □不熟练	□合格 □不合格
6	表单填写及报告的撰写能力	□1. 能正确记录所需维修信息 □2. 字迹清晰 □3. 语句通顺 □4. 无错别字 □5. 无涂改	5	未完成1项扣1分	□熟练 □不熟练	□熟练 □不熟练	□合格 □不合格

总分：

项目二
新能源汽车行驶系统

任务一　车轮拆装及检修

【学习目标】

知识目标：

1）了解车轮的类型。

2）理解胎压监测系统的组成及工作原理。

3）掌握胎压监测系统的检测方法。

技能目标：

1）能运用维修资料及相关设备对车轮进行检查保养。

2）能运用维修资料及相关设备对胎压传感器进行标定。

3）能对车轮进行动平衡调整。

素质目标：

1）具有良好的品德、文化修养和职业道德。

2）具有良好的身体素质和心理素质。

3）具有一定的计划、组织、实施、评估等工作能力和沟通、表达、团队协作等社会能力。

4）具有良好的自我学习及可持续进步能力。

【任务描述】

一辆纯电动汽车已行驶10000km，按照保养要求，需对车辆车轮进行检查保养。维修技师接到任务后，按照技术文件要求对车轮进行相关操作，并将检查结果与技术文件标准数据进行比较，判断车辆的保养状态。如需要更换部件，则按照要求填写维修工单，进行相应的技术维修，以满足车辆维修技术要求。

【相关知识】

车轮与轮胎是汽车的行走部件，通过悬架装置连接在车架上，车轮（转向车轮）可以绕车轴转动并沿地面滚动，如图 2-1 所示。

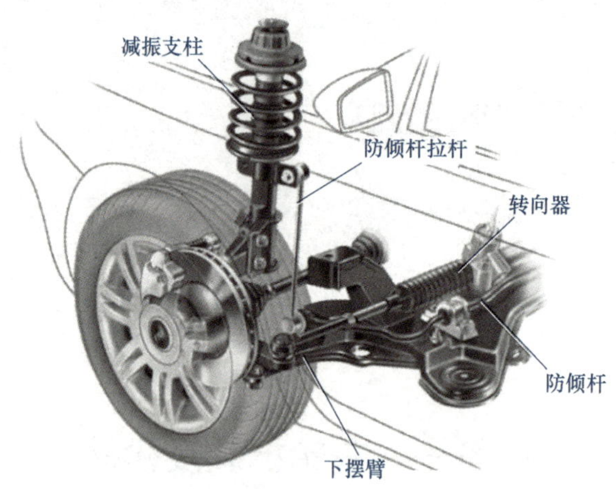

图 2-1 车轮与车身的连接关系

车轮属于底盘行驶系统组成部件，其主要作用一是与汽车悬架共同缓和汽车行驶时所受到的冲击，并衰减由此而产生的振动，以保证汽车具有良好的乘坐舒适性和行驶平顺性；二是保证车轮在路面上有良好的附着性，以提高汽车的牵引性、制动性和通过性；三是承受汽车的重力，并传递其他方向的力和力矩。

小知识

车轮是汽车行驶系统的重要部件之一，与路面接触产生相互作用，满足车辆行驶、制动、转向等需求，影响汽车的各项性能，尤其是行车安全性能。因此，作为汽车售后服务技术人员，在进行车轮拆装与检修过程中，一定要充分发扬一丝不苟的敬业精神，严格按照车辆技术要求进行操作，保障车辆的技术性能。

一、汽车车轮的选配

车轮与轮胎总成是汽车与路面之间唯一的接触点，通过与地面的附着作用实现汽车的驱动、制动、转向等基本动作。随着轮胎技术的发展，提高汽车的行驶操控性和延长轮胎的使用寿命越来越受到重视。轮胎的不均匀磨损和过早损坏可以反映出汽车转向系统或悬架系统存在问题，所以汽车轮胎的磨损状况不仅可以为维修技师诊断故障或异常提供帮助，也可以作为车主判断车辆是否需要维修的依据。

1. 车轮的基本结构

车轮是介于轮胎和轮毂轴承总成之间承受负荷的旋转组件，通常由两个主要部件（轮辋和轮辐）组成。轮辋是在车轮上安装和支承轮胎的部件，轮辋上设有气门嘴的伸出孔和方便拆装轮胎的卸胎槽。轮辐是在车轮上介于车轴和轮辋之间的支承部件，设有与锥形紧固螺母（轮胎螺母）相配的锥形固定孔，将车轮与轮毂对中固定，如图 2-2、图 2-3 所示。

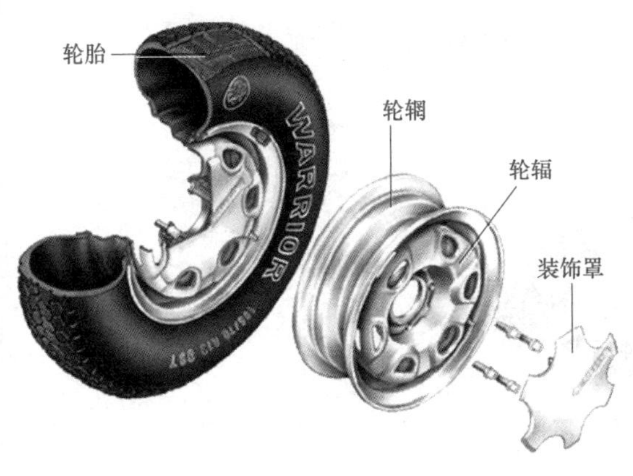

图 2-2　钢制车轮

图 2-3　铝合金车轮

2. 车轮材质的选择

现代车轮通常有两种形式：一是用钢板通过模压或冲压后，再经过铆接或焊接而成的，通常称为钢制车轮（图 2-2）；二是用铝合金或镁合金经过压铸或锻造制成的，通常称为铝合金车轮（图 2-3）。

（1）钢制车轮的优缺点

钢制车轮的主要优点是制造工艺简单、成本相对较低、金属抗疲劳能力强；缺点是质量大、惯性阻力大、散热性较差等。

（2）铝合金车轮的优缺点

铝合金车轮的主要优点是质量小、制造精度高、强度大、惯性阻力小、散热能力强、视觉效果好等；缺点是制造工艺复杂、成本高。

铝合金车轮质量小，可以有效降低车辆的非簧载质量，从而提高车辆在高速状态下的行驶稳定性。铝合金车轮制造精度高，在高速转动时变形量小；惯性阻力小，有利于提高汽车的直线行驶性能，减小轮胎滚动阻力，从而减少油耗。铝合金车轮散热能力强，可以降低行驶过程中车轮的温度，提高车辆行驶的安全性。

综上所述，铝合金车轮更适合高速工况，因此，高速轿车通常采用铝合金车轮；普通轿车采用铝合金车轮和钢制车轮都可以；货车、客车更多使用钢制车轮。

二、胎压监测系统的检修

1. 概述

轮胎充气压力监测系统（Tire Pressure Monitoring System，TPMS）常常简称为胎压监测系统，用于在汽车行驶时，对轮胎中的气压进行监测，在监测到轮胎气压异常时进行报警，提醒驾驶员采取措施，避免危险情况的发生。

2. 系统类型

（1）直接式

利用安装在轮胎里的胎压监测传感器来直接测量轮胎的气压，如图 2-4 所示，对各轮胎气压、温度进行监测并显示，当轮胎气压、温度异常时自动报警。

（2）间接式

通过车身电子稳定程序（Electronic Stability Program，ESP）的轮速传感器来比较轮胎之

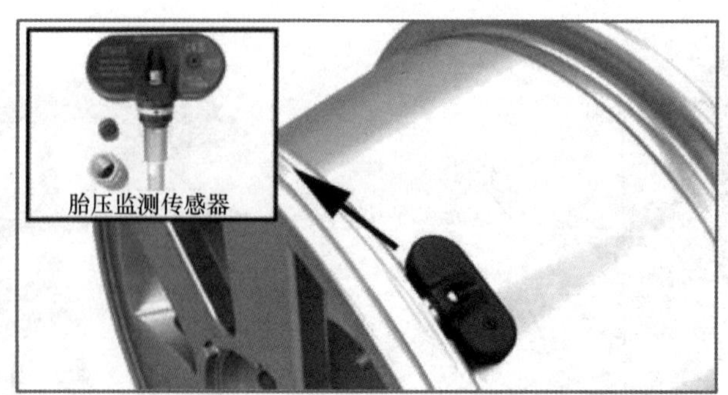

图 2-4　直接式胎压监测

间的转速差别达到监测胎压的目的。

3. 直接式胎压监测系统

汽车轮胎压力监测（Tire Pressure Monitoring，TPM）传感器会以一定的时间间隔监测轮胎的充气压力。TPM 传感器在汽车行驶和停车时都会监测轮胎的充气压力，当监测到任何一个轮胎的充气压力发生变化超出设定值时，就会点亮汽车仪表板上的警告灯。

（1）组成

直接式胎压监测系统由胎压监测控制器、胎压监测传感器（4 个）、组合仪表组成，具有单独的控制器、传感器，如图 2-5 所示。

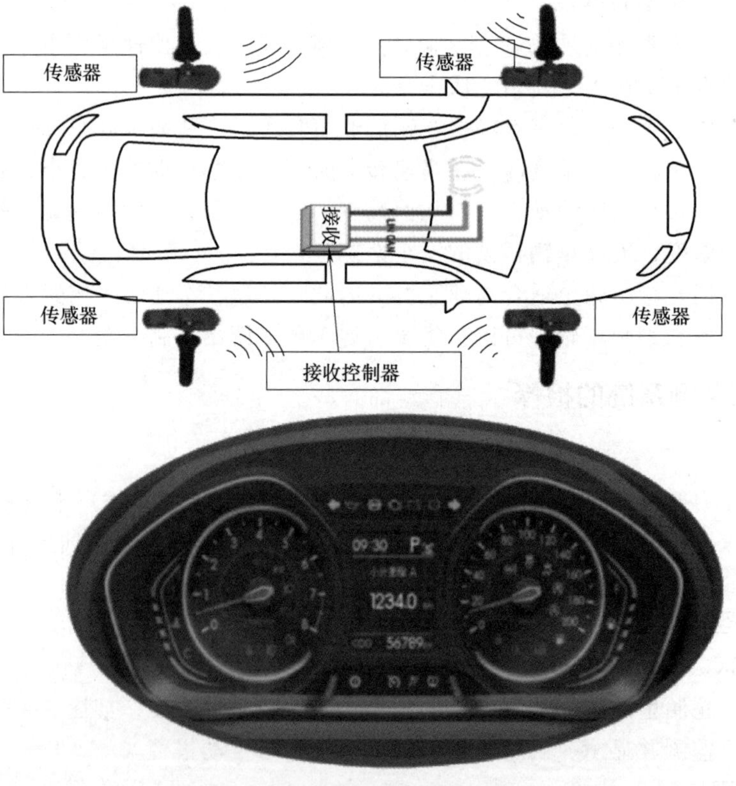

图 2-5　直接式胎压监测系统组成

(2) 胎压监测控制器

胎压监测控制器的作用是接收并处理胎压监测传感器信号，通过 CAN 总线发出相关信息，并进行故障自诊断。其工作电压范围为 9~16V。北京-EU5 胎压监测控制器位置如图 2-6 所示，安装在副仪表板内丁字换档旋钮下方。

(3) 胎压监测传感器

每个车轮都装有一个胎压监测传感器组件，传感器组件位于气门嘴的正后方，如图 2-7 所示。胎压监测传感器组件由压力传感器、发射器和一块电池组成。胎压监测传感器用来监测轮胎内的充气压力、温度信息，监测传感器自身电量，通过无线射频方式发出相关信息。这些信号由固定在车身上的对应于每个车轮的独立天线接收，中央处理单元对来自四个车轮的信号进行处理，并向汽车控制监测系统报告各个车轮充气压力的变化情况。其工作电压范围为 2.1~3.0V。

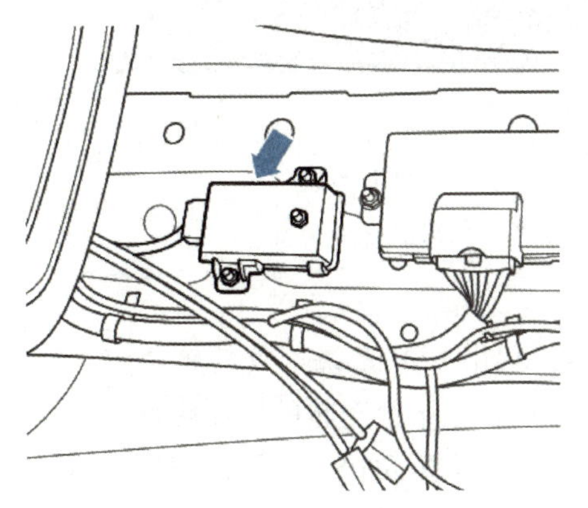

图 2-6　胎压监测控制器位置

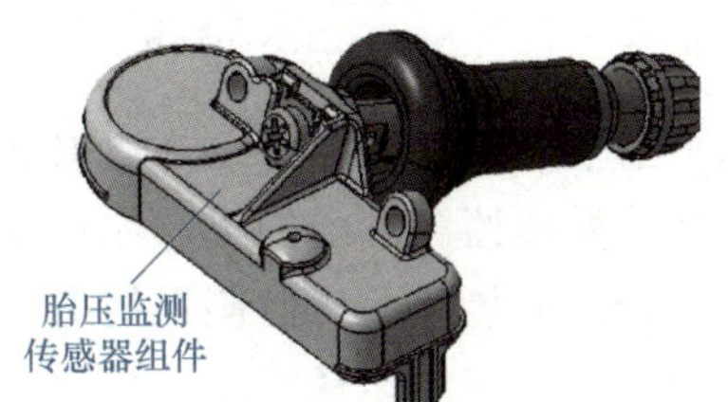

图 2-7　胎压监测传感器组件的位置

(4) 直接式胎压监测系统的工作原理

直接式胎压监测系统的工作原理如图 2-8 所示，轮胎上的胎压监测传感器监测轮胎内部的充气压力、温度、传感器电池电量信息，采用无线射频方式，把传感器采集到的压力和温度等数据信息发送到控制单元，胎压监测控制单元通过 CAN 总线与仪表通信，仪表对轮胎充气压力、温度等信息进行显示、报警。如果任何一个轮胎的充气压力低于驾驶员手册上推荐的冷胎胎压的 25%，便会警示驾驶员。其警示信号比较精确，而且如果轮胎被刺破，胎压快速下降，直接式胎压监测系统也能提供即时警示。

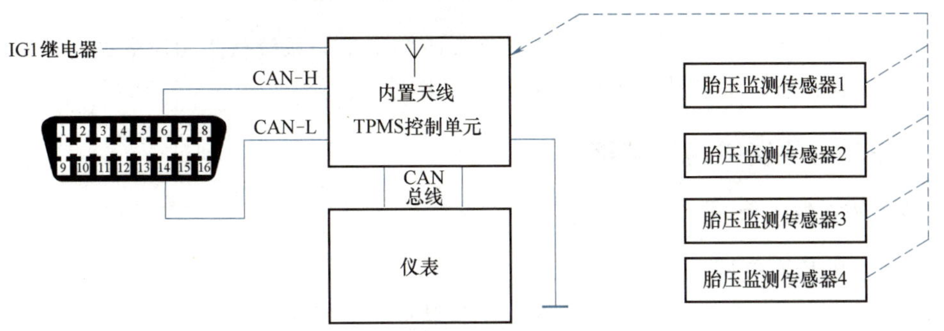

图 2-8　直接式胎压监测系统的工作原理

另外，即便是轮胎缓慢地漏气（俗称慢撒气），直接式胎压监测系统也能通过车载计算机（俗称车载电脑）感知到，直接让驾驶员从驾驶座上通过仪表板显示屏胎压监测系统检视目前四个轮胎的胎压数字，从而实时了解到四个车轮的真实气压状况。

4. 间接式胎压监测系统

（1）组成

间接式胎压监测系统由轮速传感器、ABS/ESP 控制单元、组合仪表组成，如图 2-9 所示。胎压监测控制器集成在 ESP 控制单元中，无单独的控制单元。

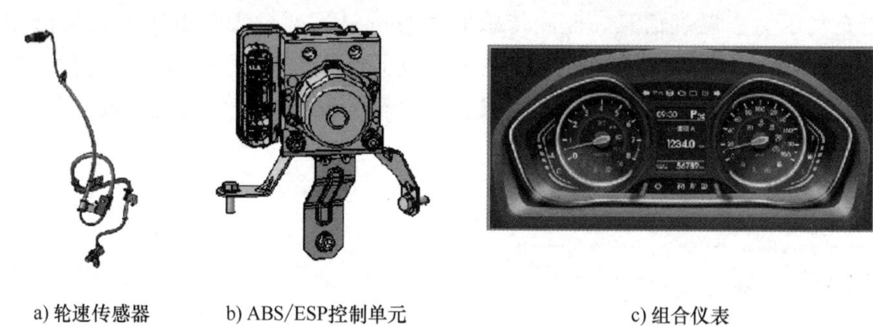

a) 轮速传感器　　b) ABS/ESP控制单元　　c) 组合仪表

图 2-9　间接式胎压监测系统的组成

（2）间接式胎压监测系统的工作原理

间接式胎压监测系统的工作原理如图 2-10 所示，利用 ESP 系统接收的轮速信号间接监控轮胎气压。间接式胎压监测系统监测四个车轮的转速，当某个车轮的胎压降低时，车辆的质量会使该轮的滚动半径变小，导致该轮的转速比其他三个车轮快，ESP 比较轮胎间的转速差别，达到监测车轮胎压的目的。

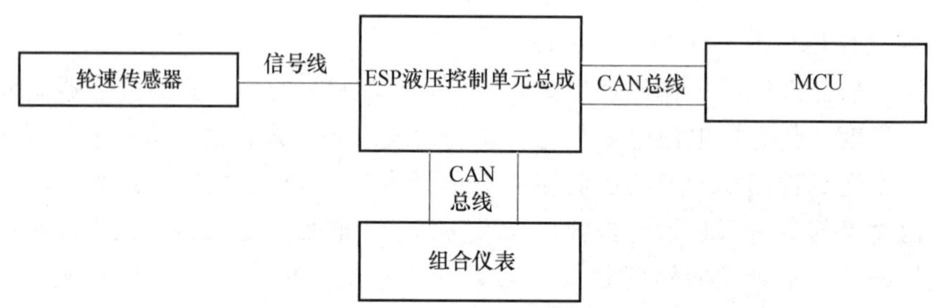

图 2-10　间接式胎压监测系统的工作原理

由于间接式胎压监测系统的工作原理，在以下情况下，系统认为胎压数据不可信，此时不进行报警：换档过程、制动过程及 ESP 介入工作过程。

三、车轮动平衡检查与调整

1. 轮胎的充气压力

（1）轮胎的标准气压

轮胎标签或安全认证标签通常可以在汽车驾驶员一侧的车门侧面、车门立柱侧面、慢速充电口（油箱盖）内侧或储物抽屉门内侧找到，标签内容包括建议的汽车最大载荷、轮胎尺寸（包括备用轮胎）和每个轮胎的冷态充气压力。注意，不能将该标签上的信息用于其他车辆。

(2) 轮胎的最大气压

轮胎所能承受的最大气压标注在轮胎侧面，如图 2-11 所示，该轮胎最大气压为 300kPa（44psi）。

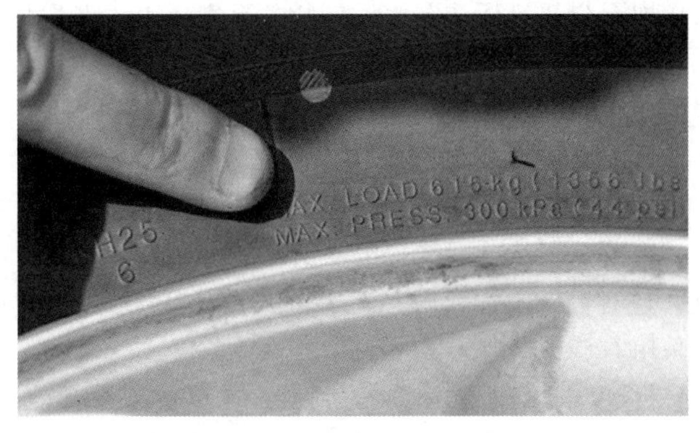

图 2-11　轮胎最大气压标识

2. 车轮平衡

合适的车轮定位可以保证车轮沿着直线滚动，并且使胎面不会过度磨损，车轮受到路面凸起或凹陷冲击时，车轮定位将会发生偏离，车轮定位偏离会导致轮胎不规则或不均匀磨损。车轮不平衡会导致球节磨损加剧，还会损坏汽车减振器和悬架的其他组件。

维修时，必须检测车轮的不均匀或不规则磨损、车轮定位和车轮平衡。平衡的车轮将车轮质量沿轮辋均匀分布，避免车轮和轮胎出现偏重，并使车轮平稳滚动。车轮平衡分为静平衡与动平衡，相应地，车轮不平衡分为静不平衡与动不平衡。

(1) 静平衡与动平衡

静平衡是车轮质量沿着车轮均等分布。车轮静不平衡将会引起车轮上下振动，也被称为车轮跳振，这种状态最终会导致轮胎发生不均匀的块状磨损。

动平衡是使质量在中心线两侧等量分布。动不平衡的车轮会引起车轮摆振和波纹状磨损。简单来说，动平衡就是车轮在运动中处于平衡状态。当车轮转动时，由于离心力作用，其静质量力图到达车轮旋转平面，当车轮处于不平衡状态时，静质量为了到达旋转平面，就会使转轴偏向一侧。当车轮旋转 180°时，静质量将转轴推向相反方向，侧向推力就会引起车轮总成摇摆，当不平衡严重时，如前所述，就会引起车轮的摆振。

综上所述，当车轮不平衡时会造成以下现象。

1）车辆高速行驶时，车轮抖动，转向盘振动。

2）舒适性或抓地性能下降。

3）轮胎胎面磨损加剧。

更换新的轮胎和车轮、轮胎修补会导致车轮平衡的变化，需要进行车轮平衡的调整。

(2) 动平衡的检测与调整

无论动平衡还是静平衡，如果失衡，都是由于车轮的质量分布不均匀造成的，车轮平衡机可以确定失衡的位置和质量。通过车轮平衡的调整，确保车轮的平衡符合技术要求，具体操作可参考后续的实训环节。

3. 轮胎修补

充气轮胎在使用过程中出现轮胎被扎破的现象似乎是无法绝对避免的，当胎面出现直径 6mm 以内的穿孔时，我们可以通过修补的办法，恢复轮胎的使用性能。当胎侧出现划痕或穿孔时，通常建议更换轮胎。

(1) 轮胎穿孔位置的确定

轮胎的穿孔位置必须在轮胎拆装之前确定，如果轮胎的穿孔物仍然在轮胎上，那么保留穿孔物作为穿孔位置的标记。如果轮胎的穿孔物并没有遗留在轮胎上，对轮胎进行充气，充气压力不得超过标注在胎侧的最大充气压力，然后将轮胎或车轮浸入水槽中或用肥皂水涂擦在轮胎表面，气泡将指示轮胎的漏气位置，并做出标记。也可在轮胎上标记气门嘴的位置，以便在轮胎装回到车轮上以后能够保持原来的平衡性。

（2）轮胎的拆卸与安装

轿车车轮通常使用螺栓固定在轮毂轴承总成上，既可以用带耳螺栓穿过车轮利用螺纹固定，也可以用从轮毂伸出的双头螺栓固定在轮毂上。少数车辆在驾驶员一侧的螺纹为左旋螺纹（逆时针方向拧紧），乘员一侧为右旋螺纹（顺时针方向拧紧）；大多数车辆在左右两侧都采用右旋螺纹。

拆卸车轮时，如图 2-12 所示，在车辆未举升前，先将车轮的固定螺栓或螺母拧松，然后升起车辆，再将螺栓或螺母完全拧下，将车轮取下即可。

拆卸和组装轮胎的正确步骤如下。不建议使用手动工具或撬棍拆卸轮胎，这样可能会造成胎圈和轮辋的损伤。建议使用轮胎拆装机，轮胎拆装机类型很多，常见的如图 2-13 所示，在轮胎拆装机上通常有三或四个踏板，分别用来控制中间盘的旋转、锁紧和放松轮毂、控制胎铲等。在拆卸和安装铝制或钢制辐条车轮的轮胎时，应该在轮胎拆装机与车轮间放置衬垫，以保护车轮镀层。

图 2-12　拆卸车轮

图 2-13　轮胎拆装机

小知识：轮胎的拆卸方法

1）首先要将车轮胎完全放气，用气门起子（图 2-14）拧松并取下气门芯。

2）用轮胎拆装机将轮胎铲离开轮辋，如图 2-15 所示，维修技师只需要引导操纵杆。注意：如果车轮安装有胎压监测传感器，应避免铲在气门嘴位置，以免损坏传感器。轮胎两面分别压几次，使轮胎的钢支承圈完全离开轮辋外缘。

3）然后，将轮胎和车轮放在轮胎拆装机上，并踩下踏板，将车轮夹紧在轮胎拆装机上，如图 2-15 所示。将机械臂降到轮胎和车轮总成内，并将工作头与轮辋间隙调整至 2~3mm，锁定机械臂，如图 2-16 所示。

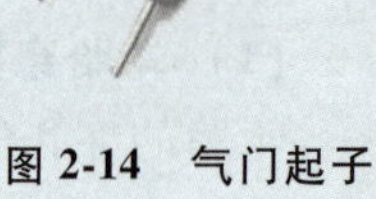

图 2-14　气门起子

图 2-15　轮胎铲离轮辋

图 2-16　调整轮胎拆装机工作头

4）将撬棍插入轮胎上侧胎圈与车轮之间，踩下使车轮旋转的踏板。对下侧胎圈进行相同操作，分离轮胎，如图 2-17 所示。

图 2-17　分离轮胎

5）当轮胎完全脱离轮毂后，取下轮胎。

6）用钢丝刷清除轮毂密封面上的脏污和锈迹，在两面胎口处刷上润滑剂，如图 2-18 所示，为安装轮胎做好准备。

图 2-18 清洁轮胎安装部位

7）将轮胎安放在轮辋上，将拆装机的机械臂降低到位，随着拆装机旋转，机械臂会将轮胎压在轮辋上。用相同的方法安装轮胎外侧。

为轮胎充气并在气压达到 2bar（2×10^5Pa）左右时，安装气门嘴，并调整气压到标准值，如图 2-19 所示。

图 2-19 安装气门嘴

如果无法正常充气，可将轮胎从拆装机上取下，在地面振动后再充气，也可以使用暴充快速充气。

（3）轮胎的修补

补胎的方法通常有四种，分别是外补胶条修补、冷补、蘑菇钉修补、热补，补后效果如图 2-20 所示。

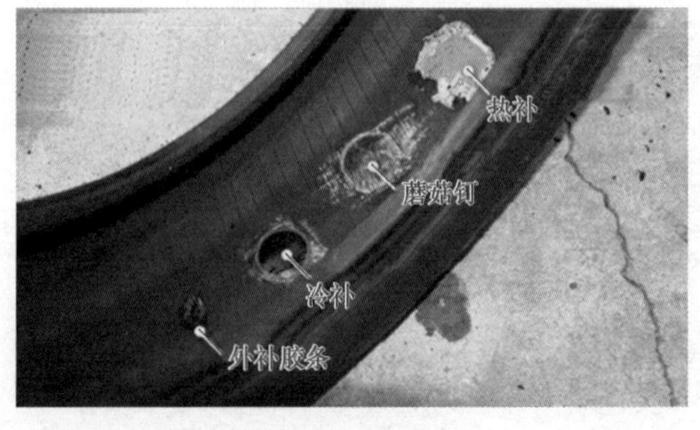

图 2-20 四种轮胎修补方法的补后效果

小知识：外补胶条修补

外补胶条也称为“牛筋”，如图 2-21 所示。这种补胎方式的特点是方便快捷，但是只能修补较小的钉孔。

1）使用外补胶条修补轮胎时，我们需要使用一个类似锥子的工具。外补胶条可以穿过工具尖端的一个孔。如图 2-22 所示，我们把锥子扎进轮胎上的孔。锥子扎进孔后，外补胶条也被带到孔内，并把孔塞住。

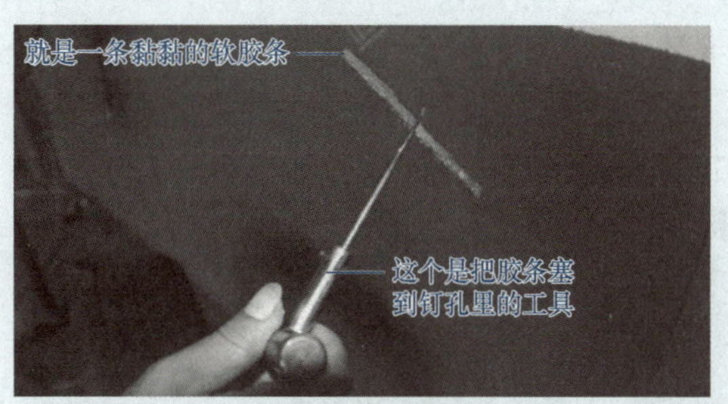

图 2-21　外补胶条

2）把外补胶条塞到孔里以后就可以把工具抽出来，此时外补胶条有一部分是露在胎面之外的，露在胎面之外的那部分外补胶条不需要切除，如图 2-23 所示。

图 2-22　用锥子塞入胶条

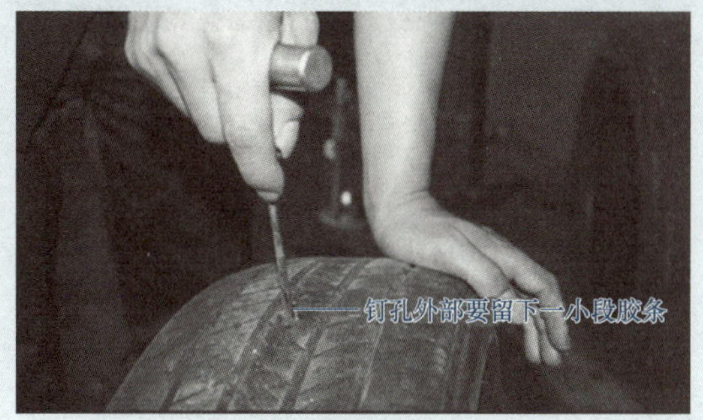

图 2-23　抽出修补工具

3）使用这种外补胶条修补钉孔后，胶条随着轮胎使用发热会受热变软并更好地阻止轮胎内部气体从钉孔泄漏。这种外补胶条在使用一定时间后会“起泡”，此时钉孔便有可能再次漏气。因此，外补胶条只能作为一种临时补胎材料。

4）使用外补胶条补胎，整个补胎过程不足 2min，非常快捷，其效果如图 2-24 所示。

图 2-24　胶条修补痕迹

小知识：热补

热补，又称火补，在很长一段时间里被认为是最好的补胎方式。

1）首先，我们使用气动磨把钉孔附近的气密层橡胶磨掉。磨掉气密层后，我们可以清晰地看到钢丝层，如图 2-25 所示。

2）接下来，我们要把一片热补胶片剪成圆形，其大小要与钢丝层露出的面积相符，如图 2-26 所示。

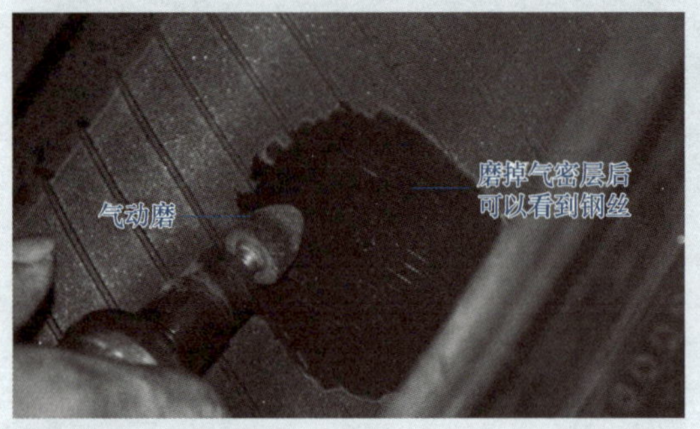

图 2-25　打磨气密层表面

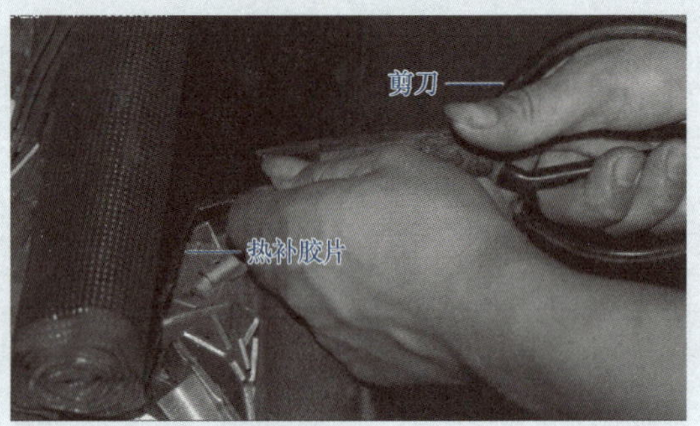

图 2-26　剪胶片

3）在打磨过的区域上涂上热补胶水，并把热补胶片粘贴在轮胎气密层上，然后用拇指压紧，如图 2-27 所示。

4）为了防止使用电加热工具对热补胶片加热时，橡胶融化粘到熨斗上，需要在热补胶片上方再铺一层衬纸，如图 2-28 所示。

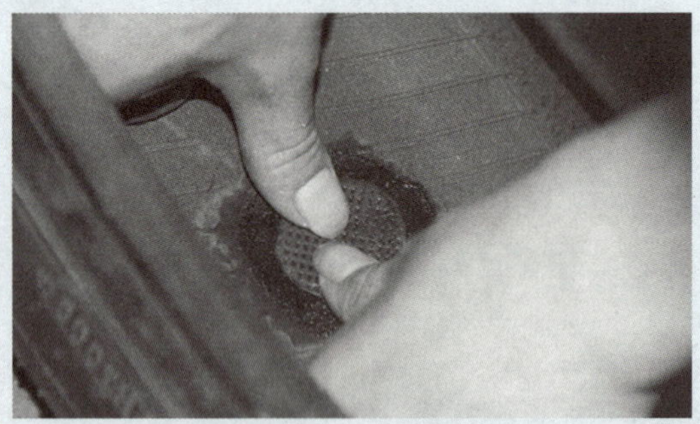
图 2-27　粘贴热补胶片

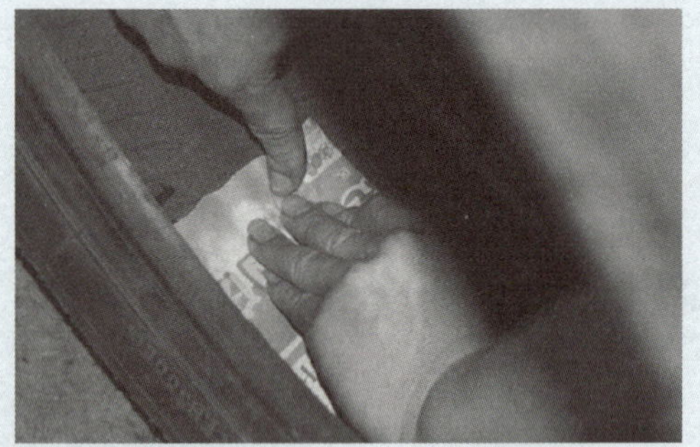
图 2-28　热补胶片上方铺衬纸

5）使用电加热工具，如图 2-29 所示，把贴上去的热补胶片加热压紧 3min 即可。

6）对热补胶片完成加热后便可以取下加热压紧工具。往衬纸上涂上水冷却并取下多余的衬纸即完成了整个轮胎热补过程。融化的热补胶片形成了新的轮胎气密层防止轮胎漏气。

7）有部分衬纸会与热补胶片黏合，这是正常现象。整个补胎过程用时超过 12min，比起使用外补胶条补胎所用的时间要长很多，其效果如图 2-30 所示。

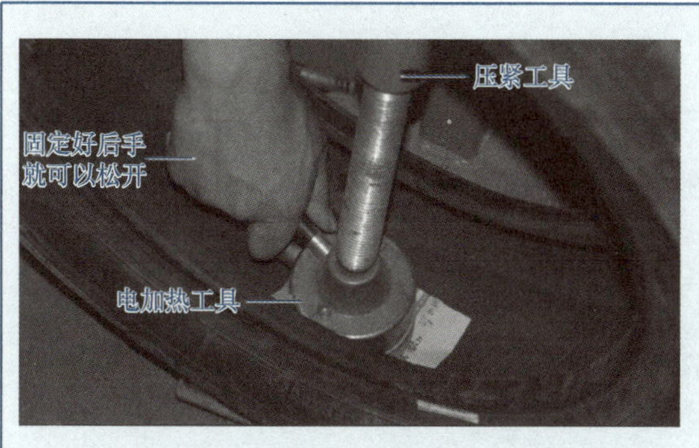

图 2-29　电加热按压热补胶片

图 2-30　修补完成

小知识：冷补

冷补主要是通过冷补胶片和胶水来覆盖住原来气密层上的孔，实现修补的目的。

1）首先，我们需要稍微打磨一下轮胎的气密层，如图 2-31 所示，使气密层变得粗糙，让冷补胶片更易黏合在上面。

2）打磨好气密层后，在打磨的区域涂抹上冷补胶水（图 2-32）并稍微烘干一下。

图 2-31　修补部位打磨

图 2-32　在打磨部位涂抹胶水

3）贴上冷补胶片并用滚轮在胶片上来回滚压，如图 2-33 所示，使冷补胶片和气密层黏合得更紧密。整个补胎过程用时 5min 左右。

图 2-33　粘贴冷补胶片

小知识：蘑菇钉修补

蘑菇钉的冠部起到与冷补胶片一样的作用，能对轮胎气密层进行密封，蘑菇钉的柄则可以穿过钉孔对胎体橡胶进行修复。

1）首先，要稍微打磨钉孔附近的轮胎气密层。和冷补一样，气密层只需稍微打磨，不需要磨到钢丝层。

2）在打磨好的气密层上涂抹上冷补胶水，待冷补胶水稍微干一些就可以安装蘑菇钉了。

3）在安装蘑菇钉之前，要把蘑菇钉上蓝色的保护层去掉，如图 2-34 所示。蓝色保护层是用于保护起密封作用的灰色软橡胶的。

4）一切就绪，把蘑菇钉的钢针从轮胎内部插进钉孔，穿过整个轮胎的复合橡胶层，如图 2-35 所示。

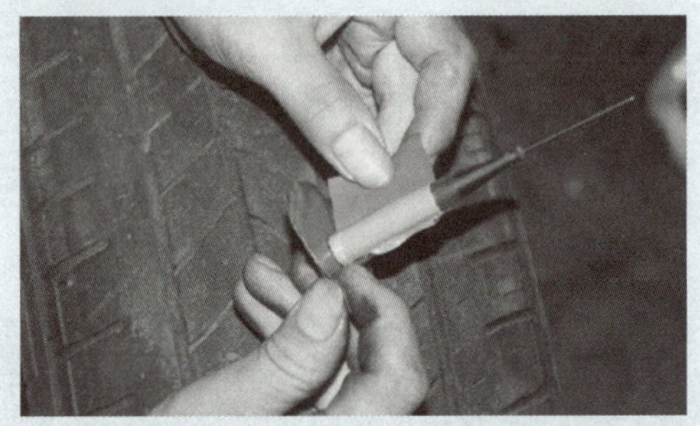

图 2-34　准备修补蘑菇钉

图 2-35　安装蘑菇钉

5）从轮胎外部用钳子钳住蘑菇钉的钢针，把蘑菇钉的柄从钉孔拉出，如图 2-36 所示。当蘑菇钉的冠部贴合轮胎气密层后即可停止抽拉动作。

6）使用滚轮对蘑菇钉的冠部进行滚压，使得蘑菇钉的冠部与气密层贴合得更加紧密。

7）最后，把蘑菇钉上多余的柄用工具裁掉，如图 2-37 所示。

图 2-36　拉出蘑菇钉

图 2-37　去除蘑菇钉多余部分

8）从轮胎外部看到的是蘑菇钉柄的截面，如图 2-38 所示，此截面面积与人的小手指的截面面积相当，整个补胎过程用时 7min 左右。

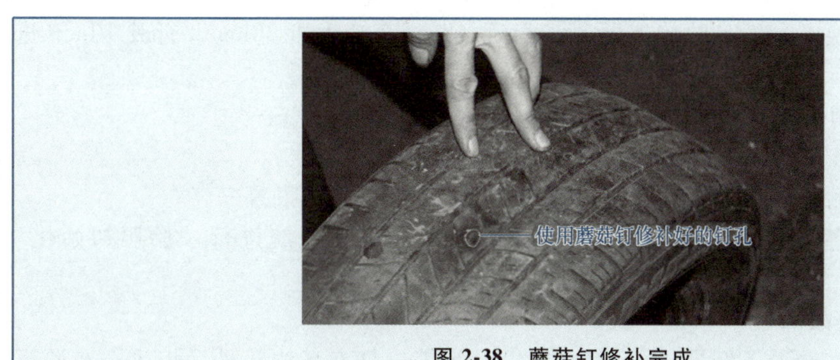

图 2-38　蘑菇钉修补完成

在一般情况下，使用蘑菇钉对轮胎钉孔进行修补有更好的使用效果。由于蘑菇钉对轮胎的气密层及胎体都进行了修复，因此耐用性更好。蘑菇钉补胎的时间效率及费用虽不及冷补有优势，但其效果要好很多。

外补胶条使用便捷，但耐用性一般。轮胎扎钉且钉孔较小时，使用外补胶条补胎是一个不错的应急选择。

热补虽然只修复了气密层，但由于热补胶片和轮胎气密层融为一体，密封效果较好，不易漏气。但钉孔越大，热补补胎的耐用性就越差。轮胎扎钉且钉孔较小时，热补补胎有较好的效果，同时耐用性也不错。

四、胎压监测系统常见故障案例解析

1. 直接式胎压监测系统报警

（1）快速漏气报警

1）报警策略：轮胎 1min 内气压下降值大于 30kPa，将进行快速漏气报警。

2）处理方法：检查轮胎是否被刺穿；修补充气后，路试车速大于 30km/h 行驶 10min 进行自学习。

（2）低压报警

1）报警策略：当汽车轮胎中的一个或多个轮胎气压低于制造企业规定的冷态轮胎气压值的 75%时，将发出警报。

2）处理方法：将轮胎气压调整到标准值，路试车速大于 30km/h 行驶 10min 进行自学习。

（3）高温报警

1）报警策略：传感器检测到高温异常（高温报警阈值为 80℃，将进行报警）。

2）处理方法：停车对轮胎降温后，路试车速大于 30km/h 行驶 10min 进行自学习。

（4）传感器失效

1）报警策略：接收控制器未学习胎压传感器，或强制删除自身身份（ID）信息时，将进行报警。

2）处理方法：确认轮胎是否装有传感器、是否有干扰设备；路试车速大于 30km/h 行驶 10min 进行自学习。

（5）传感器电量低报警

1）报警策略：系统收到传感器电量低信号，将进行传感器电量低报警。

2）处理方法：更换电量不足的传感器，匹配后，路试车速大于30km/h行驶10min进行自学习。

2. 间接式胎压监测系统报警

（1）轮胎压力低

1）报警策略：轮胎气压低时点亮胎压报警指示灯，仪表蜂鸣器报警三声。

2）处理方法：对轮胎进行充气或更换车轮后，对胎压监测系统进行“胎压初始化”操作。

（2）胎压监测系统故障

1）报警策略：正常情况下钥匙置于ON档，TPMS警告灯点亮约几秒后熄灭；在胎压监测系统故障情况下，胎压监测系统故障警告灯点亮。

2）处理方法：参照维修手册故障诊断步骤进行排查，故障排除后，对胎压监测系统进行“胎压监测系统标定”操作。

3. 胎压监测系统的标定

（1）直接式胎压监测系统标定

1）需标定情况。车辆在使用过程中，出现以下情况系统需重新对胎压传感器进行学习：①轮胎调换位置；②更换胎压传感器；③更换胎压监测控制器；④胎压传感器信号丢失。

2）轮胎换位标定方法。通过诊断仪连接TPMS，如图2-39所示，进入电子控制单元（Electronic Control Unit，ECU）配置，读取胎压传感器值，然后通过单击“胎压传感器换位”按钮进行标定。

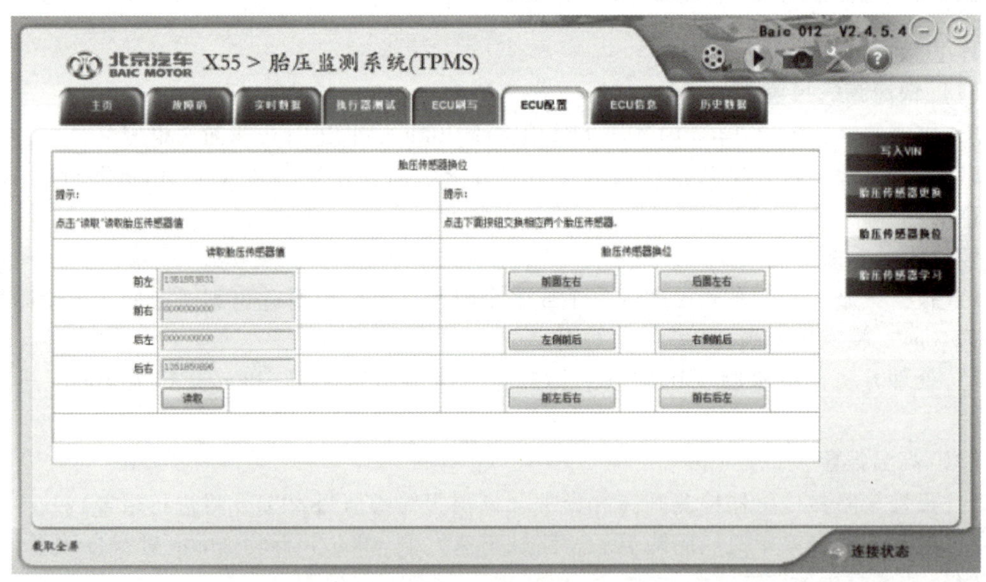

图2-39 轮胎换位标定

3）更换胎压传感器标定。通过诊断仪连接TPMS，进入ECU配置，根据提示读取新传感器编码，如图2-40所示。然后将四个胎压传感器的ID编码写入胎压监测控制器。按照提示要求操作，完成最后的标定，如图2-41所示。

（2）间接式胎压监测系统标定

1）需标定的情况　以下情况需要进行胎压系统的标定：①胎压系统出现故障修复后；

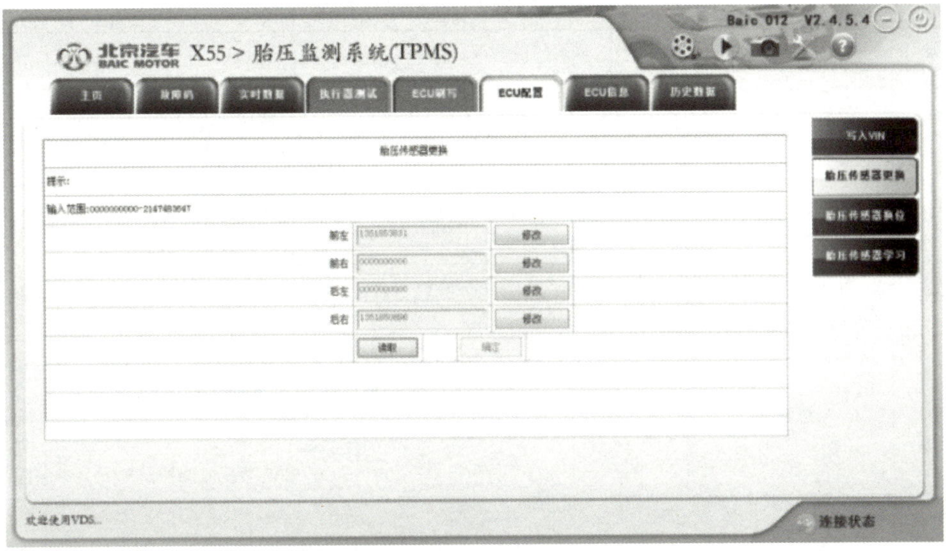

图 2-40　读取传感器编码

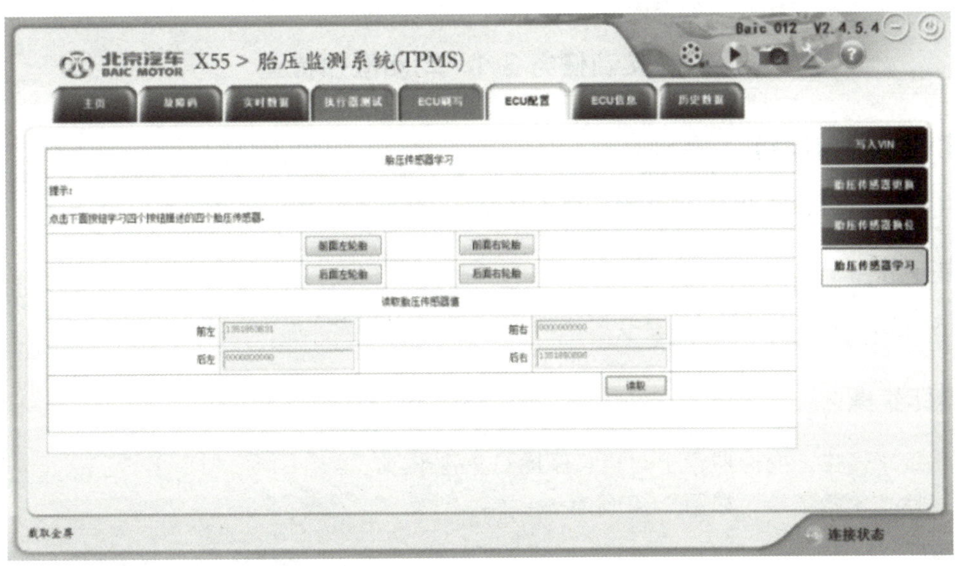

图 2-41　标定各车轮胎压传感器

②系统部件工作不良或信号缺失，修复相关故障后；③对 ECU、自动变速器控制单元（Transmission Control Unit，TCU）、仪表控制器（Instrument Cluster Module，ICM）进行刷写、插拔后。

2）使用诊断仪标定。在诊断仪 ECU 配置中单击间接胎压标定，满足“标定条件”后单击“校准”。

3）手动标定。先将启动停止按键置于 OFF 档，再打开启动停止按键启动车辆，以 15km/h 以上的速度行驶 15min。

4. 直接式胎压监测系统故障码排查方法

直接式胎压监测系统常见故障及排查方法见表 2-1。

表 2-1 直接式胎压监测系统常见故障及排查方法

故障码	故障码定义	可能的故障原因	排查内容
B180301	左前胎压传感器失效	1)传感器故障 2)传感器没电 3)胎压监测控制单元故障	1)读取传感器 ID 是否存在 2)对传感器进行重新学习 3)替换控制单元或传感器确认
B180916	右前胎压传感器电池电量低	1)传感器故障 2)胎压监测控制单元故障 3)传感器没电	1)检查控制单元 T16a 连接插头端子是否腐蚀、生锈、退针 2)替换控制单元或传感器确认
B180100	胎压传感器没有配对	下线配置时通过诊断编程的传感器 ID 少于 4 个	使用诊断仪对胎压传感器匹配学习
U100700	CAN 总线关闭	1)导线故障 2)胎压监测控制单元故障	1)检查控制单元 T16a 连接插头端子是否腐蚀、生锈、退针 2)检查控制单元的电源、搭铁、CAN 是否正常 3)替换胎压监测控制单元并重新匹配

【实训任务三】 车轮拆装与检修

实训任务 3-1 轮胎磨损检查

实训场地与器材

新能源汽车作业工位和举升机、新能源汽车、工作灯、汽车拆装工具车。

作业准备

同减速器总成维护作业准备工作。

操作步骤

1) 停车入位，变速器置于空档，保持安全驻车。
2) 检查轮胎气压，如图 2-42 所示。

图 2-42 检查轮胎气压

3）安全举升车辆至合适高度。

4）根据轮胎相关知识，对轮胎外观进行检查，如图 2-43 所示。

5）利用胎纹尺，对轮胎进行磨损量测量，如图 2-44 所示。

图 2-43　轮胎外观检查

图 2-44　轮胎花纹深度测量

6）根据轮胎磨损情况判断故障原因。

7）依据技术文件要求，完成轮胎磨损检查。

8）正确操作举升机，安全降下车辆。

9）安全移除车辆。

竣工检验

整理、恢复作业场地。

实训任务总结

轮胎磨损检查	工作任务单	班级：
		姓名：

1. 车辆信息记录

品牌		整车型号		生产年月	
驱动电机型号		动力蓄电池电量		行驶里程	
车辆识别码					

2. 作业场地准备

检查是否设置隔离栏	□是　□否
检查是否设置安全警示牌	□是　□否
检查灭火器压力及有效期是否符合要求	□是　□否
安装车辆挡块	□是　□否

3. 记录轮胎磨损检查的操作过程

轮胎磨损检查		实习日期：	
姓名：	班级：	学号：	导师签名：
自评：□熟练□不熟练	互评：□熟练□不熟练	师评：□合格□不合格	
日期：	日期：	日期：	

轮胎磨损检查【评分细则】

序号	评分项	得分条件	分值	评分要求	自评	互评	师评
1	安全/5S/态度	□1. 能进行工位5S操作 □2. 能进行设备和工具的安全检查 □3. 能进行车辆安全防护操作 □4. 能进行工具的清洁、校准及存放操作 □5. 能进行“三不落地”操作	15	未完成1项扣3分	□熟练 □不熟练	□熟练 □不熟练	□合格 □不合格
2	专业技能	□1. 能正确检查胎压 □2. 能正确检查轮胎磨损部位 □3. 能正确使用胎纹尺 □4. 能正确测量轮胎花纹深度 □5. 能正确判断轮胎磨损技术状况	50	未完成1项扣10分	□熟练 □不熟练	□熟练 □不熟练	□合格 □不合格
3	工具及设备的使用能力	□1. 能正确举升车辆 □2. 能正确选择、使用拆装工具 □3. 能正确使用胎纹尺	10	未完成1项扣4分，扣分不得超过10分	□熟练 □不熟练	□熟练 □不熟练	□合格 □不合格
4	资料及信息的查询能力	□1. 能正确使用维修手册查询资料 □2. 能正确使用用户手册查询资料 □3. 能在规定时间内查询所需资料	10	未完成1项扣4分，扣分不得超过10分	□熟练 □不熟练	□熟练 □不熟练	□合格 □不合格
5	判断及分析能力	□1. 能判断轮胎磨损部位 □2. 能判断轮胎磨损程度 □3. 能判断轮胎磨损原因	10	未完成1项扣4分，扣分不得超过10分	□熟练 □不熟练	□熟练 □不熟练	□合格 □不合格
6	表单填写及报告的撰写能力	□1. 能正确记录所需的维修信息 □2. 字迹清晰 □3. 语句通顺 □4. 无错别字 □5. 无涂改	5	未完成1项扣1分	□熟练 □不熟练	□熟练 □不熟练	□合格 □不合格
总分：							

实训任务 3-2　胎压传感器的检查与标定

实训场地与器材

新能源汽车作业工位和举升机、新能源汽车、工作灯、汽车拆装工具车、诊断仪。

作业准备

1）同减速器总成维护作业准备工作步骤 1、2、3。

2）检查诊断仪，如图 2-45 所示。

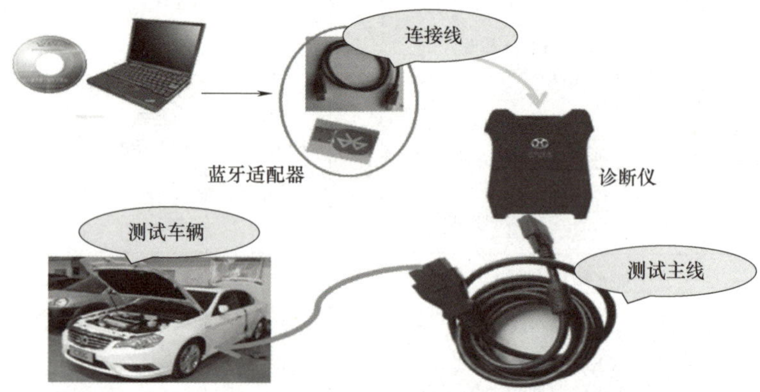

图 2-45　检查诊断仪

操作步骤

1）准备好轮胎气压表，检查轮胎气压并记录所测胎压。

2）查阅维修技术手册，检查车辆胎压监测的类型。

3）运行车辆，查看车载胎压监测系统测量的轮胎气压值，如图 2-46 所示。

图 2-46　查看轮胎气压值

4）对比两次胎压测量值，是否符合技术要求。

5）按照维修技术要求，对出现问题的胎压传感器进行更换，如图 2-47 所示。

6）对更换后的胎压传感器进行标定，具体可参考前面章节中的相关内容。

图 2-47　胎压传感器更换

竣工检验

整理、恢复作业场地。

实训任务总结

<table>
<tr><td rowspan="2">胎压传感器的检查与标定</td><td rowspan="2" colspan="3">工作任务单</td><td colspan="2">班级:</td></tr>
<tr><td colspan="2">姓名:</td></tr>
<tr><td colspan="6">1. 车辆信息记录</td></tr>
<tr><td>品牌</td><td></td><td>整车型号</td><td></td><td>生产年月</td><td></td></tr>
<tr><td>驱动电机型号</td><td></td><td>动力蓄电池电量</td><td></td><td>行驶里程</td><td></td></tr>
<tr><td>车辆识别码</td><td colspan="5"></td></tr>
<tr><td colspan="6">2. 作业场地准备</td></tr>
<tr><td colspan="4">检查是否设置隔离栏</td><td colspan="2">□是　□否</td></tr>
<tr><td colspan="4">检查是否设置安全警示牌</td><td colspan="2">□是　□否</td></tr>
<tr><td colspan="4">检查灭火器压力及有效期是否符合要求</td><td colspan="2">□是　□否</td></tr>
<tr><td colspan="4">安装车辆挡块</td><td colspan="2">□是　□否</td></tr>
<tr><td colspan="6">3. 记录胎压传感器检查与标定的操作过程</td></tr>
<tr><td colspan="6"></td></tr>
</table>

胎压传感器的检查与标定		实习日期：	
姓名：	班级：	学号：	导师签名：
自评：□熟练□不熟练	互评：□熟练□不熟练	师评：□合格□不合格	
日期：	日期：	日期：	

胎压传感器的检查与标定【评分细则】

序号	评分项	得分条件	分值	评分要求	自评	互评	师评
1	安全/5S/态度	□1. 能进行工位5S操作 □2. 能进行设备和工具的安全检查 □3. 能进行车辆安全防护操作 □4. 能进行工具的清洁、校准及存放操作 □5. 能进行“三不落地”操作	15	未完成1项扣3分	□熟练 □不熟练	□熟练 □不熟练	□合格 □不合格
2	专业技能	□1. 能正确检查胎压 □2. 能正确读取车载胎压监测系统胎压 □3. 能正确拆卸胎压传感器 □4. 能正确更换、安装胎压传感器 □5. 能正确对更换的传感器进行标定	50	未完成1项扣10分	□熟练 □不熟练	□熟练 □不熟练	□合格 □不合格
3	工具及设备的使用能力	□1. 能正确举升车辆 □2. 能正确选择、使用拆装工具 □3. 能正确使用诊断仪	10	未完成1项扣4分，扣分不得超过10分	□熟练 □不熟练	□熟练 □不熟练	□合格 □不合格
4	资料及信息的查询能力	□1. 能正确使用维修手册查询资料 □2. 能正确使用用户手册查询资料 □3. 能在规定时间内查询所需资料	10	未完成1项扣4分，扣分不得超过10分	□熟练 □不熟练	□熟练 □不熟练	□合格 □不合格
5	判断及分析能力	□1. 能判断胎压传感器的技术状况 □2. 能判断胎压传感器的标定状态 □3. 能判断胎压传感器的安装状态	10	未完成1项扣4分，扣分不得超过10分	□熟练 □不熟练	□熟练 □不熟练	□合格 □不合格
6	表单填写及报告的撰写能力	□1. 能正确记录所需的维修信息 □2. 字迹清晰 □3. 语句通顺 □4. 无错别字 □5. 无涂改	5	未完成1项扣1分	□熟练 □不熟练	□熟练 □不熟练	□合格 □不合格

总分：

实训任务 3-3　车轮动平衡检查与调整

实训场地与器材

新能源汽车作业工位和举升机、新能源汽车、工作灯、汽车拆装工具车、轮胎平衡机。

作业准备

1）同减速器总成维护作业准备工作步骤 1、2、3。

2）检查轮胎平衡机，如图 2-48 所示。

操作步骤

1）选择合适的工具，按照技术说明要求，拆卸需要进行平衡的车轮，如图 2-49 所示。

图 2-48　轮胎平衡机

图 2-49　拆卸车轮

2）将轮胎充气到正常气压，选择合适的定心件，使用夹紧件将轮胎固定在平衡机轴上，如图 2-50 所示。

注意：夹紧件不得有机械损伤，接触面不得有灰尘。

3）通过 AUX 键选择平衡块的安装位置，如图 2-51 所示。

图 2-50　固定轮胎

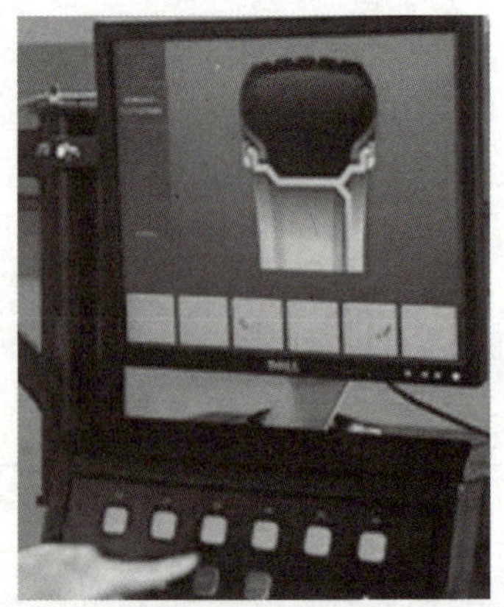

图 2-51　选择平衡块的安装位置

4）测量平衡机到轮胎内缘和外缘的距离，如图 2-52 箭头所指位置，不同偏距和宽度的车轮此距离不同，随后平衡机会自动计算轮胎的宽度和轮辋直径。对于没有自动测量功能的平衡机，则需要手动测量并输入，具体的轮胎尺寸参数有内缘距离、轮辋宽度和轮辋直径，如图 2-53 所示。

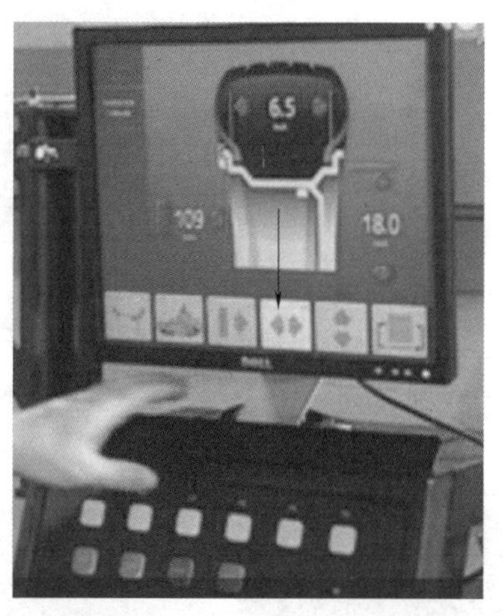

图 2-52　测量平衡机到轮胎内外缘的距离

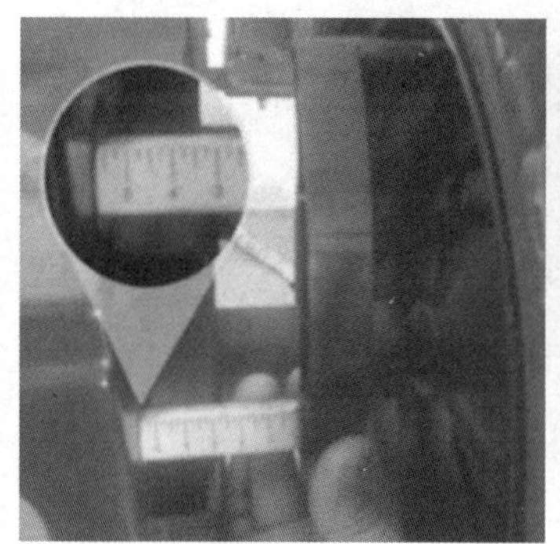

a) 内缘距离

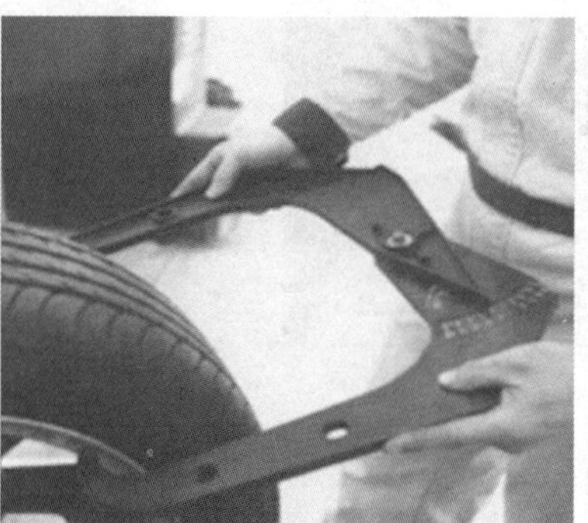

b) 轮辋宽度

c) 轮辋直径

图 2-53　需要测量的轮胎尺寸参数

5）合上护罩并转动车轮，平衡机会测出车轮的失衡量。如图 2-54 所示，该轮胎的内缘有 5g 的质量失衡，外缘有 35g 的质量失衡。用手转动车轮，直至出现图 2-55 所示情况时停止。

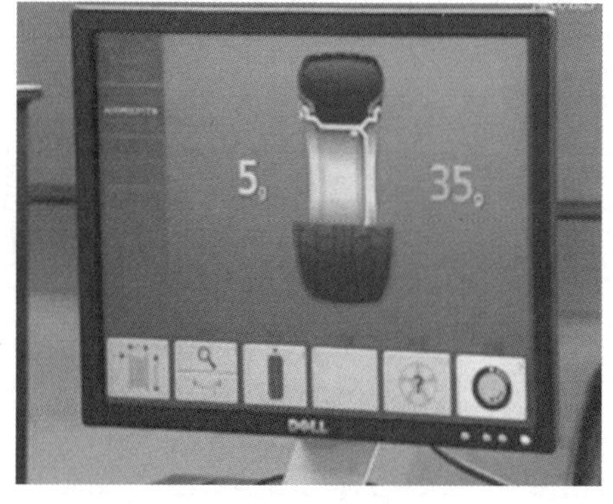

图 2-54　平衡测量结果

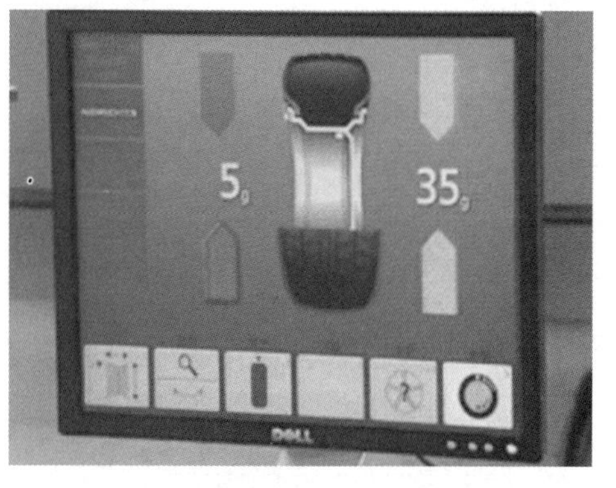

图 2-55　手动调整轮胎转动位置

6）清洁外侧轮缘的最上端位置，并粘贴 35g 的平衡块，如图 2-56 所示。

7）安装完成后继续转动轮胎，直至找到内缘的顶点位置，并安装内缘平衡块，如图 2-57 所示。

8）再次合上护罩，运行平衡机，检测车轮动平衡数据。

9）如图 2-58 所示，所测数据如果不超过 5g，则认为车轮动平衡调整完成；如果仍然大于 5g，则需要重复以上步骤。

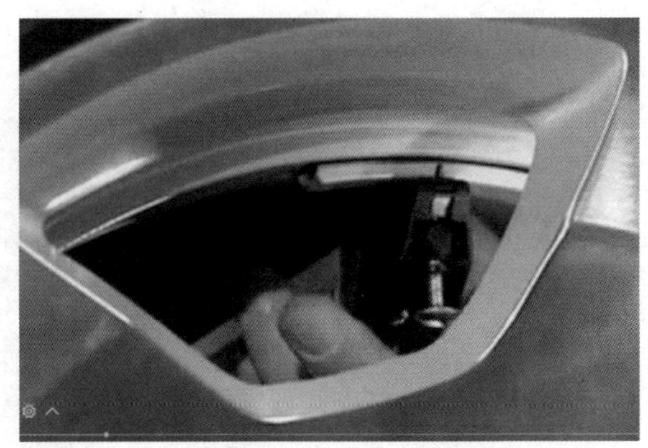

图 2-56　安装外缘平衡块

图 2-57　安装内缘平衡块

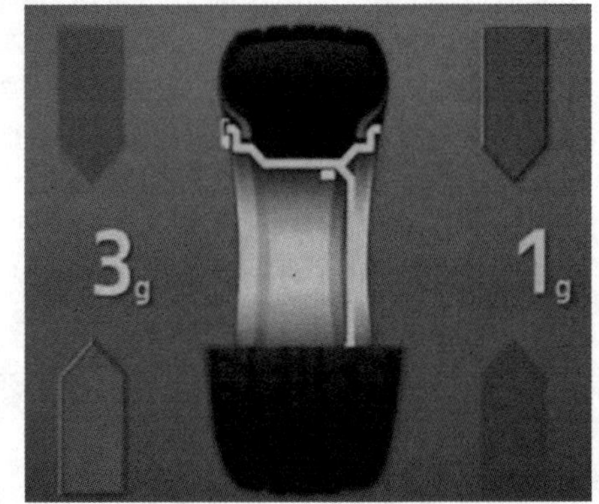

图 2-58　平衡检验

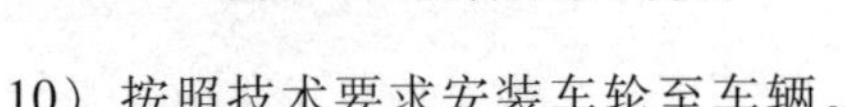

10）按照技术要求安装车轮至车辆。

竣工检验

整理、恢复作业场地。

实训任务总结

<table>
<tr><td colspan="2" rowspan="2">车轮动平衡检查与调整</td><td rowspan="2">工作任务单</td><td colspan="3">班级：</td></tr>
<tr><td colspan="3">姓名：</td></tr>
<tr><td colspan="6">1. 车辆信息记录</td></tr>
<tr><td>品牌</td><td></td><td>整车型号</td><td></td><td>生产年月</td><td></td></tr>
<tr><td>驱动电机型号</td><td></td><td>动力蓄电池电量</td><td></td><td>行驶里程</td><td></td></tr>
<tr><td>车辆识别码</td><td colspan="5"></td></tr>
<tr><td colspan="6">2. 作业场地准备</td></tr>
<tr><td colspan="4">检查是否设置隔离栏</td><td colspan="2">□是　□否</td></tr>
<tr><td colspan="4">检查是否设置安全警示牌</td><td colspan="2">□是　□否</td></tr>
<tr><td colspan="4">检查灭火器压力及有效期是否符合要求</td><td colspan="2">□是　□否</td></tr>
<tr><td colspan="4">安装车辆挡块</td><td colspan="2">□是　□否</td></tr>
<tr><td colspan="6">3. 记录车轮动平衡检查与调整的操作过程</td></tr>
<tr><td colspan="6"></td></tr>
</table>

车轮动平衡检查与调整		实习日期:	
姓名:	班级:	学号:	导师签名:
自评:□熟练□不熟练	互评:□熟练□不熟练	师评:□合格□不合格	
日期:	日期:	日期:	

车轮动平衡检查与调整【评分细则】

序号	评分项	得分条件	分值	评分要求	自评	互评	师评
1	安全/5S/态度	□1. 能进行工位5S操作 □2. 能进行设备和工具的安全检查 □3. 能进行车辆安全防护操作 □4. 能进行工具的清洁、校准及存放操作 □5. 能进行“三不落地”操作	15	未完成1项扣3分	□熟练 □不熟练	□熟练 □不熟练	□合格 □不合格
2	专业技能	□1. 能正确检查胎压 □2. 能正确拆卸车轮 □3. 能正确把车轮安装到轮胎平衡机上 □4. 能正确测量、输入轮胎参数 □5. 能正确测量轮胎平衡状态 □6. 能正确找到需要安装平衡块的位置 □7. 能正确安装合适的平衡块 □8. 能正确使用轮胎平衡机	50	未完成1项扣7分，扣分不得超过50分	□熟练 □不熟练	□熟练 □不熟练	□合格 □不合格
3	工具及设备的使用能力	□1. 能正确举升车辆 □2. 能正确选择、使用拆装工具 □3. 能正确使用轮胎平衡机	10	未完成1项扣4分，扣分不得超过10分	□熟练 □不熟练	□熟练 □不熟练	□合格 □不合格
4	资料及信息的查询能力	□1. 能正确使用维修手册查询资料 □2. 能正确使用用户手册查询资料 □3. 能在规定的时间内查询所需资料	10	未完成1项扣4分，扣分不得超过10分	□熟练 □不熟练	□熟练 □不熟练	□合格 □不合格
5	判断及分析能力	□1. 能判断轮胎的平衡状况 □2. 能判断轮胎平衡块的安装部位	10	未完成1项扣5分	□熟练 □不熟练	□熟练 □不熟练	□合格 □不合格
6	表单填写及报告的撰写能力	□1. 能正确记录所需的维修信息 □2. 字迹清晰 □3. 语句通顺 □4. 无错别字 □5. 无涂改	5	未完成1项扣1分	□熟练 □不熟练	□熟练 □不熟练	□合格 □不合格
总分:							

任务二　悬架系统的维护与检修

【学习目标】

知识目标：

1）了解悬架系统的功能。

2）理解减振器的工作原理。

3）掌握悬架系统的检修方法。

技能目标：

1）能运用维修资料及相关设备对悬架系统进行检查保养。

2）能运用维修资料及相关设备对前悬架进行检测维修。

3）能运用维修资料及相关设备对后悬架及其他附件进行检测维修。

素质目标：

1）具有良好的品德、文化修养和职业道德。

2）具有良好的身体素质和心理素质。

3）具有一定的计划、组织、实施、评估等工作能力和沟通、表达、团队协作等社会能力。

4）具有良好的自我学习及持续进步能力。

【任务描述】

一辆纯电动新能源汽车已经行驶了10000km，按照保养要求，需对车辆悬架系统进行检查保养。维修技师接到任务后，按照技术文件要求对悬架系统进行相关操作，并将检查结果与技术文件标准数据进行比较，判断车辆保养状态。如需要更换部件，则按照要求填写维修工单，进行相应的技术维修，以满足车辆维修技术要求。

【相关知识】

一、悬架的结构与类型

1. 悬架的功能及组成

悬架是车架（或承载式车身）与车桥（或车轮）之间的一切传力连接装置的总称。在汽车行驶过程中，悬架既能抵消、减弱路面不平带来的生硬冲击，又能确保车身的横向和纵向稳定性，使车辆在悬架设计的自由行程内时刻都可以保持一个较大范围的动态可控姿态。通俗来讲，悬架就是将车轮与车架（或车身）连接在一起，在汽车通过凹凸不平的路面时，为汽车提供缓冲作用，从而保持乘坐舒适性，并保证车轮相对于车架或车身有一定的运动规律，限制车身和车轮振动的支持系统。因此，汽车的悬架系统是关系到车辆操控稳定性和舒适性的重要组成部件之一。它一般具备以下功能。

1）把路面作用于车轮上的垂直反力、纵向反力和侧向反力以及这些反力所产生的力矩传递到车架或承载式车身上，保证汽车正常行驶，即起传递力和力矩的作用。通俗地讲就是将行驶时车轮受到的各种方向的冲击力及驱动轮对于地面所产生的制动力及转向力传递到车身上。

2）利用弹性元件和减振器尽可能缓冲和吸收地面对车轮造成的各种振动，保证行驶中的汽车车身具有良好的姿态，以改善乘坐舒适性。

3）利用悬架的某些传导构件保持车身和车轮之间正确的运动关系，确保车轮与地面良好的接触。

4）利用悬架中的辅助弹性元件、横向稳定器，防止车身在转向等行驶情况下发生过大的侧向倾斜。

尽管现代汽车的悬架有各种不同的结构形式，但是一般都由弹性元件、减振器、导向机构、横向稳定装置等几部分组成（图 2-59）；此外，还辅设有缓冲块和横向稳定器。

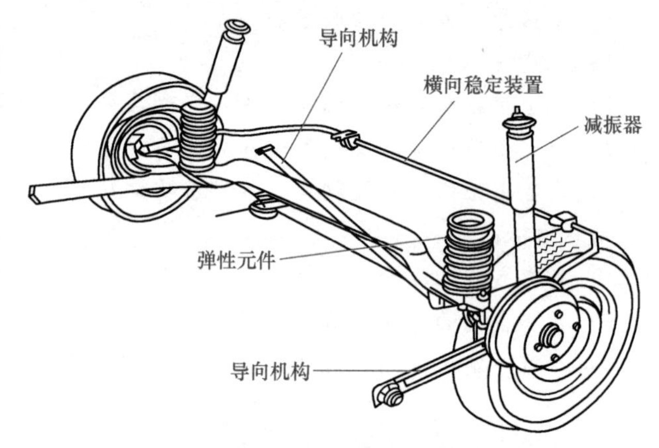

图 2-59　汽车悬架的组成

弹性元件：起缓冲作用，使车架与车桥之间具备弹性联系，承受和传递垂直载荷、缓和不平路面所引起的冲击。

减振元件：减振器，起减振作用，用来加快振动的衰减，限制车身和车轮的振动。

导向机构：在悬架系统中能够传递各种力和力矩，引导车轮按一定规律相对于车架（车身）运动的机构。其作用是用来决定车轮相对车架（或车身）的运动关系，并传递纵向力、侧向力及其引起的力矩，并保证车轮相对于车架或车身有一定的运动规律。

横向稳定装置：主要是防止车身侧倾，保持车身平衡。稳定杆的两端分别固定在左右悬架上，当汽车转弯时，外侧悬架会压向稳定杆，稳定杆发生弯曲，由于变形产生的弹力可防止车轮抬起，从而使车身尽量保持平衡，使汽车具有不足转向特性，改善操纵性和平顺性。

小知识

汽车悬架系统能够满足车辆在不同路况下对道路的适应性，保障车辆的通过性、操控性和乘坐舒适性要求。因此，汽车对悬架系统的稳定性有较高要求。作为未来操作岗位的技术人员，我们自身需要有很好的专业性和适应性，能够适应岗位工作需求，促进企业持续发展。

2. 悬架的分类

汽车悬架可分为非独立悬架（图 2-60）和独立悬架（图 2-61）两大类。非独立悬架的结构特点是两侧的车轮由一根整体式车桥相连。当一侧车轮因道路不平而发生跳动时，必然引起另一侧车轮在汽车横向平面内摆动，故称为非独立悬架。而独立悬架的结构特点是车桥是断开的，两侧车轮可以单独地通过弹性悬架与车架（或车身）连接，单独跳动，互不影响，故称为独立悬架。独立悬架由于两车轮没有互相干涉，可以调校出更好的舒适性及操控性，而非独立悬架则由于结构简单，可以获得更好的刚性及通过性。目前绝大多数乘用车的前悬架都是独立式的，后悬架的选择则各有不同。

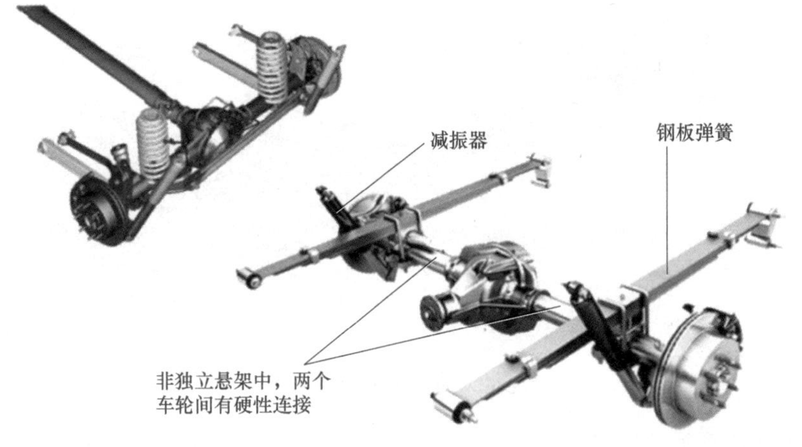

图 2-60　非独立悬架

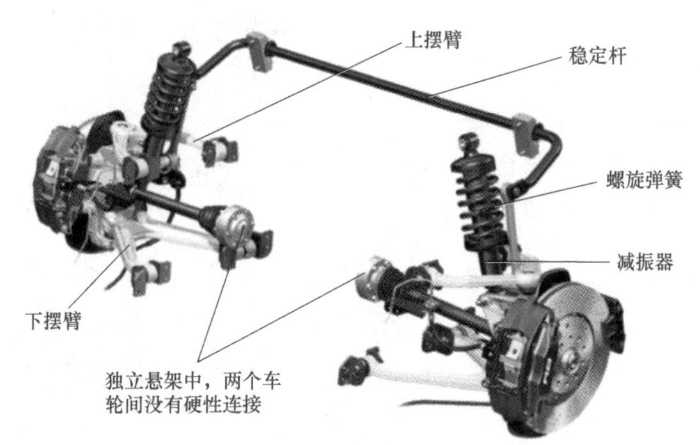

图 2-61　独立悬架

悬架系统既要满足车辆的舒适性要求，又要满足操控稳定性要求，但这两方面通常是互相矛盾的。悬架越“软”，乘坐越舒适，但悬架过软会出现车辆制动“点头”、操纵不稳等现象，影响操控性能。反之，悬架越“硬”，操控性能越好，可有效防止车身侧倾，但乘坐的舒适性降低。因此，悬架设计因车型定位的不同，在舒适性与操控性上会进行相应的取舍。

3. 麦弗逊式独立悬架

麦弗逊式独立悬架是最为常见的一种悬架，主要由摆臂和减振机构组成。摆臂与车轮相连，主要承受车轮下端的横向力和纵向力。减振机构的上部与车身相连，下部与摆臂相连，承担减振和支承车身的任务，同时还要承受车轮上端的横向力。

麦弗逊滑柱式悬架（图 2-62）从构成部件来看，仅仅由两大部分构成：支柱式减振器（简称滑柱）和下摆臂。与复杂的多连杆式悬架以及占用空间的横臂式悬架相比，麦弗逊式独立悬架在结构上已经做了最大化精简，并且经过半个多世纪的检验，其结构充分可靠。

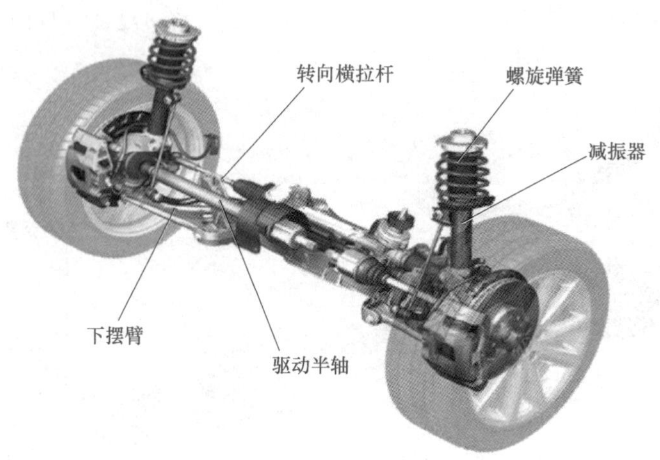

图 2-62　麦弗逊滑柱式悬架

(1) 前桥用麦弗逊式悬架

支柱式减振器的组成如图 2-63 所示，麦弗逊式独立悬架的物理结构决定了支柱式减振器兼做主销，承受来自车身抖动和地面冲击的上下预应力，转向节可以随着支柱式减振器转动，也可以沿着支柱方向跳动；此外，由于其主销可跳动，主销位置和前轮定位角随车轮的上下跳动而变化，且前轮定位变化小，拥有良好的行驶稳定性。在麦弗逊式独立悬架中，支柱式减振器除具备减振效果外，还要担负起支承车身的作用，所以它的结构必须紧凑且刚度足够，并且套上螺旋弹簧后还要能减振，而弹簧与减振器一起，构成了一个可以上下运动的滑柱。

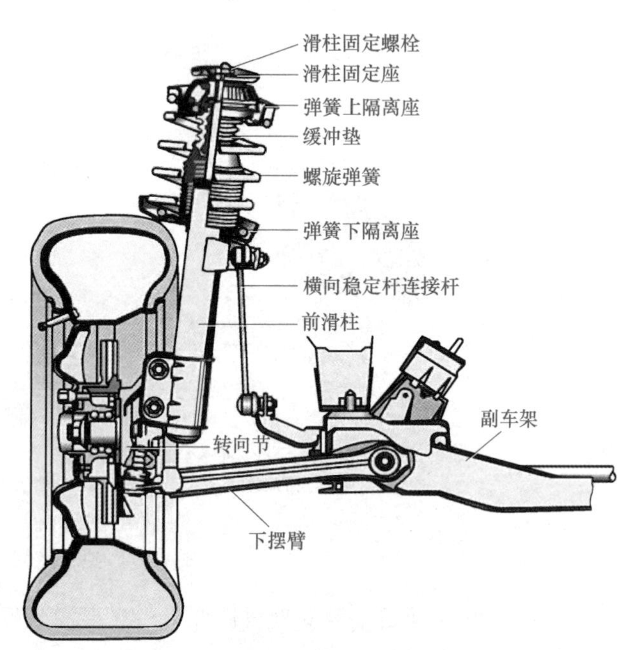

图 2-63　支柱式减振器

在麦弗逊悬架结构中，还有一个关键部件，即 A 字形下摆臂，如图 2-64 所示，它的作用是为车轮提供横向支撑力，并承受来自前、后方向的预应力。车辆在运动过程中，车轮所

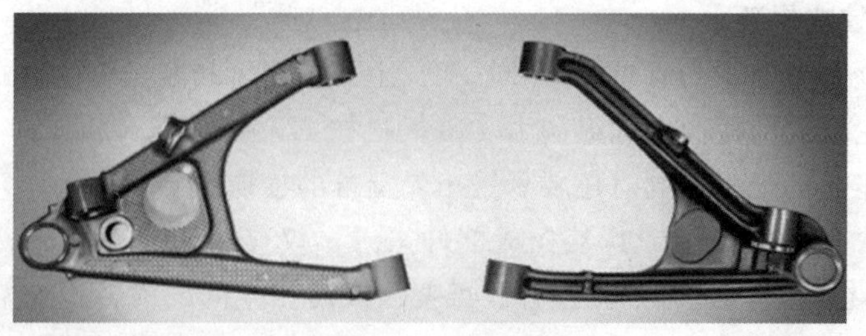

图 2-64　A 字形下摆臂

承受的所有方向的冲击力量就要靠支柱式减振器和 A 字形下摆臂这两个部件承担。不过由减振器和 A 字形下摆臂构成的 L 型麦弗逊悬架简化了悬架结构，能为小型车辆预留充足的空间安装设备。

（2）后桥连杆支柱式悬架

连杆支柱悬架是用在后轮的一种悬架形式。如图 2-65 所示，它将麦弗逊悬架的 A 字形下摆臂换成了两根横向连杆以及一根纵向拉杆，这能让它具有与麦弗逊悬架相近的操控性能，又有比麦弗逊悬架更高的连接刚度和相对较好的抗侧倾性能。但是同样也存在麦弗逊悬架的缺点，就是稳定性不好，转向侧倾仍较大，需要加装横向稳定杆来减小转向侧倾。连杆支柱悬架在一些日韩系车型的后悬架上有较多的应用，主要倾向舒适性。

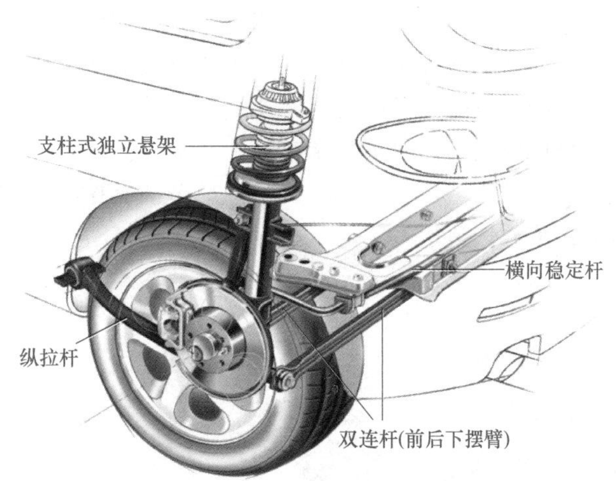

图 2-65　连杆支柱悬架

4. 双横臂式悬架

双横臂式悬架（又称双 A 臂、双叉臂式悬架）如图 2-66 所示，其结构可以理解为在麦弗逊式悬架的基础上多加一支摆臂。车轮上部摆臂与车身相连，车轮的横向力和纵向力都是由上下摆臂承受，而这时的减振机构只负责支承车体和减振的任务。

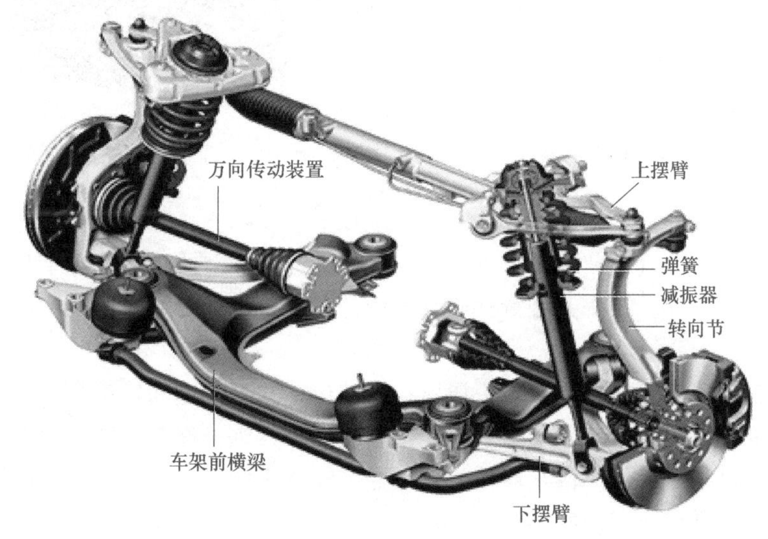

图 2-66　双横臂式悬架

由于车轮的横向力和纵向力都由两组摆臂来承受，双横臂式悬架的强度和耐冲击力比麦弗逊式悬架要强很多，而且在车辆转弯时能很好地抑制侧倾和制动点头等问题。

5. 长短臂独立悬架

多年以来，不等长控制臂或长短臂独立悬架系统在汽车上很常见（图 2-67）。每个车轮通过转向节、球节总成、较短的上摆臂和较长的下摆臂独立地与车架连接。由于上摆臂绕铰接点摆动的圆弧较短，车轮跳动时，车轮的上部会略微向内或向外偏移，但轮胎与道路的接触部位仍然保持不变。

（1）球节

球节（图 2-68）将转向节连接到摆臂上，并允许转向节在转向时在摆臂之间偏转。球节还允许摆臂在悬架对路面状态做出反应时上下运动。球头螺柱从其座孔中经过橡胶油封穿出，橡胶油封将润滑脂封闭在座腔中并防止灰尘进入座腔。有些球节要求定期进行润滑，而大多数球节则不需要进行定期润滑，免维护球节支撑在预润滑的尼龙轴承中。

球节是承载件或从动件。承载球节要支撑汽车的质量，承载球节一般位于支撑弹簧的摆臂中，承载球节也被称为承拉球节或承压球节，具体名称取决于球节的受力方向。作用力压向球座的称为承压球节，作用力向外拉的称为承拉球节。

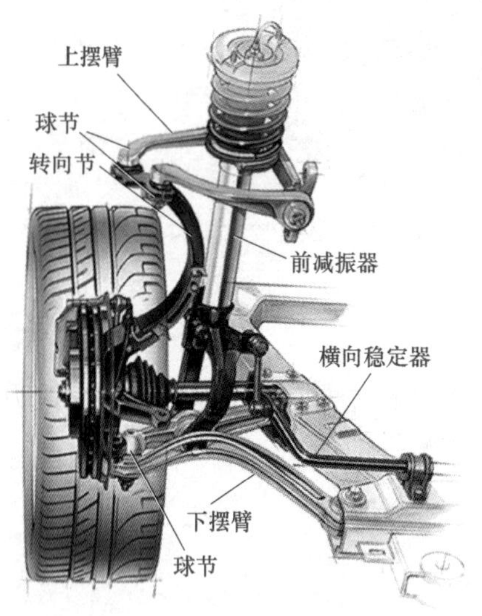

图 2-67 长短臂独立悬架

图 2-68 球节

非承载球节常被称为摩擦载荷球节。非承载球节装在不支撑弹簧的摆臂上，非承载球节也不承受汽车质量，在汽车装载后也不承受相同应力。上球节或下球节哪个是承载球节取决于悬架弹簧的支撑位置。在麦弗逊滑柱式悬架中，通常每侧只有一个球节，而且一般是非承载球节。

球节由球座和球头组成，如果球头压紧在球座中，并且球座和球头都没有磨损，球节就能提供可靠连接。当球头或球座磨损后，连接就会变得松旷。球头在球座中的保持方式取决于球节的类型，承载球节依靠汽车质量将球头保持在球座中。当球节上的质量卸载后，球头在球座中就会变得自由，有松旷感。

非承载球节依靠摩擦力使球头保持在球座中。球节中的弹簧使球头压紧在球座中，但允许有些弹性，该种球节几乎不存在间隙。

（2）衬套

在很多悬架元件中都能看到衬套，如摆臂、拉杆和滑柱中都设有衬套（图 2-69）。衬套可以使悬架系统摆动自如，减少润滑点数量，允许较少的装配误差；衬套还有助于吸收路面冲击，允许少量位移，并降低进入汽车的噪声。车轮定位失准是导致悬架衬套快速损坏和轮胎异常磨损的常见原因。材料和性能是更换衬套时需要考虑的两个方面，现在，衬套一般用优质聚亚安酯制成，并作为升级产品销售，能够改善车辆的操控响应和平顺性。

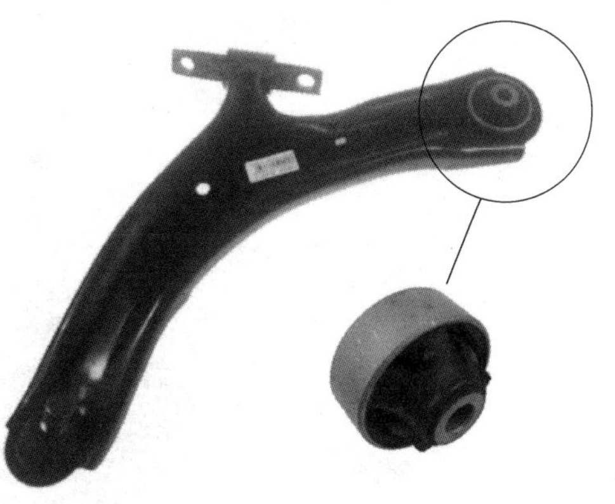

图 2-69　衬套

（3）横向稳定杆

横向稳定杆的作用是提高车身的稳定性，也称为防摆动稳定杆。横向稳定杆是安置在悬架两侧下摆臂之间的一根金属杆，当一侧车轮上的悬架对路面进行响应时，稳定杆会将相同的运动传给另一侧车轮的悬架。例如，当右侧车轮陷落到路面的坑槽中时，稳定杆就会使左侧车轮也产生陷落趋势，提高车辆行驶的稳定性。横向稳定杆也能减小汽车在转向时的摇摆或侧倾。

如果两侧车轮同时跳动，稳定杆仅在衬套中转动，与只有一个车轮跳动时的动作方式是不同的。横向稳定杆像扭杆弹簧一样通过扭转提升车架和对面的悬架摆臂，减少车身的侧倾。

稳定杆可以是一根 U 形杆，通过衬套直接固定在摆臂上，或者通过单独的稳定连接杆固定到每个摆臂上。稳定杆通过螺栓和衬套与连接杆固定，稳定杆的中部通过衬套固定到车架上。如果稳定杆的刚度太大，将会使汽车偏离行驶方向；如果稳定杆的刚度太小，则稳定效果很低。

6. 扭转梁式悬架

扭转梁式悬架的结构中，两个车轮之间没有硬轴直接相连，而是通过一根扭转梁进行连接，扭转梁可以在一定范围内扭转，如图 2-70 所示。但如果一个车轮遇到非平整路面时，车轮之间的扭转梁仍然会对另一侧车轮产生一定的干涉。严格来说，扭转梁式悬架属于半独立式悬架。

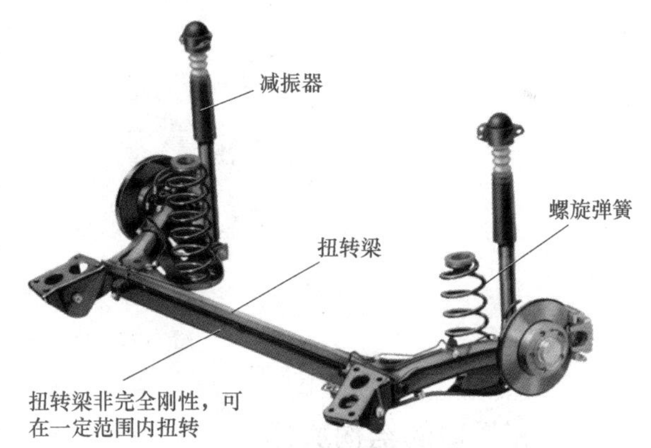

图 2-70　扭转梁式悬架

扭转梁式悬架相对于独立式悬架来说舒适性要差一些，不过结构简单可靠，也不占空间，而且维修费用也比独立悬架低，所以扭转梁式悬架多用在小型车和紧凑型车的后桥上。

7. 多连杆悬架

多连杆悬架就是通过各种连杆配置连接车轮与车身的一套悬架机构，其连杆数量比普通的悬架要多一些，一般把连杆数为 3 或 3 以上的悬架称为多连杆悬架。多连杆悬架主要由多根连杆、减振器和减振弹簧组成，如图 2-71 所示，导向装置采用杆件来承受和传递侧向力、垂直力、纵向力，多连杆独立悬架的主销轴线从下球铰延伸到上面的轴承。

8. 空气悬架

空气悬架是指采用空气减振器的悬架，如图 2-72 所示，主要通过空气泵来调整空气减

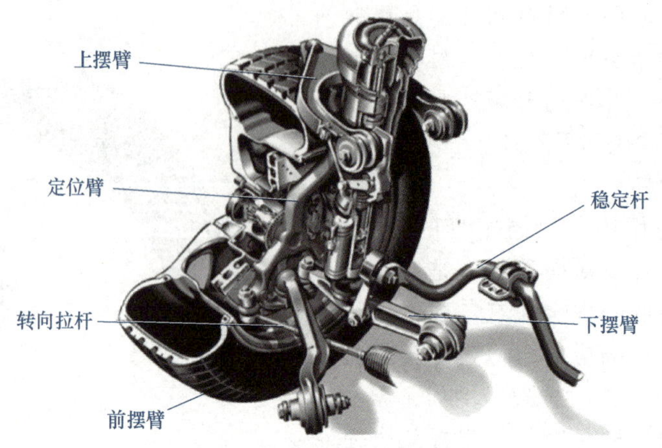

图 2-71 多连杆前悬架

振器中的空气量和压力，可改变空气减振器的硬度和弹性模量。通过调节泵入的空气量，还可以调节空气减振器的行程和长度，实现底盘的升高或降低。

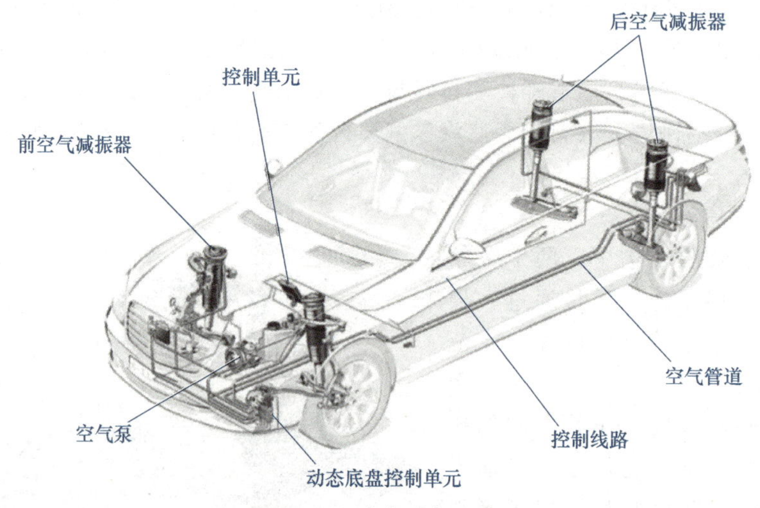

图 2-72 空气悬架系统

二、减振器的结构原理

在大多数汽车悬架系统的内部都装有减振器，它和弹性元件是并联安装的。它的作用是加快车架和车身振动的衰减，以改善汽车的行驶平顺性。目前，汽车中广泛使用液压减振器。当车架与车桥做往复相对运动时，减振器中的油液反复经过活塞上的阀孔，阀孔的节流作用及油液分子间的内摩擦力形成了衰减振动的阻尼力，使振动的能量转变为热能，并由油液和减振器壳体吸收，然后散发到大气中。阀孔越大，阻尼力越小，反之亦然。相对运动速度越大，阻尼力越大，反之亦然。套筒式减振器的组成如图 2-73 所示。

减振器既可以垂直安装，也可以倾斜安装。倾斜安装的减振器可以改善汽车的稳定性，并能够缓冲加速转矩和制动转矩。

与单筒式减振器相比，套筒式减振器略重而且工作时不易散热，会导致温度稍高，但易

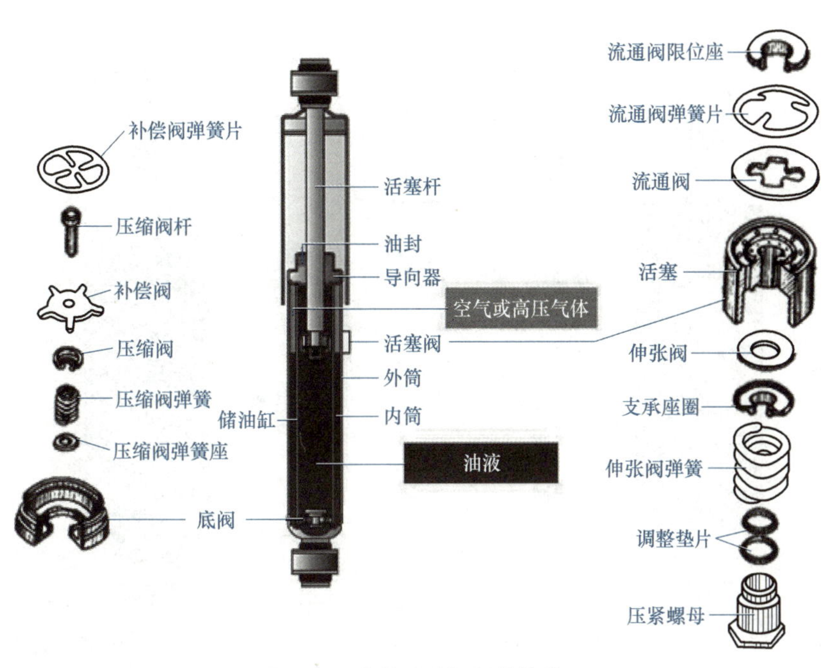

图 2-73　套筒式减振器的结构

于制造。套筒式减振器的内筒完全装在外筒之内，在两筒之间形成储油腔，内筒底部的底阀允许油液在内筒和外筒之间流动，活塞在内筒中上下运动。储液腔的上部留有空腔，油压式标准减振器只是在空腔内充入空气，套筒式低压减振器则在空腔内充入氮气。

套筒式液力减振器的工作过程如下。

(1) 压缩行程

如图 2-74 所示，活塞下移，使下腔室容积减小，油压升高，油液经流通阀进入活塞上腔室。由于活塞杆占了上腔室的一部分容积，故上腔室增加的容积小于下腔室减小的容积，致使下腔室的油液不能全部流入上腔室，多余的油液压开压缩阀流入储油缸筒，由于流通阀和压缩阀的弹簧较软，孔径较大，降低了阻尼力，从而使压缩形成的阻力比较小，使弹簧能充分吸收路面冲击。

(2) 伸张行程

如图 2-75 所示，活塞上移，使上方腔室容积减小，油压升高，上腔室油液推开伸张阀流入下腔室。由于活塞杆的存在，下腔室形成一定的真空度，储油缸内的油液在真空度的作用下，推开补偿阀流入下腔室，由于伸张阀弹簧刚度和预紧力比压缩阀大，且伸张行程时的油液通道面积小，所以在伸张行程能产生更大的阻尼力，使减振器能有效地衰减弹簧的振动。

套筒式减振器在伸张行程时，活塞下腔室从储油缸吸入油液易产生旋涡真空，上部的气体容易进入油中产生气泡，当气泡通过阀体时会导致阻尼力发生变化。因此，套筒式减振器在激烈驾驶或长途驾驶时，可能会产生衰退现象，增加充气压力可以减少衰退现象的发生。

三、弹性元件的结构原理

汽车悬架系统中采用的弹性元件主要有钢板弹簧、螺旋弹簧、气体弹簧和橡胶弹簧等几种结构形式。弹簧与其他部件之间通过橡胶固定，以减少道路冲击和噪声。

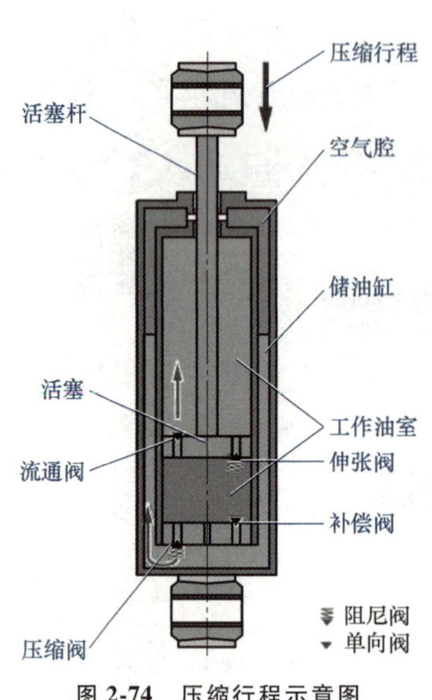

图 2-74　压缩行程示意图

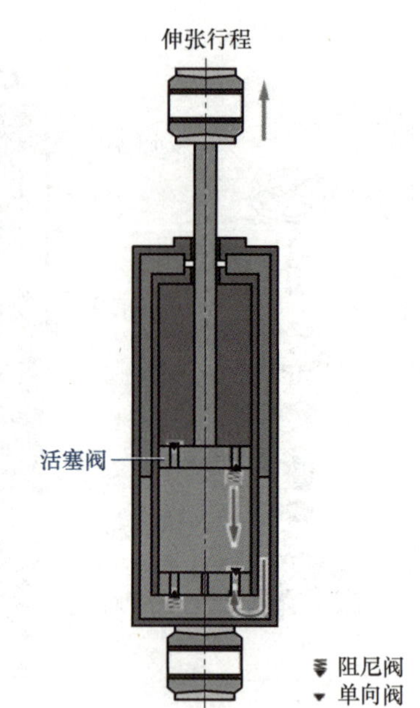

图 2-75　伸张行程示意图

汽车弹簧一般按其在单位载荷下所产生的变形量进行分类，这被称为弹簧刚度。根据力学原理，当外力（重力）作用在弹簧上时，弹簧的压缩变形量与其所受压力成正比。如果弹簧没有过载，在去掉载荷后，弹簧将恢复到初始状态。

由悬架系统的弹簧支撑的汽车所有质量称为簧载质量，不由弹簧支撑的元件质量称为非簧载质量。车身、车架、动力控制及传动系统以及其他部件都是簧载质量，车下部件都是非簧载质量，包括转向节和后桥（但差速器不一定）。一般来讲，非簧载质量与簧载质量的比值越小，汽车的行驶平顺性越好。

1. 螺旋弹簧

螺旋弹簧广泛地应用于独立悬架，特别是前轮独立悬架中，如图 2-76 所示。其优点是不需要润滑，不忌泥污；安置它所需的纵向空间不大；弹簧本身质量小。螺旋弹簧本身没有减振作用，因此在螺旋弹簧悬架中必须另装减振器。此外，螺旋弹簧只能承受垂直载荷，故必须装设导向机构以传递垂直力以外的各种力和力矩。

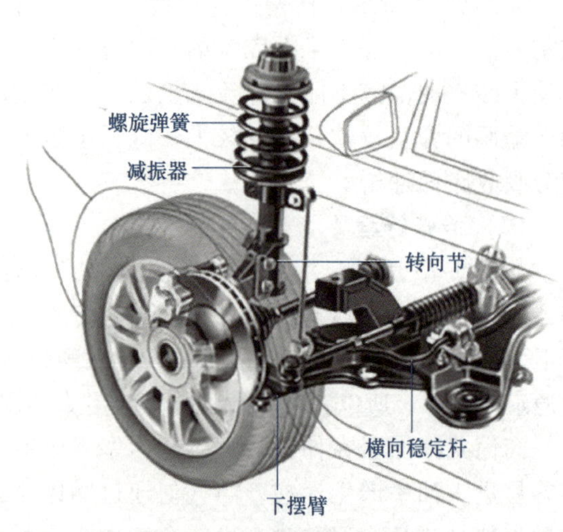

图 2-76　线性螺旋弹簧

螺旋弹簧分为线性和非线性两类。

线性弹簧的特征是形状和簧丝直径不变，所有线性弹簧都是用簧丝缠绕成螺旋间距相等的圆柱形。随着载荷增大，弹簧被压缩，簧圈被扭转。当卸去载荷后，簧圈伸展至正常位置。使弹簧变形单位长度所需的载荷称为弹簧刚度。对于线性弹簧，不论弹簧的压缩量有多大，其弹簧刚度都是不变的。例如，某个弹簧在 112kg 的质量作用下缩短 25. 4mm，当其受到 340kg 的质量作用时将缩短 76. 2mm。对于线性弹簧，在弹簧总变形的 20%～60%范围内，弹簧刚度是可以计算出来的。

非线性弹簧也称作变刚度弹簧（图 2-77），变刚度弹簧是由不同的簧丝直径和形状组合起来形成的。大多数常用的变刚度弹簧是用等径簧丝绕成不等节距的圆柱形，这类弹簧也被称为渐变刚度螺旋弹簧。

另一种常用的变刚度弹簧是用锥形簧丝缠绕成的，如图 2-78 所示，弹簧活动部分的簧丝较粗，不活动部分的簧丝较细。

图 2-77　变刚度弹簧

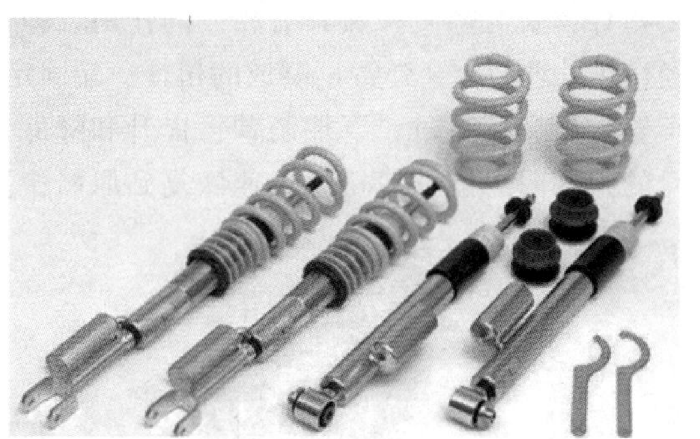

图 2-78　锥形簧丝缠绕成的变刚度弹簧

最后一类变刚度弹簧的形状不再是圆柱形，而是截锥形、双锥形或桶形，这类结构的主要优点是簧圈内部簧丝之间可以不接触地压套起来，从而减小了弹簧在汽车上所需的安装空间。

与线性弹簧不同，变刚度弹簧不具有预先确定的弹簧刚度，可以根据预先确定的弹簧变形确定其平均刚度，这使其不能与线性弹簧进行比较。但是，在有些应用场合，变刚度弹簧所承受的载荷可以超过标准刚度弹簧的 30%。

2. 钢板弹簧

钢板弹簧由一片或多片弹簧钢板组成，所以又被称为片弹簧。片弹簧是汽车最早使用的一类弹簧，片弹簧有多片、单片两种基本类型。多片弹簧由一系列扁平钢片绑扎在一起构成，或者由弹簧夹绑扎，或者由在弹簧中央略微靠前的螺栓连接（图 2-79）。

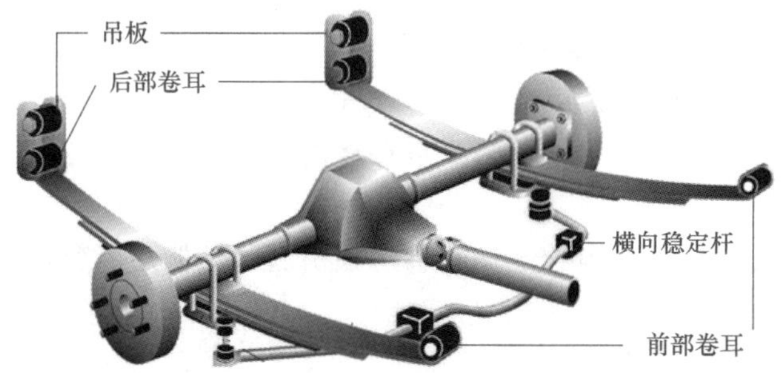

图 2-79　钢板弹簧悬架

钢板弹簧除了吸收来自路面作用力的冲击之外，还作为悬架的定位装置，确定悬架固定位置相对于汽车前端和后端的距离。常用中心销来保证车桥正确定位。如果弹簧断裂或错位，车桥就会错位，车轮定位也会失准。

3. 空气弹簧

空气弹簧是另一类弹簧，在电控气动悬架系统中，空气弹簧取代了传统的螺旋弹簧，能够提供更好的乘坐舒适性和前后自动调平功能。空气弹簧固定在通常安装螺旋弹簧的位置（图 2-80），在每个空气弹簧内的底部都有固定活塞装置，以减小弹簧在回弹期间的内部容积，增大弹簧受压时内部的压力，使其刚度逐渐增大。装用电控空气悬架的汽车能够提供优异的乘坐舒适性，空气弹簧比螺旋弹簧更软；同时，变弹簧刚度有助于吸收冲击，并能避免汽车发生触底。

4. 扭杆弹簧

扭杆弹簧与螺旋弹簧具有相同的作用，即通过扭杆的扭转和回弹抑制车轮的上下运动。由经过热处理的合金弹簧钢制成的扭杆一端固定在车架上，而另一端固定在摇臂上（图 2-81）。当车轮上升和下落时，下控制臂将提升和降低，从而扭转扭杆，使扭杆吸收路面冲击。扭杆本身的扭转阻力能够使扭杆迅速恢复到原始位置，使车轮与路面接触。

图 2-80 空气弹簧悬架

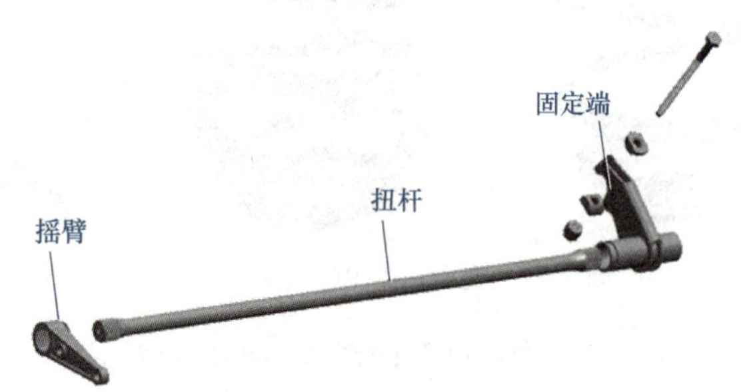

图 2-81 扭杆弹簧原理示意图

四、悬架系统的检修及常见故障排除

1. 悬架系统检查前注意事项

为保证悬架系统部件检查的准确性，应提前注意以下几点。

1）检查所有轮胎的充气压力是否合适。

2）检查轮胎是否存在由车轮定位不准确、车轮变形及车轮不平衡引起的轮胎非正常磨损。

3）检查汽车是否加装选择性悬架装备。

4）检查汽车姿势是否存在下沉的现象。

若出现上述现象，需先行诊断、维修，以确保后续检查的准确性。

2. 减振器检查

大多数驾车者都不会注意到其汽车减振器磨损引起的性能逐渐变化。减振器失效的一些常见症状如下。

1）转向和操控变得更困难。

2）制动变得不平稳。

3）停车后的回弹量过大。

4）弹簧降至最低。

减振器磨损会加剧振动，从而导致汽车的许多下部系统发生永久磨损，还会导致前、后悬架系统部件磨损、转向系统连接部件磨损、动力传动系统中万向联轴器和车辆其他固定装置磨损，振动还会导致轮胎的异常磨损。

（1）目视检查

举升车辆至合适高度并安全落锁，目视检查减振器外部筒体是否变形或锈蚀，是否存在漏油，上下端衬套是否磨损、老化或损坏，如图 2-82 所示。

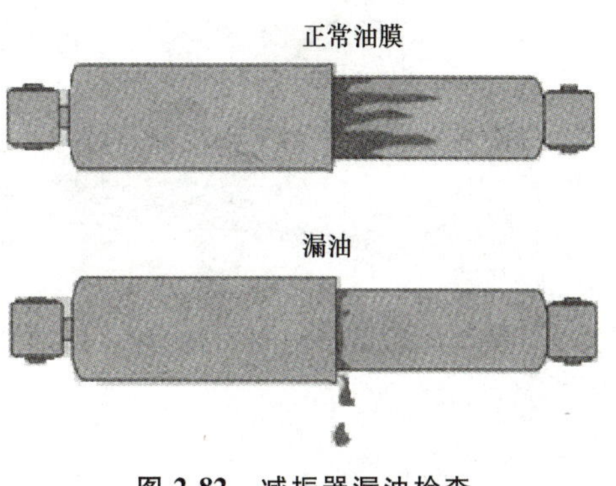

图 2-82　减振器漏油检查

（2）就车按压检查

在需检查的减振器一侧按压车辆，使车体上下连续回跳三四次。每次按压时所用的力应相等，同时还应注意在松手之后车体上下连续回跳多少次才能够停下来。用同样的方法检查另一侧减振器。比较左右两侧减振器的阻力和回跳次数，左右两侧减振器的阻力和回跳次数必须相等。如果减振器功能正常，则一松手车体就应停止回跳，或者回跳一两次后便会停下来，否则应更换新减振器。

（3）工作台检查

按照维修技术手册，拆下车辆上的减振器，在工作台上对减振器进行检测。首先，将减振器按照在汽车上的安装方向固定；然后使减振器完全伸张；接下来，将减振器上下颠倒，使其完全压缩。多次重复上述过程。如果减振器在其行程的中间部位发生卡滞或弹跳，或者在其行程中的任何位置发生卡死，就应换用新的减振器。如果减振器存在异响或压缩与伸张速度差异较大，也应进行更换。如果减振器存在泄漏或排除空气后工作仍不稳定，也要更换减振器。

3. 弹簧检查

螺旋弹簧不断地被压缩和释放不可避免地会因丧失弹性而下沉。螺旋弹簧下沉后会使汽车的高度降低，会影响车轮定位、转向角、前照灯光束、制动力分配、平顺性、轮胎寿命、减振器寿命和万向联轴器寿命。弹簧检查步骤如下。

1）检查悬架弹簧表面是否存在变形、裂纹、锈蚀等现象。

2）测量左右侧悬架弹簧的自由长度，缩短量应在 5%以内。

注意：螺旋弹簧会对下摆臂产生非常大的作用力，在将摆臂与转向节拆开进行维修之前，一定要用弹簧压缩器压缩弹簧，以防弹簧飞出伤人。

4. 球节及防尘套检查

（1）球节检查方法

用千斤顶在下摆臂下面尽可能接近球节的位置，将车轮顶起至规定高度（约为 2.5~5cm），保证球头处于空负荷状态。用手或撬棍沿上下、左右方向晃动轮胎，观察球节是否产生移动间隙，如图 2-83 所示。

（2）球节引发的故障现象

球节如果不符合技术要求，可能引发以下故障现象：车辆行驶过程中发出“吱吱”声或者爆裂声；手握转向盘有摆振现象；车辆行驶不稳定，有偏摆的感觉；转向盘间隙过大。

（3）防尘套检查

检查球节防尘套（图 2-84）是否有裂纹、撕裂或者其他损伤。

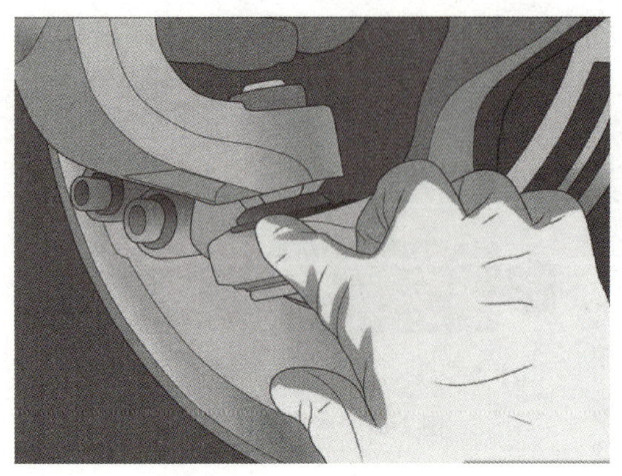

图 2-83　悬架球节检查

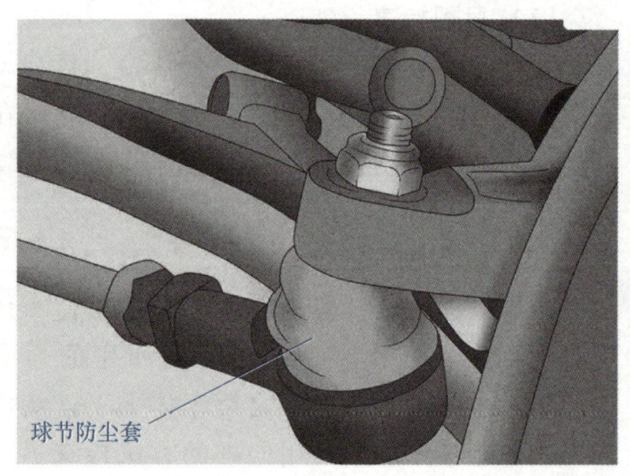

图 2-84　球节防尘套检查

5. 横向稳定杆检查

举升车辆至合适的高度并安全落锁，用手晃动稳定杆，检查其与左右两端悬架的连接情况、是否出现松动及其他问题，如图 2-85 所示。

图 2-85　检查横向稳定杆

6. 螺栓紧固状态检查

举升车辆至合适的高度并安全落锁，检查悬架各部件连接螺栓的紧固状态，如图 2-86 所示。

7. 轮毂轴承检查

1）举升待检查车辆，升至轮胎中心与维修人员胸口平齐的位置，锁止举升机。

2）两手分别放在轮胎的上下侧，用力晃动，以检查轮毂轴承有无松动，如图 2-87 所示。

图 2-86　检查悬架连接螺栓的紧固情况

图 2-87　检查轮毂轴承

3）如果感觉到轮胎出现松动，踩下制动踏板并保持，然后再次重复步骤 2）的操作，若此时轮胎没有较大的摆动，应考虑车轮轴承有故障；若轮胎仍然摆动较大，则有可能是球节等其他部件有故障。

8. 悬架系统常见故障及排除

(1) 悬架异响

1) 故障原因：下摆臂的前后橡胶衬套磨损、老化或损坏；螺旋弹簧失效或弯折；减振器活塞杆与缸筒磨损严重；减振器、转向节、下摆臂的连接螺栓松动。

2) 排除方法：更换衬套；更换螺旋弹簧；更换减振器；紧固松动的螺栓。

(2) 前轮摆动或跑偏

1) 故障原因：前轮毂轴承磨损；车轮轮毂产生偏摆；轮辋的螺栓松动；车轮不平衡；前轮定位角不正确；下摆臂或转向横拉杆的球头销磨损或松动；左右前减振器损坏或变形；转向节、减振器及下摆臂的紧固螺栓松动；两前轮的胎压不一致。

2) 排除方法：更换轴承；更换轮毂；按规定力矩紧固轮辋螺栓；进行车轮动平衡测试和调整；校正前轮的前束和外倾角；更换球头销；更换前减振器；按规定力矩紧固螺栓；两前轮充气到正常气压。

(3) 万向联轴器或传动轴有噪声

1) 故障原因：万向联轴器磨损严重；传动轴变形。

2) 排除方法：更换万向联轴器；校正或更换传动轴。

(4) 车身侧倾过大

1) 故障原因：减振器损坏；横向稳定杆弹力减弱或连接杆损坏；横向控制杆或悬架下摆臂磨损严重。

2) 排除方法：检查并更换减振器；更换稳定杆或连接杆；更换横向控制杆或悬架下摆臂。

(5) 转向沉重或转向盘回位不良

1) 故障原因：车轮定位不当或轮胎气压异常；悬架摆臂球节润滑不良、咬死或损坏。

2) 排除方法：进行四轮定位或将轮胎充气到正常气压；润滑或更换悬架摆臂球节。

【实训任务四】　悬架系统的维护与检修

实训任务 4-1　汽车悬架的识别

实训场地与器材

新能源汽车作业工位和举升机、新能源汽车、工作灯。

作业准备

同减速器总成维护作业准备工作步骤 1、2。

操作步骤

1) 同减速器总成维护操作步骤 1、2。

2) 正确操作举升机，将整车举升到位，并确保举升机处于落锁状态。

3) 对车辆前悬架进行观察，识别车辆前悬架的组成，如图 2-88 所示。

4）对车辆后悬架进行观察，识别车辆后悬架的组成，如图 2-89 所示。

图 2-88　前悬架实物

图 2-89　后悬架实物

5）识别完成后，安全落车。

竣工检验

整理、恢复作业场地。

实训任务总结

汽车悬架的识别	工作任务单	班级：
		姓名：

1. 车辆信息记录

品牌		整车型号		生产年月	
驱动电机型号		动力蓄电池电量		行驶里程	
车辆识别码					

2. 作业场地准备

检查是否设置隔离栏	□是　□否
检查是否设置安全警示牌	□是　□否
检查灭火器压力及有效期是否符合要求	□是　□否
安装车辆挡块	□是　□否

3. 记录车身主要部件的名称

前悬架识别

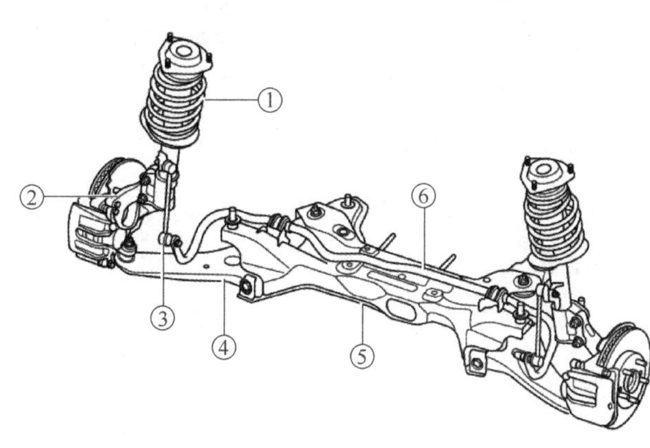

后悬架识别

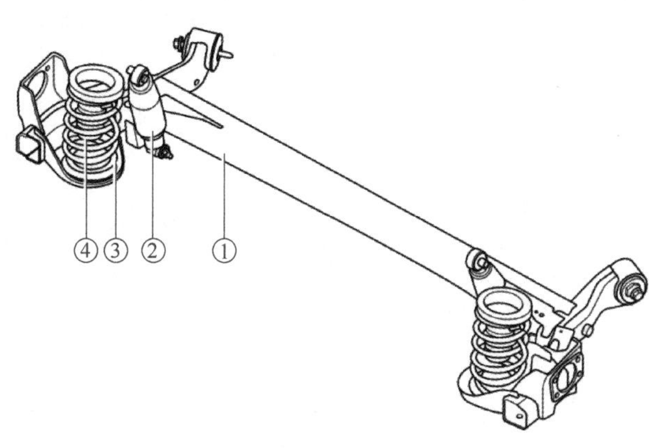

汽车悬架的识别		实习日期：	
姓名：	班级：	学号：	导师签名：
自评：□熟练□不熟练	互评：□熟练□不熟练	师评：□合格□不合格	
日期：	日期：	日期：	

汽车悬架的识别【评分细则】

序号	评分项	得分条件	分值	评分要求	自评	互评	师评
1	安全/5S/态度	□1. 能进行工位5S操作 □2. 能进行设备和工具的安全检查 □3. 能进行车辆安全防护操作 □4. 能进行工具的清洁、校准及存放操作 □5. 能进行"三不落地"操作	15	未完成1项扣3分	□熟练 □不熟练	□熟练 □不熟练	□合格 □不合格
2	专业技能	□1. 能正确查找、识别及检查减振器 □2. 能正确查找、识别及检查减振弹簧 □3. 能正确查找、识别及检查稳定杆 □4. 能正确查找、识别及检查稳定杆连接杆 □5. 能正确查找、识别及检查前悬架下摆臂 □6. 能正确查找、识别及检查扭转梁 □7. 能正确查找、识别并检查螺栓的紧固状态 □8. 能正确查找、识别及检查球节状况 □9. 能正确记录各部件的名称	50	未完成1项扣6分，扣分不得超过50分	□熟练 □不熟练	□熟练 □不熟练	□合格 □不合格
3	工具及设备的使用能力	□1. 能正确举升车辆 □2. 能正确使用工作灯 □3. 能正确选择和使用工具	10	未完成1项扣4分，扣分不得超过10分	□熟练 □不熟练	□熟练 □不熟练	□合格 □不合格
4	资料及信息的查询能力	□1. 能正确使用维修手册查询资料 □2. 能正确使用用户手册查询资料 □3. 能在规定的时间内查询所需资料	10	未完成1项扣4分，扣分不得超过10分	□熟练 □不熟练	□熟练 □不熟练	□合格 □不合格
5	判断及分析能力	□1. 能判断减振器的类型 □2. 能判断弹簧的技术状态 □3. 能判断悬架系统其他部件	10	未完成1项扣4分，扣分不得超过10分	□熟练 □不熟练	□熟练 □不熟练	□合格 □不合格
6	表单填写及报告的撰写能力	□1. 能正确记录所需的维修信息 □2. 字迹清晰 □3. 语句通顺 □4. 无错别字 □5. 无涂改	5	未完成1项扣1分	□熟练 □不熟练	□熟练 □不熟练	□合格 □不合格
总分：							

实训任务 4-2　前悬架的更换

实训场地与器材

新能源汽车作业工位和举升机、新能源汽车、工作灯、汽车拆装工具车、工作台。

作业准备

同减速器总成维护作业准备工作步骤 1、2、3。

操作步骤（以左前悬架为例）

1）同减速器总成维护操作步骤 1、2。

2）选择合适的工具，按照正确的方法旋松左前车轮①的固定螺栓，如图 2-90 所示。

3）整车举升至合适高度，并确保举升机处于落锁状态。

4）按照维修技术文件，拆卸通风饰板组件①，如图 2-91 所示。

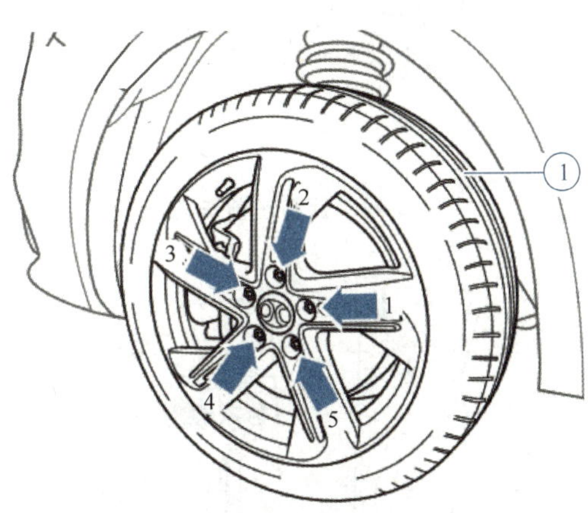

图 2-90　旋松轮胎螺栓

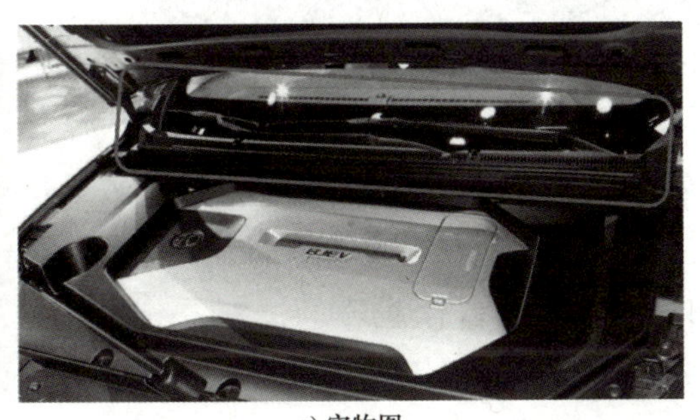

a) 实物图

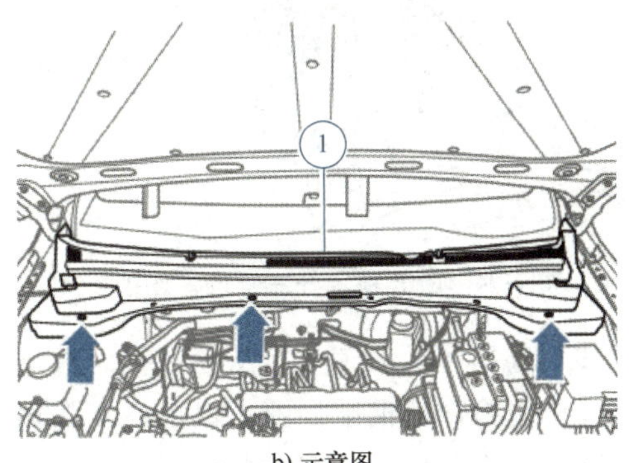

b) 示意图

图 2-91　通风饰板组件拆卸

5）按照操作规范，选择合适的工具，拆卸车轮螺栓①，拆卸左侧前车轮，如图 2-92 所示。

6）查看左前车轮传感器连线插接器，采用正确的方法脱开左侧前轮速传感器总成③与左侧前减振器总成①的连接，如图 2-93 所示。

7）查找与左前车轮相连的制动管路，采用相关工具正确脱开左侧前制动软管②与左侧前减振器总成①的连接，如图 2-93 所示。注意：制动液不要洒落。

8）依据维修技术文件说明，采用正确的方法脱开前稳定杆左侧连杆②与左侧前减振器总成①的连接，如图 2-94 所示。

9）依据维修技术文件说明，采用正确的方法脱开左侧前转向节总成③与左侧前减振器总成①的连接，如图 2-94 所示。

10）选择合适的工具，旋出左侧前减振器总成①上端与车身之间的固定螺母，如图 2-95 所示。

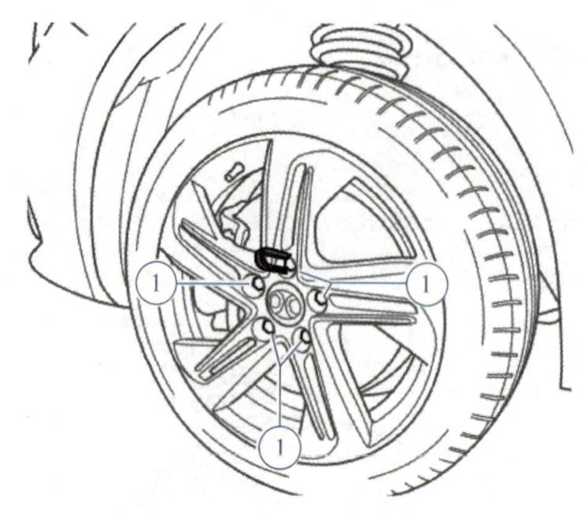

图 2-92 拆卸左前车轮

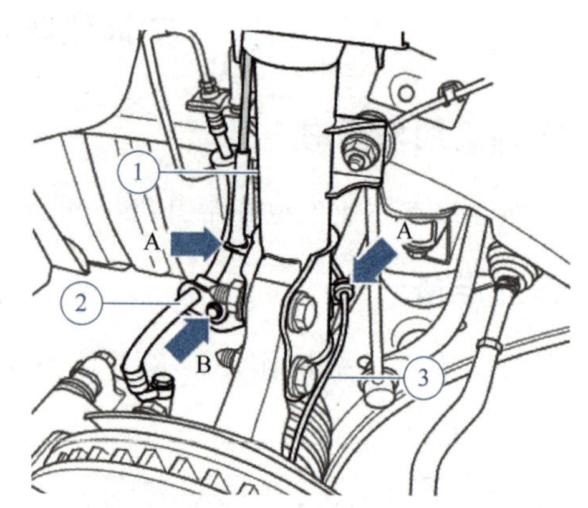

图 2-93 断开左前车轮传感器

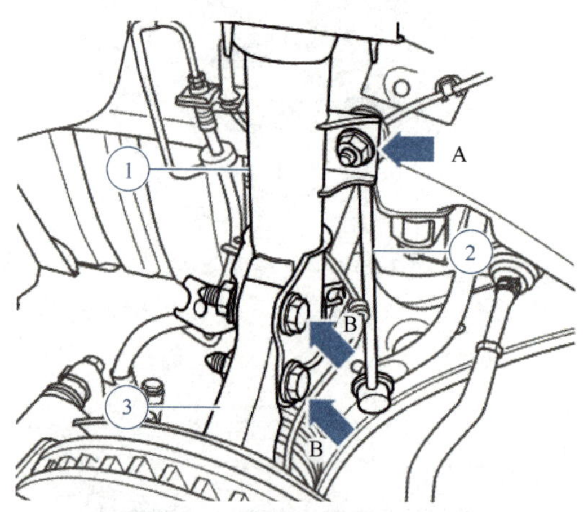

图 2-94 断开稳定杆左侧连杆连接

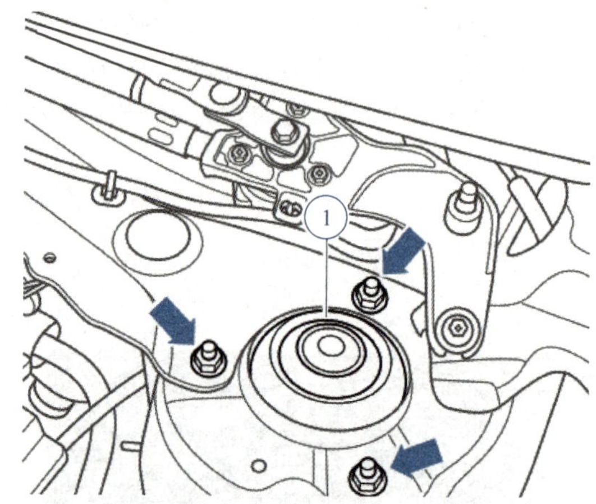

图 2-95 旋出减振器总成上端连接螺母

11）选择合适的工具，从轮罩挡泥板位置取出左侧前减振器总成。

12）更换新的前减振器，以上述步骤相反的顺序安装前悬架。

13）操作完成后，安全落车。

14）依据技术文件说明，选择合适的工具，按照正确的方法紧固左前轮固定螺栓。

竣工检验

整理、恢复作业场地。

实训任务总结

前悬架的更换	工作任务单	班级： 姓名：

1. 车辆信息记录

品牌		整车型号		生产年月	
驱动电机型号		动力蓄电池电量		行驶里程	
车辆识别码					

2. 作业场地准备

检查是否设置隔离栏	□是　□否
检查是否设置安全警示牌	□是　□否
检查灭火器压力及有效期是否符合要求	□是　□否
安装车辆挡块	□是　□否

3. 记录前悬架更换的操作过程

前悬架的更换		实习日期：	
姓名：	班级：	学号：	导师签名：
自评：□熟练□不熟练	互评：□熟练□不熟练	师评：□合格□不合格	
日期：	日期：	日期：	

前悬架的更换【评分细则】

序号	评分项	得分条件	分值	评分要求	自评	互评	师评
1	安全/5S/态度	□1. 能进行工位5S操作 □2. 能进行设备和工具的安全检查 □3. 能进行车辆安全防护操作 □4. 能进行工具的清洁、校准及存放的操作 □5. 能进行“三不落地”操作	15	未完成1项扣3分	□熟练 □不熟练	□熟练 □不熟练	□合格 □不合格
2	专业技能	□1. 能正确拆卸通风饰板本体 □2. 能正确拆卸左前车轮 □3. 能正确拆卸左侧前轮速传感器总成 □4. 能正确脱开前稳定杆左侧连杆 □5. 能正确脱开左侧前转向节总成 □6. 能正确拆卸左侧前减振器总成上端与车身之间的固定螺母 □7. 能正确安装更换的减振器 □8. 能正确记录各部件的名称	50	未完成1项扣7分，扣分不得超过50分	□熟练 □不熟练	□熟练 □不熟练	□合格 □不合格
3	工具及设备的使用能力	□1. 能正确举升车辆 □2. 能正确选择工具 □3. 能正确使用工具	10	未完成1项扣4分，扣分不得超过10分	□熟练 □不熟练	□熟练 □不熟练	□合格 □不合格
4	资料及信息的查询能力	□1. 能正确使用维修手册查询资料 □2. 能正确使用用户手册查询资料 □3. 能在规定的时间内查询所需资料	10	未完成1项扣4分，扣分不得超过10分	□熟练 □不熟练	□熟练 □不熟练	□合格 □不合格
5	判断及分析能力	□1. 能判断减振器的类型 □2. 能判断弹簧的技术状态 □3. 能判断减振器的技术状态	10	未完成1项扣4分，扣分不得超过10分	□熟练 □不熟练	□熟练 □不熟练	□合格 □不合格
6	表单填写及报告的撰写能力	□1. 能正确记录所需的维修信息 □2. 字迹清晰 □3. 语句通顺 □4. 无错别字 □5. 无涂改	5	未完成1项扣1分	□熟练 □不熟练	□熟练 □不熟练	□合格 □不合格
总分：							

实训任务 4-3　后悬架的更换

实训场地与器材

新能源汽车作业工位和举升机、新能源汽车、工作灯、汽车拆装工具车、工作台。

作业准备

同减速器总成维护作业准备工作步骤 1、2、3。

操作步骤（以左后悬架为例）

1）同减速器总成维护操作步骤 1、2。

2）正确操作举升机，将整车举升至合适高度，并确保举升机处于落锁状态。

3）按照技术文件说明，选择正确的设备和工具，拆卸左后减振器总成，如图 2-96 所示，图中的①为减振器总成。

4）按照技术文件说明，选择正确的设备和工具，拆卸左后螺旋弹簧，如图 2-97 所示，图中①为减振弹簧，②为减振器总成。

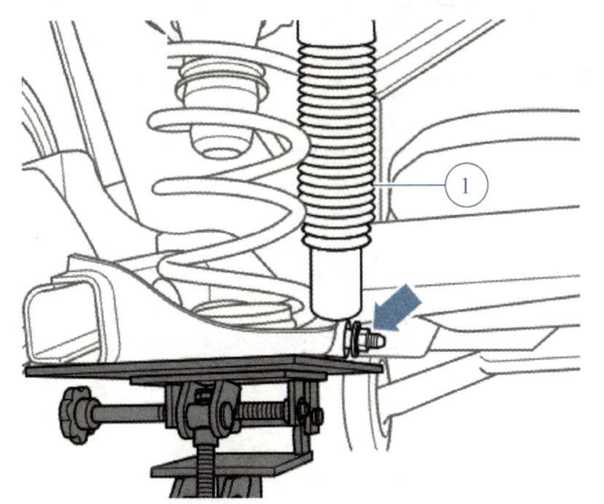

图 2-96　拆卸减振器总成

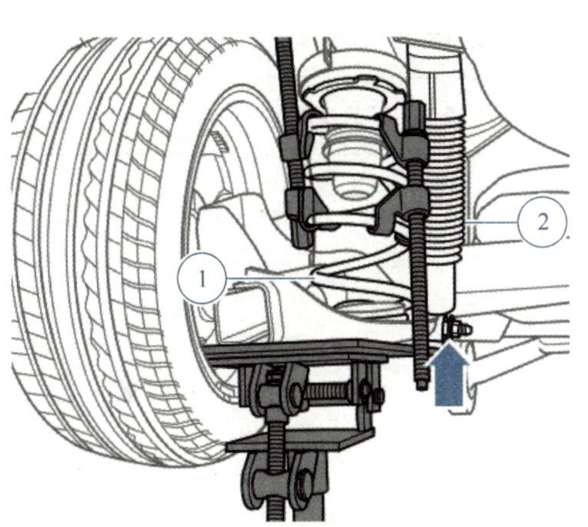

图 2-97　拆卸减振弹簧

5）按照与拆卸相反的顺序，安装新的左后减振器总成。

6）按照与拆卸相反的顺序，安装新的左后螺旋弹簧。

7）操作完成后，安全落车。

8）紧固左后轮固定螺栓。

竣工检验

整理、恢复作业场地。

实训任务总结

后悬架的更换	工作任务单	班级：
		姓名：

1. 车辆信息记录

品牌		整车型号		生产年月	
驱动电机型号		动力蓄电池电量		行驶里程	
车辆识别码					

2. 作业场地准备

检查是否设置隔离栏	□是　□否
检查是否设置安全警示牌	□是　□否
检查灭火器压力及有效期是否符合要求	□是　□否
安装车辆挡块	□是　□否

3. 记录后悬架更换的操作过程

<table>
<tr><td colspan="2">后悬架的更换</td><td colspan="2">实习日期：</td></tr>
<tr><td>姓名：</td><td>班级：</td><td>学号：</td><td rowspan="3">导师签名：</td></tr>
<tr><td>自评：□熟练□不熟练</td><td>互评：□熟练□不熟练</td><td>师评：□合格□不合格</td></tr>
<tr><td>日期：</td><td>日期：</td><td>日期：</td></tr>
</table>

后悬架的更换【评分细则】

序号	评分项	得分条件	分值	评分要求	自评	互评	师评
1	安全/5S/态度	□1. 能进行工位 5S 操作 □2. 能进行设备和工具的安全检查 □3. 能进行车辆安全防护操作 □4. 能进行工具清洁、校准及存放的操作 □5. 能进行“三不落地”操作	15	未完成 1 项扣 3 分	□熟练 □不熟练	□熟练 □不熟练	□合格 □不合格
2	专业技能	□1. 能正确拆卸左后车轮 □2. 能正确使用工具压缩悬架弹簧 □3. 能正确拆卸左后减振器 □4. 能正确拆卸螺旋弹簧 □5. 能正确检查螺旋弹簧技术状态 □6. 能正确安装螺旋弹簧 □7. 能正确安装减振器 □8. 能正确记录各部件的名称	50	未完成 1 项扣 7 分，扣分不得超过 50 分	□熟练 □不熟练	□熟练 □不熟练	□合格 □不合格
3	工具及设备的使用能力	□1. 能正确举升车辆 □2. 能正确选择工具 □3. 能正确使用工具	10	未完成 1 项扣 4 分，扣分不得超过 10 分	□熟练 □不熟练	□熟练 □不熟练	□合格 □不合格
4	资料、信息的查询能力	□1. 能正确使用维修手册查询资料 □2. 能正确使用用户手册查询资料 □3. 能在规定的时间内查询所需资料	10	未完成 1 项扣 4 分，扣分不得超过 10 分	□熟练 □不熟练	□熟练 □不熟练	□合格 □不合格
5	判断和分析能力	□1. 能判断减振器的类型 □2. 能判断弹簧的技术状态 □3. 能判断减振器的技术状态	10	未完成 1 项扣 4 分，扣分不得超过 10 分	□熟练 □不熟练	□熟练 □不熟练	□合格 □不合格
6	表单填写与报告的撰写能力	□1. 能正确记录所需的维修信息 □2. 字迹清晰 □3. 语句通顺 □4. 无错别字 □5. 无涂改	5	未完成 1 项扣 1 分	□熟练 □不熟练	□熟练 □不熟练	□合格 □不合格
总分：							

任务三　车轮定位

【学习目标】

知识目标：

1）了解车轮定位的功能。

2）理解车轮定位参数对车辆行驶性能的影响。

3）掌握车轮定位的检测方法。

技能目标：

1）能运用车轮定位设备对车轮定位参数进行检测。

2）能运用维修资料及相关设备对车轮定位参数进行调整。

素质目标：

1）具有良好的品德、文化修养和职业道德。

2）具有良好的身体素质和心理素质。

3）具有一定的计划、组织、实施、评估等工作能力和沟通、表达、团队协作等社会能力。

4）具有良好的自我学习及持续进步能力。

【任务描述】

一辆纯电动新能源汽车已经行驶了10000km，按照保养要求，需对车辆车轮进行检查保养。维修技师接到任务后，按照技术文件要求进行车轮定位相关操作，并将检查结果与技术文件标准数据进行比较，判断车辆保养状态。如需要更换部件，则按照要求填写维修工单，进行相应的技术维修，以满足车辆维修技术要求。

【相关知识】

一、车轮定位的作用与参数

1. 车轮定位的作用

现代汽车在很多时候需要在很高的车速下运行，因此，要求转向响应必须迅速准确，为此，车轮必须具有准确的定位角度。正确的车轮定位可以使车轮在各种路面条件下均不会发生刮擦、拖滞和滑动。正确的车轮定位可以保证汽车具有较好的行驶安全性，使转向轻便，延长轮胎的使用寿命，降低能耗，降低汽车转向系统和悬架系统零部件所受的应力。

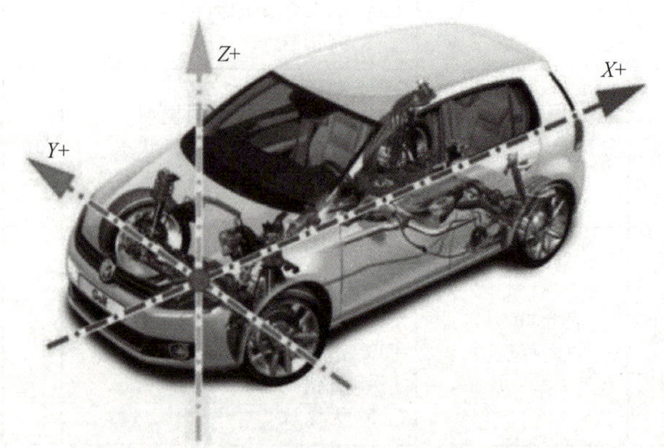

图2-98　车辆参数坐标

车辆的基准位置由 X-Y-Z 轴系统进行描述。如图 2-98 所示，Z 轴和 X 轴穿过前轴的中心，Y 轴通常准确地穿过前轮中心，与车辆在标准行驶高度时的车辆位置相对应。

小知识

车轮定位参数处在正常范围之内才能够保持汽车直线行驶的稳定性，保证汽车转弯时转向轻便，且使转向轮能自动回正、轮胎的磨损减少等，确保汽车正常行驶。社会发展过程中，每一位公民都需要遵守法律，在法律规定的范围内行事，才能保障每一位公民的合法权益，保障社会和谐、健康发展。

2. 车轮定位参数

（1）前束

一个轴上的总前束由两个车轮各自的单独前束求和得出。后轮单独前束指车辆中心线与车轮中心线的夹角。前轴的单独前束指车轮中心线与几何轴线的夹角，如图 2-99 所示。

车轮前束对于轮胎磨损程度有较大的影响。车轮不能保持直行时，为了直行就会产生车轮滑拖。当车轮的前束（正或负）过大时，由于轮胎发生侧向滑拖，胎面边缘就会产生锯齿状磨损，如图 2-100 所示。正前束过大，会使胎面外缘发生磨损；负前束过大，会使胎面内缘发生磨损。

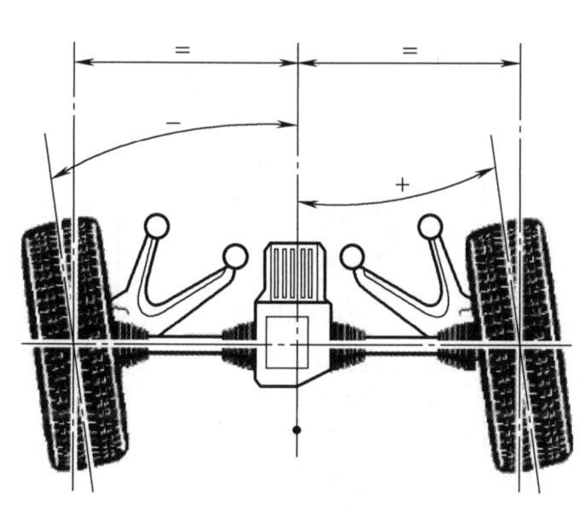

图 2-99　前束

图 2-100　轮胎锯齿状磨损

（2）外倾角

外倾角是车轮中心平面与垂直面间的夹角，如图 2-101 所示，车轮向外倾斜称为正外倾，向内倾斜称为负外倾。正外倾用于抵消车辆质量变化导致的车架变形，减轻车架变形造成的轮胎单边磨损。负外倾用于运动型轿车，提高其行驶稳定性。普通轿车满载和空载的质量差别比较小，所以外倾角也比较小，很多车型的外倾角为零，称为零外倾。货车的满载和空载质量差别比较大，所以外倾角通常比较大。

外倾角与主销内倾角构成主销偏距。合适的主销偏距使车辆易于驾驶，既可以减弱路面的冲击，又可以使转向盘有很好的回正能力。

（3）主销内倾角

主销指车轮横向转动所围绕的轴线，主销内倾角是指主销向内倾斜时与铅垂线间的夹角，如图 2-102 所示。

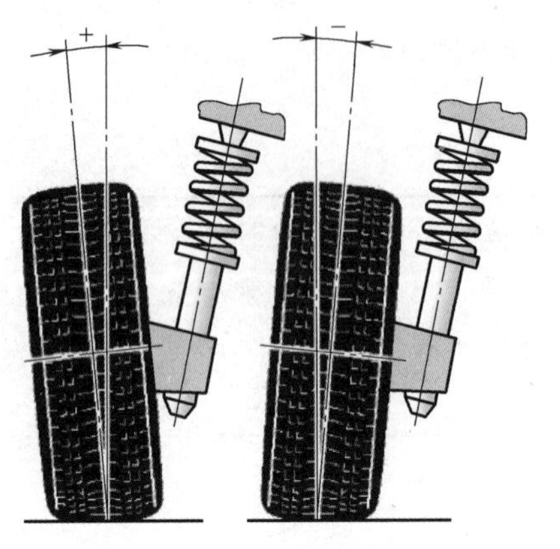

图 2-101　外倾角

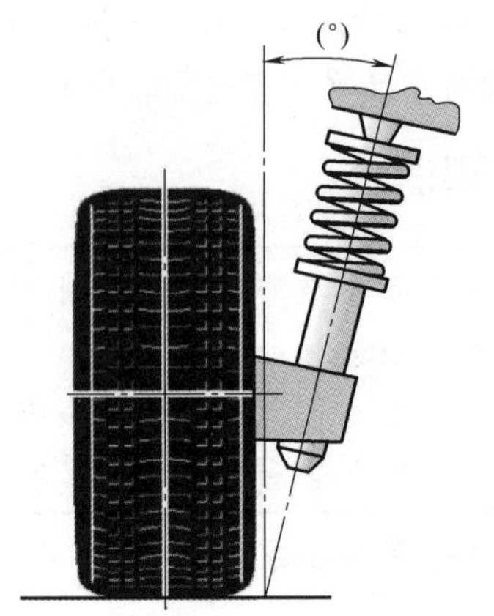

图 2-102　主销内倾角

车轮外倾角与主销内倾角构成主销偏距。转向主销偏距是指车轮与路面接触点和转向轴延长线交点之间的距离。转向主销偏距可以为正（+），也可以为负（-），或者为零，如图 2-103 所示。

合适的主销偏距使车辆易于驾驶，既减弱路面的冲击，又使转向盘保持很好的回正能力。主销偏距是由外倾角、转向轴线内倾角和车轮偏置距造成的。过大的内倾角会造成转向力与制动反力过大；过小的内倾角会造成转向装置回正能力差，车轮容易受损、倾斜。

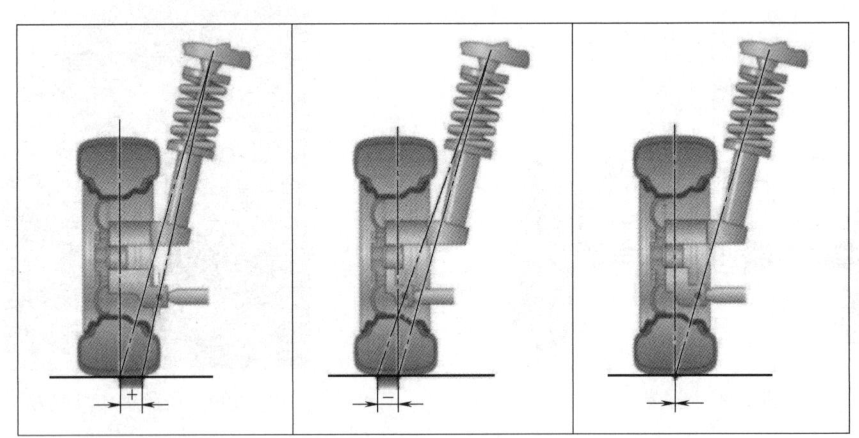

图 2-103　主销偏距

（4）主销后倾角

主销后倾角是转向旋转轴向后倾斜时与铅垂线的夹角，因此也被称为转向轴线后倾角，如图 2-104 所示。

主销后倾角使转向系统在转向时产生回正力矩，保证转向盘在转向结束后能自动回正，保证汽车直线行驶的稳定性。同轴两端车轮的主销后角应该相等，如果两端车轮的主销后倾角不同，会导致汽车向主销后倾角较小的一侧跑偏。主销后倾角过大会引起转向沉重，过小则会导致汽车在高速行驶时方向不稳。

主销后倾角主要受悬架支柱和控制臂衬套磨损或松动的影响。多数车辆的主销定位角度只能通过校正车架来调整。

二、车轮定位参数的检测与调整

1. 车轮定位前的检查

在进行车轮定位前，对汽车进行检查是非常重要的。如果在检查中发现汽车的任何零部件发生了损坏，在进行车轮定位之前，应当先更换损坏的零部件。检查时应按照以下步骤进行。

先对汽车进行路试。在驾驶汽车的过程中，将转向盘保持在直行位置，感受转向盘和座椅及地板的振动情况，注意汽车是否有跑偏或其他不正常的操控问题，如转向困难、转弯时轮胎发出啸叫声或车辆发出其他机械异响。路试有助于发现在调整车轮定位前必须要修正的问题。

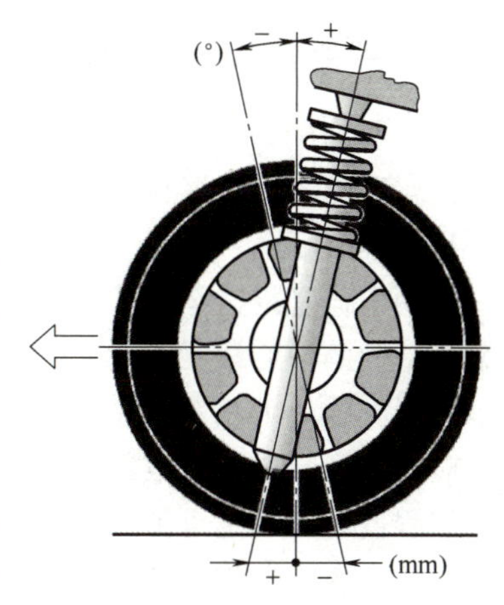

图 2-104　主销后倾角

仔细检查汽车轮胎的磨损形式；检查是否存在轮胎尺寸和类型错配的问题；检查轮胎是否有鼓胀现象，如有鼓胀应该更换。还应检查车辆是否存在碰撞损伤和牵引支架损伤导致的问题。检查步骤如下。

1）检查轮胎和车轮的径向跳动。

2）检查车轮轴承。

3）将行李舱和乘员舱中的重物取出，但工具箱等随车物品不用取出。

4）检查汽车的离地高度，各种汽车在设计时都能保证其可以驶过一定高度的路缘石。汽车使用手册中列出了具体的离地高度及其检测位置。如果离地高度不合适，车轮定位也不可能正确。如果离地高度只是略有偏差，可以利用弹簧垫圈进行校正。

5）检查转向盘自由行程。

6）通过按压汽车检查减振器状况。

7）举升汽车，检查转向机构中的控制臂衬套。

8）检查滑柱上端固定、转向摇臂、随动臂、中央连接、横拉杆端头、球节和减振器等所有零部件。如果汽车装用等速万向联轴器，还应检查等速万向联轴器是否存在松动、异响、卡咬、防尘套破裂等问题，在调整车轮定位之前，必须更换损坏的零部件。

此外，在前桥总成被解体、车桥零部件被更换，以及进行了其他任何会造成车轮定位角度变化的操作之后，都需要对车轮重新进行定位。

2. 车轮换位

按时换位可使轮胎磨损均匀，并可延长 20% 的使用寿命。应结合车辆二级维护的要求定期进行车轮换位。

1）每行驶 8000～13000km 时进行车轮换位。

2）只要发现异常磨损就应尽快进行车轮换位并检查车轮定位，同时还要检查轮胎或车辆是否损坏。

3）定期进行车轮换位的目的是使车辆的所有轮胎磨损均匀。

4）进行车轮换位时，一定要按如图 2-105 所示的正确换位方法进行换位。

三、车轮定位常见故障解析

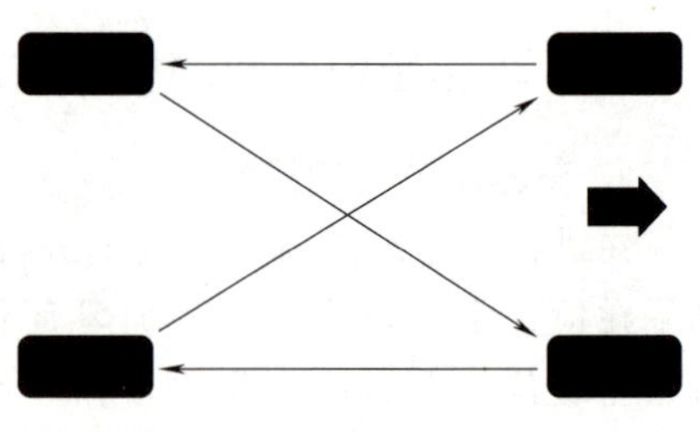
图 2-105 车轮换位示意图

车轮和轮胎的常见故障现象主要有跑偏、摆振、轮胎异常磨损、转向沉重等。

1. 车辆跑偏

车辆跑偏是指汽车在平坦路面沿直线行驶时，车辆偏离行驶的中心线。车轮定位出现问题时，容易出现车辆行驶跑偏的情况。例如，当前轮主销后倾角左右不对称程度超过一定范围时，车辆会朝主销后倾角小的一侧跑偏。前、后车轮外倾角左右不对称程度超过一定范围时，车辆会朝前、后轮外倾角最小的一侧跑偏。

此外，胎压不均匀超过一定限值时，车辆会出现侧滑、转向助力不平衡等情况。可通过调整轮胎充气压力、换位或更换车轮等措施进行维修。

2. 摆振

汽车前轮摆振主要表现为车辆行驶中，前轮左右摆振或垂直颠簸；具体表现为车辆在低速时出现摆动，高速时出现颤动。产生的原因主要有轮胎气压不相等、轮胎大小不同或严重磨损、车轮动态不平衡。可通过调整轮胎气压、更换轮胎、校正轮胎动平衡等方法进行维修。

3. 轮胎异常磨损

正常情况下轮胎胎面磨损是均匀的，但当汽车出现故障或使用不当时，轮胎会出现异常磨损。前轮前束不合适，容易导致前轮外侧或内侧出现“吃胎”的情况。如果前轮某一侧轮胎出现“吃胎”现象，则可能是外倾角不合适。当轮胎压力过高时，轮胎胎面中心线附近会出现磨损严重的现象。如果轮胎压力过低，则轮胎两侧磨损更加严重。

4. 转向沉重

主销后倾角过大时，转向容易变得沉重。主销后倾角过小，则转向盘回正能力差。

【实训任务五】 车轮定位参数的检测与调整

实训场地与器材

新能源汽车作业工位和举升机、新能源汽车、工作灯、汽车拆装工具车、四轮定位仪。

作业准备

1）同减速器总成维护作业准备工作步骤 1、2、3。

2）检查四轮定位仪，如图 2-106 所示。

图 2-106 四轮定位仪

操作步骤

1）将检测车辆正确停放至四轮定位仪

举升装置规定的位置。

2）安装卡具和传感器。将测量装置支架连接到车轮上，调整卡具尺寸与轮胎轮毂尺寸一致，如果需要，应安装合适的卡爪护套。夹紧臂要钩在轮胎的同一胎纹内，防止卡具带来测量误差，如图 2-107 所示。安装卡具时需要将卡头臂黄色标签上的最长刻度对准相应的轮毂尺寸。

将传感器装入卡具，调整水平后固定，如图 2-108 所示。

图 2-107　卡具安装

图 2-108　安装传感器

3）定位参数测量的步骤如下。

① 进入检测程序操作：输入客户信息，输入和调整车辆信息，输入维修站信息。其中画斜线的栏目应完全输入，用于档案存储时的检索和查找，如图 2-109 所示。

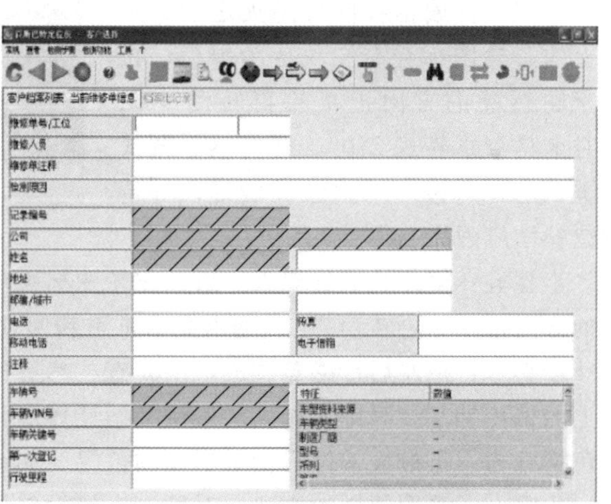

图 2-109　进入检测程序操作

② 选择与定位匹配的车型数据：如图 2-110 所示，选择对应车型。

③ 偏位补偿：车轮存在较明显的失圆或卡具装卡不到位都会带来测量误差，卡具卡爪存在磨损的情况也会带来测量误差，偏位补偿用于修正这些误差。

拉紧车辆驻车制动器（俗称手刹），然后用二次举升器举升车辆前轴，使前轮高出检测平台约 6cm。转动转向盘使车轮大致朝向正前方向。在偏位补偿过程中勿转动转向盘。松开卡具上用来固定传感器销的紧固螺栓，使传感器能自由转动。在偏位补偿过程中，应保持传感器处于大致水平的状态。

步骤一：转动左后轮，使快速卡具的三个卡爪之一指向正上方。参照水平气泡把传感器大致调到水平状态，然后按一下传感器面板上的偏位补偿键，等待偏位补偿灯闪亮。

步骤二：偏位补偿灯熄灭之后，屏幕上的左后轮图标会有一块变为绿色，如图 2-111 所示。按照车轮行驶的方向把车轮大致转动 90°，把传感器调成水平状态，再按一下偏位补偿键，等待偏位补偿灯闪亮。

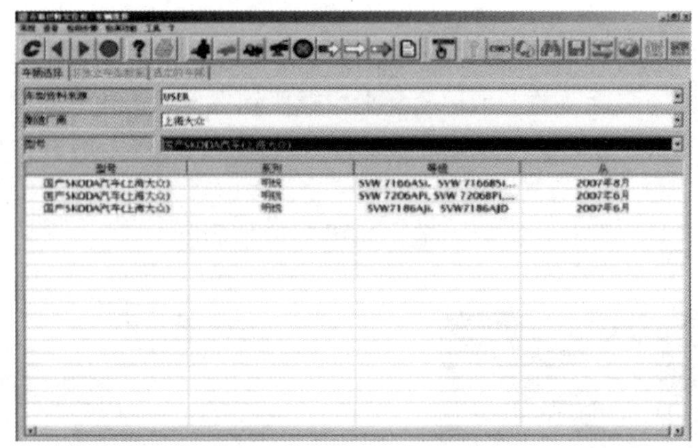

图 2-110　匹配车型

步骤三：偏位补偿灯熄灭之后，屏幕上的车轮图标会有两块变为绿色。按照车轮行驶的方向把车轮再转动 90°，此时卡具卡爪转过 180°。把传感器调成水平状态，再按一下偏位补偿键，等待偏位补偿灯闪亮。

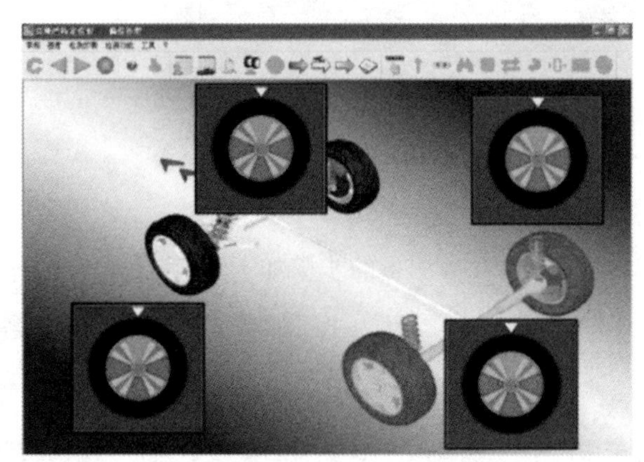

图 2-111　偏位补偿界面

步骤四：偏位补偿灯熄灭之后，屏幕上的车轮图标会有三块变为绿色。按照车轮行驶的方向把车轮再转动 90°，此时卡具卡爪转过 270°。把传感器调成水平状态，再按一下偏位补偿键，等待偏位补偿灯闪亮。

步骤五：偏位补偿灯熄灭之后，车轮图标圆环上的四个部分都将变成绿色。按照车轮行驶的方向把车轮再转动 90°，使卡具卡爪重新回到起始位置，卡爪指向正上方。

步骤六：把左后传感器调成水平状态，然后拧紧卡具上紧固传感器销的螺栓。按下传感器上的偏位补偿计算键，相应的偏位补偿计算灯会闪亮，会出现偏位补偿的最大数值，并用黄色指针指示出最大偏位补偿量出现的位置，如图 2-112 所示。

步骤七：采用同样的方法，对所有车轮做偏位补偿。

得到四个车轮的偏位补偿数据之后，单击屏幕上的“前进”图标进入下一步操作，可以得到车轮的外倾角和前束。

④ 锁上制动锁：防止在转向测量时，车轮发生转动引起传感器随之转动，影响主销后倾角和主销内倾角的测量结果。

⑤ 降下车辆：放松转角盘和侧滑板，放下车辆。

⑥ 主销的测量：按照提示向左、向右转动转向盘。在转向时测出主销内倾角、主销后倾角和转向时负前束等定位参数，读出对应的参数，如图 2-113 所示。

4）定位角度的调整：车轮定位仪会根据选择的车型提供定位角度的标准范围，如果定位角度超出标准范围，会以红色显示。也可以通过查询维修手册得到标准范围。

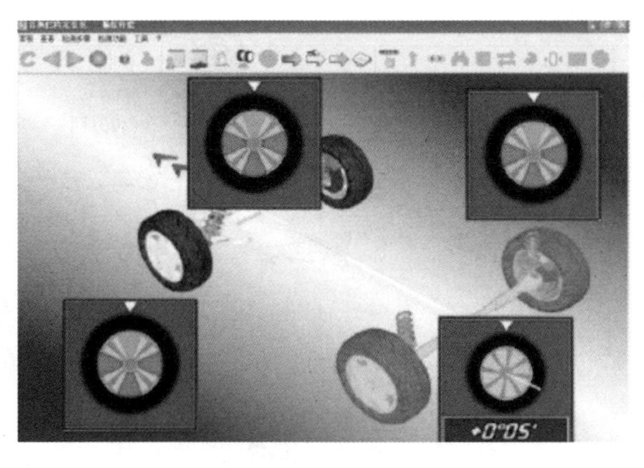

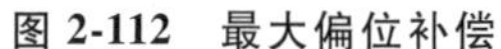
图 2-112　最大偏位补偿

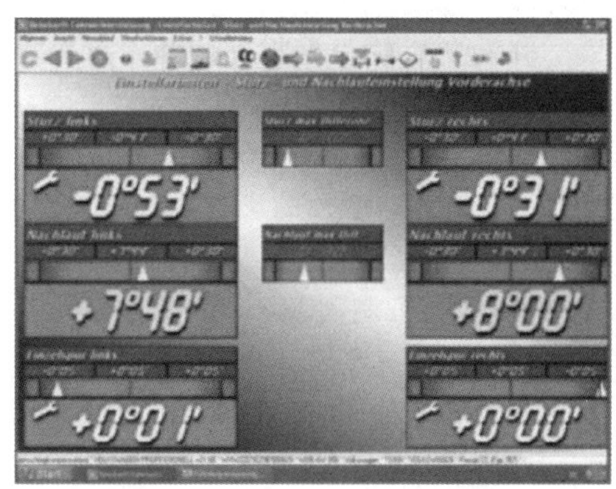

图 2-113　定位参数结果界面

调整前要注意锁定转向盘，防止在调整过程中方向偏转，影响测量结果。车轮定位是以后轮为基准的，所以在调整时应优先调整后轴的定位参数。前束是为了补偿外倾角的，因此在调整时应优先调整外倾角。车轮的位置是以主销位置为基础的，所以如果同时需要调整主销和车轮倾角，应优先调整主销倾角。然而在多数情况下，车辆并不是所有定位角度都可以调整的。

不同车辆所能调节的定位角度和调整位置都有所不同，应该以维修手册为准。麦弗逊式悬架作为前悬架时，主销的定位角度通常不能调整，有的车型允许调整外倾角和前束，有的只能调整前束。多连杆悬架能调整的定位角度会多一些，其对车轮位置的控制精度也更高，车辆的操控性能也会更好一些。

① 前轮前束的调整。下面以北京-EU5 为例，说明前轮前束的调整方法。提示：车轮定位参数应在车辆空载状态下进行调整，定位参数调整好后，检查转向盘是否对中，若不对中，则松开转向盘锁紧螺母，调整转向盘至对中位置，拧紧转向盘锁紧螺母至力矩要求。

a）固定转向外拉杆总成，拧松防松螺母，如图 2-114 所示。

b）从防尘罩上松开弹簧卡箍。

c）通过旋转左或右侧的内拉杆总成来调整前束。顺时针旋转内拉杆减小前束，逆时针旋转内拉杆增大前束。

d）固定住外拉杆总成，拧紧防松螺母至规定力矩。

e）再次检测前束。

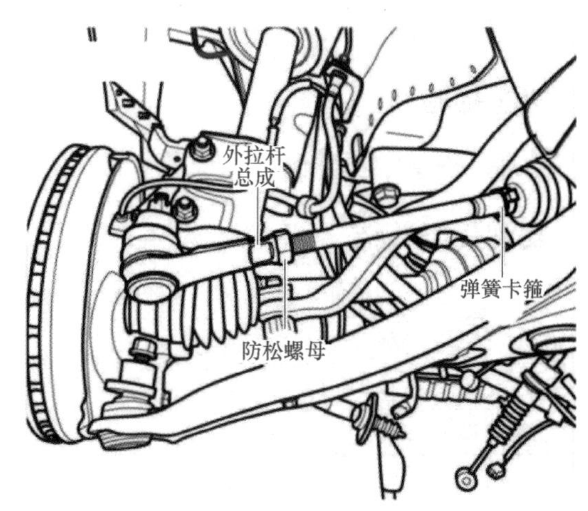

图 2-114　调整前轮前束

② 前轮外倾角的调整。转动减振器滑柱上的调整螺栓就可以调整车轮外倾角（图 2-115），车轮外倾角调整螺栓取代了原来的减振器滑柱安装螺栓。调整螺栓上有一段没有螺纹的偏心结构，改变螺栓的偏心位置，可以实现车轮外倾角的调整。这种调整方式是麦弗逊滑柱式前悬架最常用的一种方式。车辆前轮外倾角调整方式以实际车型具体结构

为准。

③ 调整后轮前束与外倾角。后轮前束与前轮前束一样，也是影响轮胎磨损的一个重要因素。如果后轮存在正前束或负前束（前张），对后轮磨损的影响也与前轮一样，同样会降低汽车的转向稳定性和制动效能。对于装有防抱死制动系统（ABS）的汽车更要特别留意这一参数。与车轮外倾角一样，后轮前束也不是一个稳定的角度，会随着悬架的上下运动而改变，也会随着滚动阻力和动力输出转矩的作用而改变。

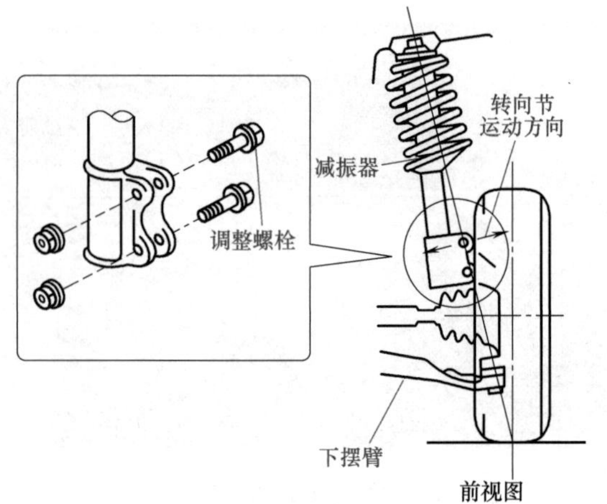

图 2-115　外倾角的调整

对于前轮驱动的汽车，前轮在动力作用下趋向于前束，而后轮在滚动阻力和悬架变化作用下趋向于前张。对于后轮驱动的汽车则刚好相反，前轮趋向于前束，由于后轮要推动汽车，所以装在独立悬架上的后轮就趋向于前束。

如果后轮的前束不在规定范围内，其对轮胎磨损和转向稳定性的影响与前轮前束一样。车轮的总前束处于规定范围内并不意味着车轮定位准确，特别是后轮的前束。如果一个后轮的前束量与另一个后轮的前张量相等，虽然总前束处于规定范围之内，但由于后轮不平行于汽车中线，会产生一个推力角。存在推力角会降低汽车在冰雪路面或湿滑路面上行驶时的方向稳定性，有时会使汽车在制动或急加速时跑偏；另外，为了用前轮抵抗后轮的作用而保持方向控制，还会加剧轮胎磨损。

后轮参数的调整，以具体车身为准。

5）操作四轮定位举升装置，安全降下车辆。

6）从检测车辆上正确地拆除卡具及传感器。

7）安全移除车辆。

竣工检验

整理、恢复作业场地。

实训任务总结

____

____

____

____

____

____

____

____

____

车轮定位参数的检测与调整	工作任务单	班级： 姓名：

1. 车辆信息记录

品牌		整车型号		生产年月	
驱动电机型号		动力蓄电池电量		行驶里程	
车辆识别码					

2. 作业场地准备

检查是否设置隔离栏	□是　□否
检查是否设置安全警示牌	□是　□否
检查灭火器压力及有效期是否符合要求	□是　□否
安装车辆挡块	□是　□否

3. 记录车轮定位参数检测与调整的操作过程

车轮定位参数的检测与调整		实习日期:	
姓名:	班级:	学号:	导师签名:
自评:□熟练□不熟练	互评:□熟练□不熟练	师评:□合格□不合格	
日期:	日期:	日期:	

车轮定位参数的检测与调整【评分细则】

序号	评分项	得分条件	分值	评分要求	自评	互评	师评
1	安全/5S/态度	□1. 能进行工位5S操作 □2. 能进行设备和工具的安全检查 □3. 能进行车辆安全防护操作 □4. 能进行工具的清洁、校准及存放操作 □5. 能进行“三不落地”操作	15	未完成1项扣3分	□熟练 □不熟练	□熟练 □不熟练	□合格 □不合格
2	专业技能	□1. 能正确检查胎压 □2. 能正确检查悬架装置 □3. 能正确安装卡具和传感器 □4. 能正确测量前轮定位参数 □5. 能正确测量后轮定位参数 □6. 能正确调整前轮定位参数 □7. 能正确调整后轮定位参数 □8. 能正确操作四轮定位仪	50	未完成1项扣7分,扣分不得超过50分	□熟练 □不熟练	□熟练 □不熟练	□合格 □不合格
3	工具及设备的使用能力	□1. 能正确举升车辆 □2. 能正确选择、使用拆装工具 □3. 能正确操作四轮定位仪	10	未完成1项扣4分,扣分不得超过10分	□熟练 □不熟练	□熟练 □不熟练	□合格 □不合格
4	资料及信息的查询能力	□1. 能正确使用维修手册查询资料 □2. 能正确使用用户手册查询资料 □3. 能在规定的时间内查询所需资料	10	未完成1项扣4分,扣分不得超过10分	□熟练 □不熟练	□熟练 □不熟练	□合格 □不合格
5	判断及分析能力	□1. 能判断前轮定位参数 □2. 能判断后轮定位参数 □3. 能判断调整后的定位状态	10	未完成1项扣4分,扣分不得超过10分	□熟练 □不熟练	□熟练 □不熟练	□合格 □不合格
6	表单填写及报告的撰写能力	□1. 能正确记录所需的维修信息 □2. 字迹清晰 □3. 语句通顺 □4. 无错别字 □5. 无涂改	5	未完成1项扣1分	□熟练 □不熟练	□熟练 □不熟练	□合格 □不合格
总分:							

项目三 新能源汽车转向系统

任务一　转向系统的维护与检修

【学习目标】

知识目标：

1）了解转向系统的功能。

2）掌握转向系统的结构和工作原理。

3）掌握转向系统的检测方法。

技能目标：

1）能正确识别车辆转向系统。

2）能运用维修资料及相关设备对转向器进行拆装。

素质目标：

1）具有良好的品德、文化修养和职业道德。

2）具有良好的身体素质和心理素质。

3）具有一定的计划、组织、实施、评估等工作能力和沟通、表达、团队协作等社会能力。

4）具有良好的自我学习及持续进步能力。

【任务描述】

一辆纯电动新能源汽车已经行驶了20000km，按照保养要求，需要对车辆进行定期保养（距上次保养10000km/12个月，以先到达者为准）。维修技师接到任务后，需对汽车转向系统进行保养检查，并将检查结果与技术文件进行比较，确定转向系统的技术状态。如需进行部件的更换，则应按照工作流程，填写并提交操作工单，完成相关更换操作。

【相关知识】

一、转向系统的功能与组成

1. 转向系统的功能

转向系统可以使车辆转向轮偏转一定角度，使车辆按照驾驶员的意志变换车道、急转弯和避让道路障碍，也可以帮助驾驶员保持车辆的直线行驶状态。

2. 转向系统的组成

转向系统由转向操纵机构、转向器和转向传动机构三个主要子系统构成，如图 3-1 所示。转向操纵机构由转向盘、转向轴和转向柱总成构成。当驾驶员转动转向盘时，转向器将转向盘的运动传递给转向传动机构，转向传动机构使两侧转向轮偏转，从而控制汽车的行驶方向。

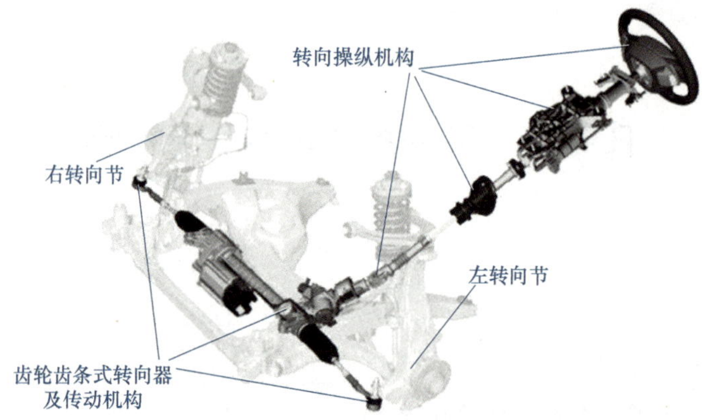

图 3-1　齿轮齿条式转向机构

小知识

汽车转向系统的功能就是按照驾驶员的意愿控制汽车的行驶方向，保持汽车的正常行驶状态，对汽车的行驶安全至关重要。作为 21 世纪的有志青年，我们也应该在中国共产党的领导下，坚持走社会主义道路，实现中华民族的伟大复兴。

二、转向系统的工作原理

1. 齿轮齿条式转向器及传动机构

齿轮齿条式转向机构结构简单，质量小。如图 3-2 所示，在齿轮齿条式转向传动机构中，转向器的输入来自与转向柱连接的小齿轮，小齿轮使固定在横拉杆上的齿条左右移动，齿条移动并推拉横拉杆，使车轮方向发生改变。

(1) 齿条

齿条是一根包在金属壳体内的具有等距分布齿的直杆。齿条与齿轮相啮合，将转向盘的转动转变为直线运动，使横拉杆能够随着控制臂平行移动。通过齿条在壳体内左右移动，推动或拉动横拉杆，改变车轮方向，如图 3-3 所示。

(2) 齿轮

齿轮是一个固定在转向柱组件底部的齿轮或涡轮，由转向盘驱动。齿轮与齿条上的齿相啮合，使齿条能够响应小齿轮的旋转而左右移动，如图 3-3 所示。

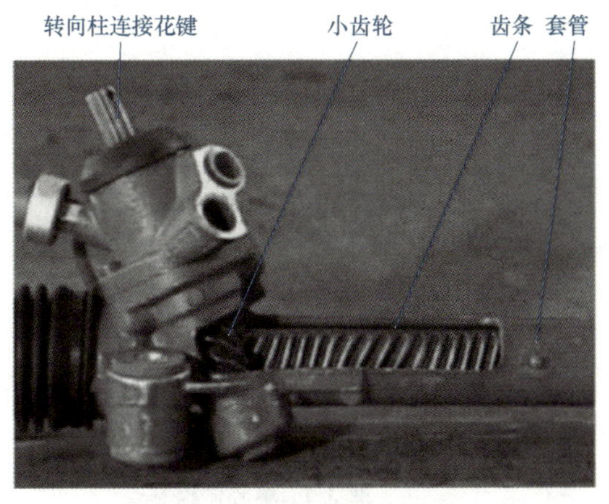

图 3-2　齿轮与齿条的传动

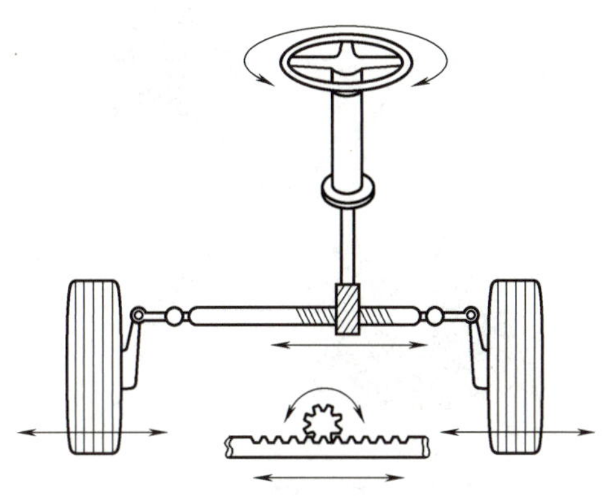

图 3-3　齿轮与齿条传递运动的方式

（3）啮合间隙调整结构

齿条与齿轮之间的预紧力会影响转向平顺性、路感和噪声，应该按照制造商的规定进行调整。在齿轮与齿条接合处的壳体外面，设有用于调整啮合间隙的调整螺钉、螺塞或垫片组，如图 3-4 所示。

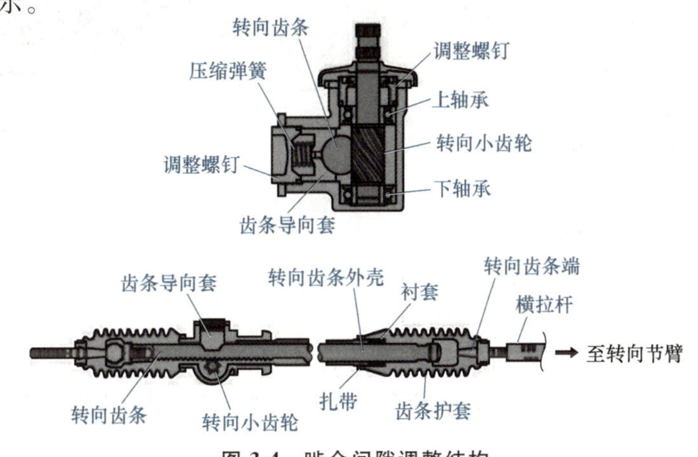

图 3-4　啮合间隙调整结构

（4）转向横拉杆

转向横拉杆在齿轮齿条式转向系统中起到转向传动机构的作用，将转向器和转向节臂连接起来。转向横拉杆系统是由内外拉杆、内外球节和调整套管或调整螺栓组成，如图 3-5 所示。内横拉杆通过内球节的螺栓旋装在齿条末端，并用橡胶伸缩套管（图 3-6）防止杂物进入。

齿轮齿条式转向器的特点：结构紧凑、简单、轻便，齿轮箱小，并且齿条本身可用作转向传动机构；直接采用齿轮啮合，转向反应灵敏；滑动和转动阻力小，力矩传递效果好，转向轻；转向齿轮组件完全密封，不需要维护。

2. 循环球式转向器及传动机构

循环球式转向器一般有两级传动，第一级是螺杆螺母传动，第二级采用齿条齿扇传动。循环球式转向器传动效率高，操纵轻便，使用寿命长，工作平稳、可靠，通常应用在货车或越野车上。

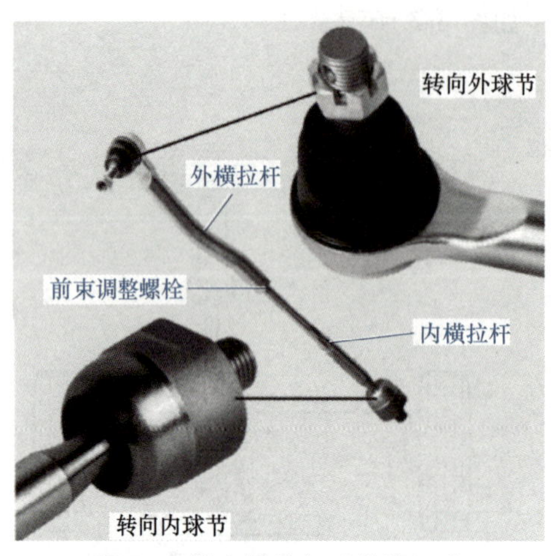

图 3-5　转向横拉杆系统的组成

图 3-6　橡胶伸缩套管

循环球式转向器主要由输入轴及转向螺杆、转向螺母、钢球、钢球导管、齿扇轴（摇臂轴）、转向器壳体等组成，如图 3-7 所示。在转向螺杆、螺母及钢球之间摩擦力的作用下，所有钢球在螺旋管道内滚动，形成“球流”，且“球流”在其各自的闭合滚道内循环。于是，转向螺杆、螺母之间的滑动摩擦变为滚动摩擦，降低了摩擦阻力。

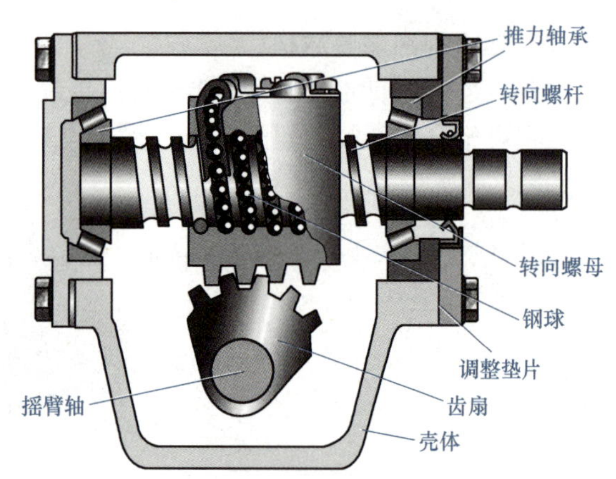

图 3-7　循环球式转向器结构

转向盘通过转向轴等部件带动转向器输入轴及转向螺杆转动，转向螺母在转向螺杆上做轴向移动，但不能转动。转向螺母齿条驱动与之啮合的齿扇（齿扇轴）转动，从而带动转向摇臂摆动，转向摇臂带动转向传动机构上的其他部件运动，使转向轮偏转相应的角度，实现汽车转向。

【实训任务六】　转向系统的识别和机械转向器总成的拆装

实训任务 6-1　转向系统的识别

实训场地与器材

扫一扫

转向系统的识别

新能源汽车作业工位和举升机、新能源汽车、工作灯、汽车拆装工具车。

作业准备

同减速器总成维护作业准备工作步骤 1、2、3。

操作步骤

1）同减速器总成维护操作步骤 1。

2）利用胎压表，检查实训车辆轮胎的充气压力是否符合要求，如不符合要求，充气至规定值。

3）调整好驾驶员座椅，识别车内部分转向操纵机构。

4）同减速器总成维护操作步骤 3。

5）拆除车辆底护板，观察实训车辆转向器。

6）在保证安全的前提下，站在举升车辆的底部前方，观察转向传动机构。

7）依据车辆的技术说明，查找并观察实训车辆的转向助力装置。

8）安全落车。

9）安全移除车辆。

竣工检验

整理、恢复作业场地。

实训任务总结

<table>
<tr><td rowspan="2">转向系统的识别</td><td rowspan="2">工作任务单</td><td>班级：</td></tr>
<tr><td>姓名：</td></tr>
</table>

1. 车辆信息记录

品牌		整车型号		生产年月	
驱动电机型号		动力蓄电池电量		行驶里程	
车辆识别码					

2. 作业场地准备

检查是否设置隔离栏	□是 □否
检查是否设置安全警示牌	□是 □否
检查灭火器压力及有效期是否符合要求	□是 □否
安装车辆挡块	□是 □否

3. 记录转向系统识别的结果操作过程

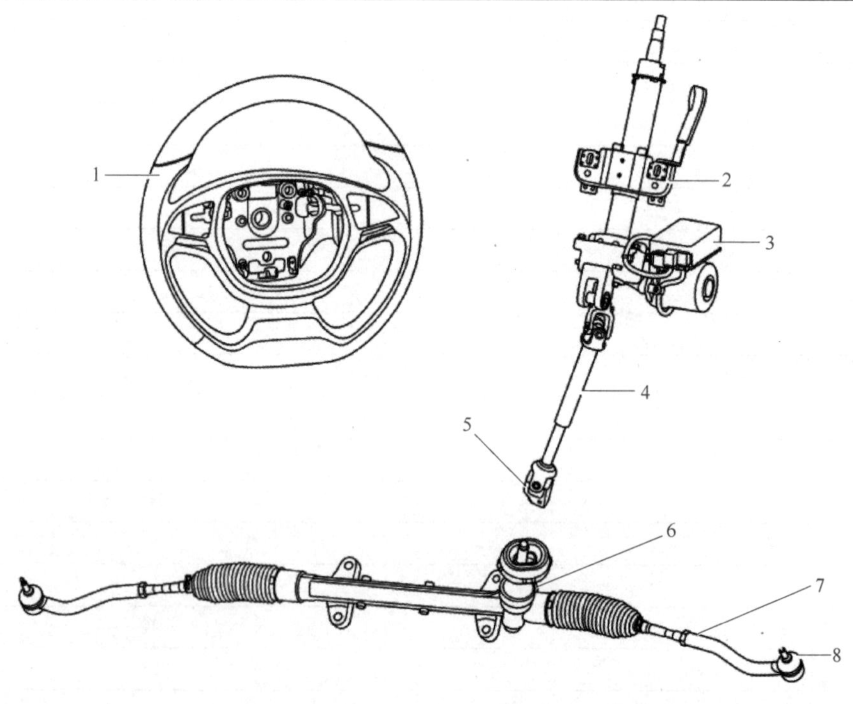

<table>
<tr><td colspan="2">转向系统的识别</td><td colspan="2">实习日期：</td></tr>
<tr><td>姓名：</td><td>班级：</td><td>学号：</td><td rowspan="3">导师签名：</td></tr>
<tr><td>自评：□熟练□不熟练</td><td>互评：□熟练□不熟练</td><td>师评：□合格□不合格</td></tr>
<tr><td>日期：</td><td>日期：</td><td>日期：</td></tr>
</table>

转向系统的识别【评分细则】

序号	评分项	得分条件	分值	评分要求	自评	互评	师评
1	安全/5S/态度	□1. 能进行工位5S操作 □2. 能进行设备和工具的安全检查 □3. 能进行车辆安全防护操作 □4. 能进行工具的清洁、校准、存放操作 □5. 能进行“三不落地”操作	15	未完成1项扣3分	□熟练 □不熟练	□熟练 □不熟练	□合格 □不合格
2	专业技能	□1. 能正确操作转向盘调整装置 □2. 能正确识别转向操纵机构 □3. 能正确识别转向器 □4. 能正确识别转向传动机构 □5. 能正确识别动力转向电机 □6. 能正确识别动力转向控制器 □7. 能正确识别转向力矩传感器 □8. 能正确识别转向系统类型	50	未完成1项扣7分，扣分不得超过50分	□熟练 □不熟练	□熟练 □不熟练	□合格 □不合格
3	工具及设备的使用能力	□1. 能正确举升车辆 □2. 能正确选择、使用拆装工具 □3. 能正确操作转向系统	10	未完成1项扣4分，扣分不得超过10分	□熟练 □不熟练	□熟练 □不熟练	□合格 □不合格
4	资料及信息的查询能力	□1. 能正确使用维修手册查询资料 □2. 能正确使用用户手册查询资料 □3. 能在规定时间内查询所需资料	10	未完成1项扣4分，扣分不得超过10分	□熟练 □不熟练	□熟练 □不熟练	□合格 □不合格
5	判断及分析能力	□1. 能判断转向操纵机构 □2. 能判断转向传动机构 □3. 能判断转向助力系统类型	10	未完成1项扣4分，扣分不得超过10分	□熟练 □不熟练	□熟练 □不熟练	□合格 □不合格
6	表单填写及报告的撰写能力	□1. 能正确记录所需的维修信息 □2. 字迹清晰 □3. 语句通顺 □4. 无错别字 □5. 无涂改	5	未完成1项扣1分	□熟练 □不熟练	□熟练 □不熟练	□合格 □不合格
总分：							

实训任务 6-2　机械转向器总成的拆装

实训场地与器材

新能源作业工位和举升机、新能源汽车、工作灯、汽车拆装工具车、举升装置、球头拆卸装置。

作业准备

同减速器总成维护作业准备工作步骤 1、2、3。

操作步骤

1）同减速器总成维护操作步骤 1。

2）转动转向盘至直线行驶位置，档位置于 P 位，如图 3-8 所示。

3）关闭车辆全部电器系统开关，选择合适的工具，断开蓄电池负极电缆。

4）依据实训车辆的技术文件说明，选择合适的工具，拆卸前机舱后部底护板，如图 3-9 所示。

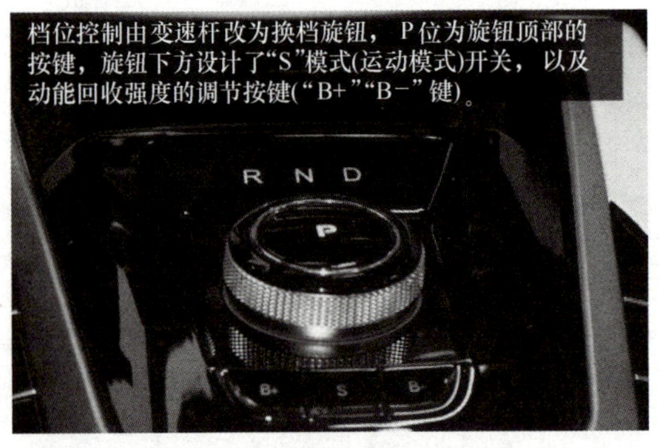

图 3-8　P 位

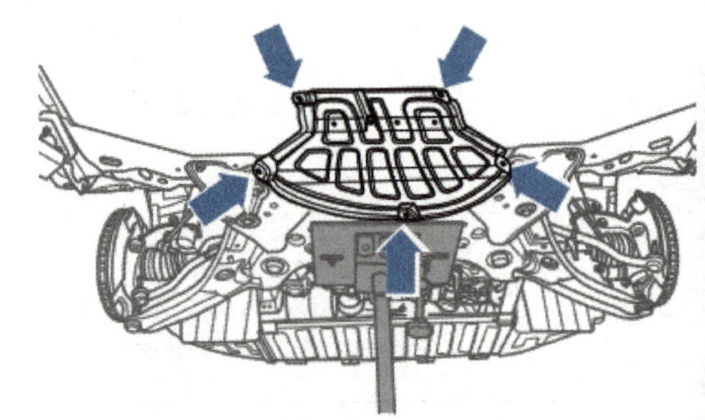

图 3-9　拆卸前机舱后部底护板

5）依据实训车辆的技术文件说明，选择合适的工具，拆卸驱动电机底部护板。

6）依据实训车辆的技术文件说明，选择合适的工具，拆卸两侧前车轮。

7）依据实训车辆的技术文件说明，选择合适的工具，脱开转向中间轴①与机械转向器总成②的固定螺栓，如图 3-10 所示。

8）依据实训车辆的技术文件说明，选择合适的工具，脱开前悬架两侧下摆臂总成①与左、右侧前转向节总成②的连接，如图 3-11 所示。

9）依据实训车辆的技术文件说明，选择合适的工具，脱开前稳定杆两侧连杆

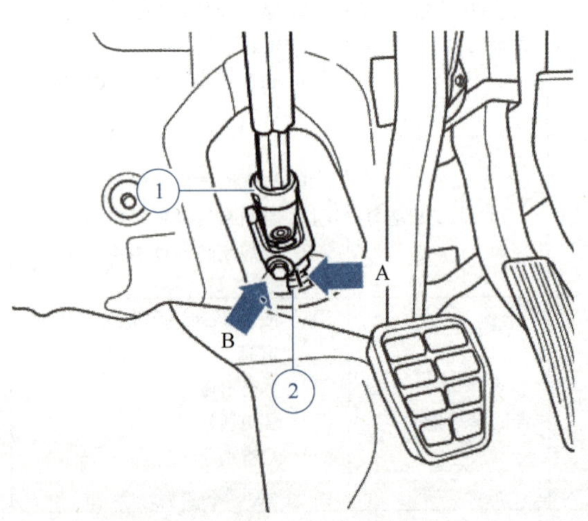

图 3-10　脱开转向中间轴与机械转向器总成的固定螺栓

①与前稳定杆②的连接，如图 3-12 所示。

10）依据实训车辆的技术文件说明，选择合适的工具，拔出开口销①，脱开两侧外拉杆总成③与两侧前转向节总成②的连接，如图 3-13 所示。

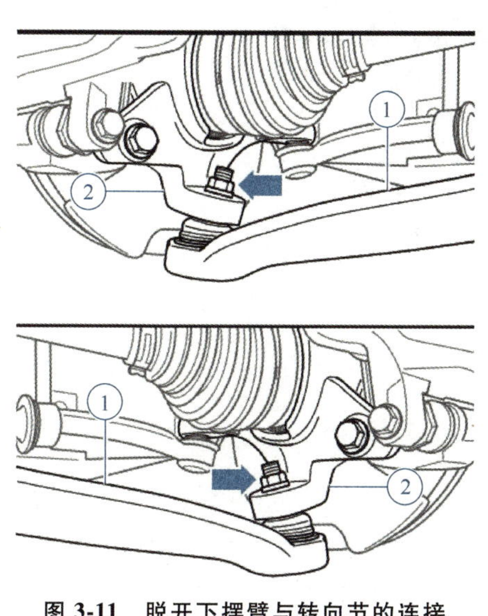

图 3-11　脱开下摆臂与转向节的连接

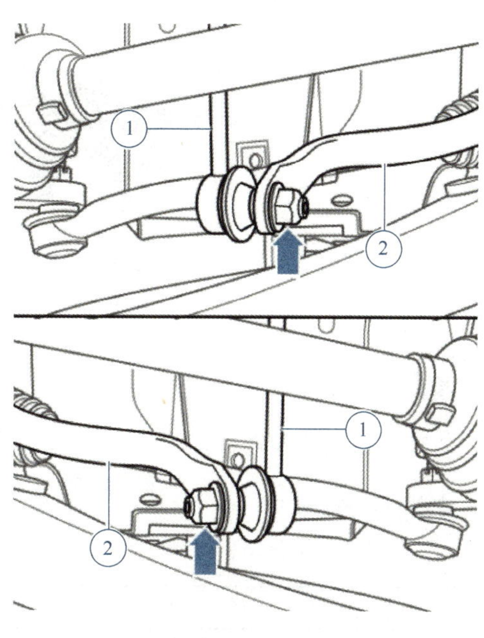

图 3-12　脱开连杆与前稳定杆的连接

11）在保证安全的前提下，脱开后悬置。

12）利用合适的工具，旋出箭头 A 和 B 所指示的固定螺栓，取下前副车架组件①，如图 3-14 所示。

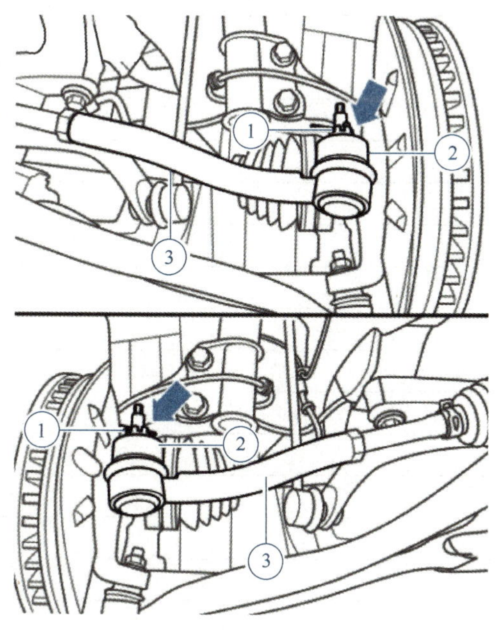

图 3-13　脱开外拉杆与转向节的连接

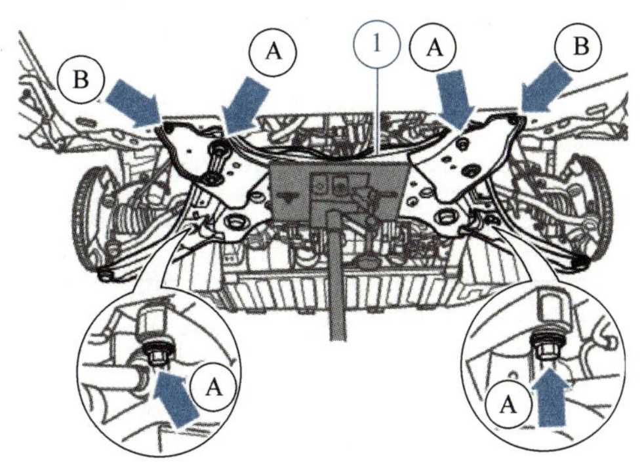

图 3-14　取下前副车架组件

13）取下机械转向器总成①，如图 3-15 所示。

注意：安装以上述步骤的倒序进行，安装完成后需进行四轮定位。

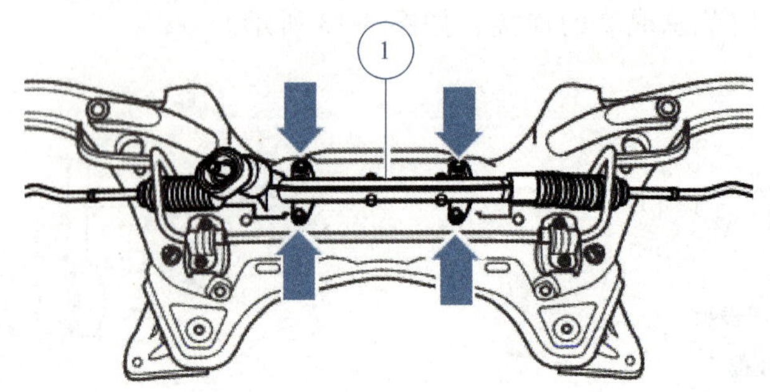

图 3-15　取下机械转向器总成

竣工检验

整理、恢复作业场地。

实训任务总结

机械转向器总成的拆装	工作任务单	班级： 姓名：

1. 车辆信息记录

品牌		整车型号		生产年月	
驱动电机型号		动力蓄电池电量		行驶里程	
车辆识别码					

2. 作业场地准备

检查是否设置隔离栏	□是　□否
检查是否设置安全警示牌	□是　□否
检查灭火器压力及有效期是否符合要求	□是　□否
安装车辆挡块	□是　□否

3. 记录机械转向器总成拆装的操作过程

机械转向器总成的拆装		实习日期:	
姓名:	班级:	学号:	导师签名:
自评:□熟练□不熟练	互评:□熟练□不熟练	师评:□合格□不合格	
日期:	日期:	日期:	

机械转向器总成拆装【评分细则】

序号	评分项	得分条件	分值	评分要求	自评	互评	师评
1	安全/5S/态度	□1. 能进行工位5S操作 □2. 能进行设备和工具的安全检查 □3. 能进行车辆安全防护操作 □4. 能进行工具的清洁、校准及存放操作 □5. 能进行“三不落地”操作	15	未完成1项扣3分	□熟练 □不熟练	□熟练 □不熟练	□合格 □不合格
2	专业技能	□1. 能正确操纵换档机构 □2. 能正确断开蓄电池负极 □3. 能正确拆卸前机舱后部底护板 □4. 能正确拆卸驱动电机底部护板 □5. 能正确脱开转向中间轴与转向器的连接 □6. 能正确脱开转向节总成与下摆臂的连接 □7. 能正确脱开前稳定杆与两侧连杆的连接 □8. 能正确使用举升装置拆卸机械转向器总成 □9. 能对更换、安装机械转向器的车辆进行四轮定位	50	未完成1项扣6分,扣分不得超过50分	□熟练 □不熟练	□熟练 □不熟练	□合格 □不合格
3	工具及设备的使用能力	□1. 能正确举升车辆 □2. 能正确选择、使用拆装工具 □3. 能正确使用专用举升装置	10	未完成1项扣4分,扣分不得超过10分	□熟练 □不熟练	□熟练 □不熟练	□合格 □不合格
4	资料及信息的查询能力	□1. 能正确使用维修手册查询资料 □2. 能正确使用用户手册查询资料 □3. 能在规定时间内查询所需资料	10	未完成1项扣4分,扣分不得超过10分	□熟练 □不熟练	□熟练 □不熟练	□合格 □不合格
5	判断及分析能力	□1. 能判断车辆是否高压下电 □2. 能判断机械转向器的技术状况 □3. 能判断车辆转向系统的状态	10	未完成1项扣4分,扣分不得超过10分	□熟练 □不熟练	□熟练 □不熟练	□合格 □不合格
6	表单填写及报告的撰写能力	□1. 能正确记录所需的维修信息 □2. 字迹清晰 □3. 语句通顺 □4. 无错别字 □5. 无涂改	5	未完成1项扣1分	□熟练 □不熟练	□熟练 □不熟练	□合格 □不合格

总分:

任务二　电动助力转向系统的维护与检修

【学习目标】

知识目标：

1）了解电动助力转向系统的功能。

2）理解电动助力转向系统的工作原理。

3）掌握电动助力转向系统的检修方法。

技能目标：

1）能运用维修资料及相关设备对转向系统的部件进行拆装和更换。

2）能运用维修资料及相关设备对电动助力转向系统进行检修。

素质目标：

1）具有良好的品德、文化修养和职业道德。

2）具有良好的身体素质和心理素质。

3）具有一定的计划、组织、实施、评估等工作能力和沟通、表达、团队协作等社会能力。

4）具有良好的自我学习及持续进步的能力。

【任务描述】

一辆新能源汽车的车主反映车辆在行驶过程中出现转向变沉重的现象。维修技师接到车辆后，通过现场试车确认存在上述故障。作为技师，接下来需要依据转向系统的结构原理，按照转向系统的检测步骤与标准，依据相关技术手册，对车辆转向系统进行检修。

【相关知识】

一、电动助力转向系统的特点与结构

电动助力转向（Electric Power Steering，EPS）系统是一种直接依靠电机提供辅助力矩的动力转向系统。

EPS 系统可以分为转向轴助力式电动助力转向系统（C-EPS，如图 3-16 所示）、齿轮助力式电动助力转向系统（P-EPS，如图 3-17 所示）和齿条助力式电动助力转向系统（R-EPS，如图 3-18 所示）。

1. 电动助力转向系统的特点

（1）节能

EPS 系统没有电动液压助力转向（Electric Hydraulic Power Steering，EHPS）系统所必需的常运转液压泵，EPS 系统的电动机只是在需要转向时才接通电源转动，因此可以减少动力和燃油消耗。EPS 系统相对液压助力转向系统油耗可以降低 2.5%～5.5%。

（2）结构简单，占用空间小，布置方便，无须维护

由于 EPS 系统具有良好的模块化设计，将电动机、减速装置、转向管柱、转向器等各部件装配成一个整体，这样既无管道也无控制阀，结构紧凑，质量小。一般 EPS 系统的质量比 EHPS 系统小 25%。

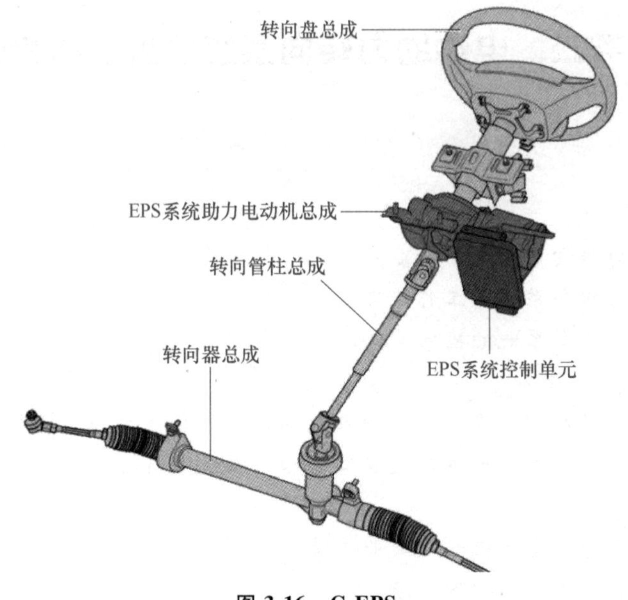

图 3-16　C-EPS

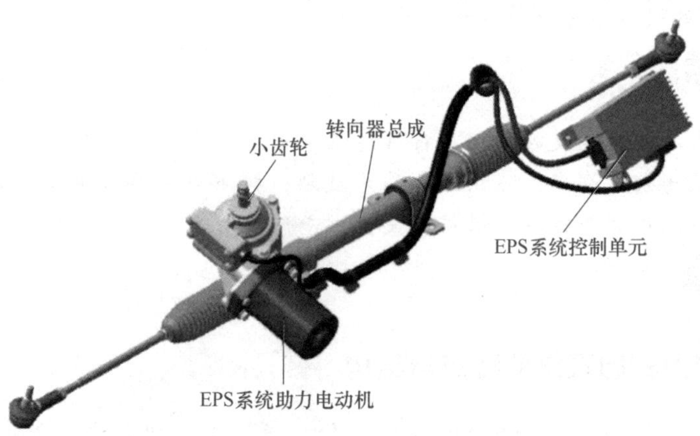

图 3-17　P-EPS

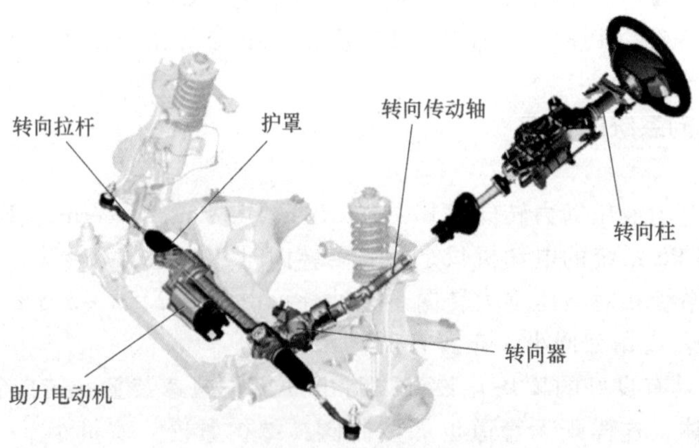

图 3-18　R-EPS

(3) 增强了转向的跟随性

在电动助力转向系统中，电动机与助力机构相连接可以使其能量直接用于车轮的转向。因此，转向系统的抗扰动能力和液压助力转向系统相比大大增强；旋转力矩产生于电动机，没有液压助力系统的转向迟滞效应，增强了转向车轮对转向盘动作的跟随性。

(4) 改善了方向回正特性

当转向结束后时，电动助力转向系统可以检查并帮助转向系统回正。通过灵活的软件编程，容易得到电动机在不同车况下的转矩特性，这种转矩特性使得该系统能显著地提高转向能力，提供了与车辆动态性能相匹配的转向回正特性。

(5) 转向助力的控制更简单

计算机编程可提供不同程度的转向助力，而且电动助力转向系统能与汽车上其他电气设备相连接，有助于四轮转向的实现，并能促进悬架系统的发展。

(6) 可以实现自动泊车

汽车电动助力转向系统由转向控制单元通过转向助力电动机控制车辆转向，可以实现驾驶员控制之外的方向操作，转向控制单元可以根据车外摄像头判断车辆位置，直接控制转向器实现自动泊车辅助。

2. 电动助力转向系统的结构

EPS 系统一般由转向盘、转向柱控制单元、转向盘转角传感器、转向转矩传感器、转向齿轮、转向助力电动机及转向助力控制单元等部分组成。接下来我们以 C-EPS 为例介绍 EPS 系统。

EPS 系统是由机械机构及转向控制单元、助力电动机等组成，如图 3-19 所示。转向控制单元根据各传感器输出的信号计算所需的转向助力，并通过功率放大模块控制助力电动机的转动，电动机的输出经过减速机构减速增矩后驱动转向轴机构产生相应的转向助力。

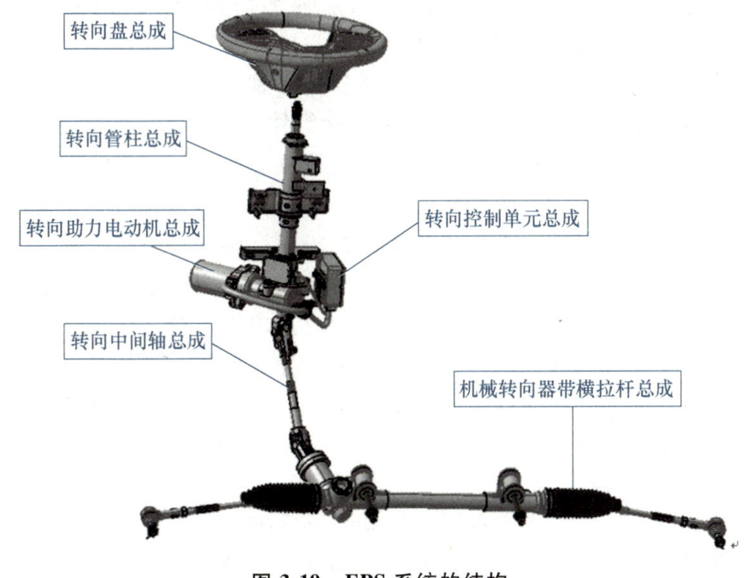

图 3-19　EPS 系统的结构

二、电动助力转向系统的检修

1. 外观检查

对转向系统进行外观检查时，应先从检查轮胎开始。检查轮胎的充气压力、结构、尺寸、磨损和损坏情况（轮胎损坏形式包括帘线分离、胎壁鼓胀、同轴度和受力情况）等。轮胎的磨损形式可以很好地反映转向系统和悬架系统存在的问题，轮胎磨损也可以很好地反映车轮的定位情况。

2. 横拉杆组件的检查

横拉杆端部磨损会导致前束改变，导致轮胎发生层状磨损和胎面擦伤、车轮摆振、不足转向、转向时产生异响或尖叫声。

横拉杆的检查方法：抓紧横拉杆端部，垂直推动球头螺柱，检查与转向节连接处的移动量。当移动量超过 3mm，或者看到密封圈等零件损坏或缺失，就应进行更换。

调整套管是一根具有内螺纹的管件，在全长或部分长度上开槽；还有锁紧螺栓，用于锁定前束。当调整套管锈蚀、磨损或损坏严重时，应予更换。

3. 原地转向检查

原地转向检查是检查传统转向部件损坏或松动很好的方法。当汽车的全部质量都作用在车轮上时，让一位助手来回转动转向盘，检查时将车轮从一侧偏转到另一侧，注意横拉杆、中央拉杆、导向臂、转向臂球头螺栓的松动情况。如果找不到他人转动转向盘，可以自己从汽车下方抓住转向轴联轴器来摇动杆件。

4. 齿轮齿条转向器检查

（1）磨损、松旷检查

检查转向弹性联轴器或万向联轴器是否磨损或松旷，如存在间隙，需进行更换。万向联轴器还可能会发生卡滞，应对其进行仔细检查。

（2）仔细检查齿条壳体

大多数情况下，齿轮齿条式转向器总成都安装在橡胶衬套中，随着汽车变旧，橡胶衬套会由于温度、时间的作用而劣化，齿条壳体就会在座圈内移动，造成松旷和转向不稳。另外，要防止齿条壳体的过分移动。齿条弯曲、调整过紧、传动带松弛、油压不足、内部泄漏或前轮驱动汽车的万向联轴器损坏等，都会导致转向困难。

（3）检查位于波纹护套内的内横拉杆球头螺栓组件

检查球头螺栓时，拆开波纹护套的管夹，将波纹护套向后推，露出球头螺栓，进行仔细检查。进行原地转向检查时，检查各种松动情况。还可以通过按捏波纹护套，根据感觉检查横拉杆球头螺栓。来回偏转车轮，如果发现横拉杆松动，则对其进行更换。有些汽车的横拉杆护套可能是用硬塑料制成的，对于这种护套，将转向盘锁定后，来回偏转轮胎，观察转向横拉杆有无进出移动，如果发现横拉杆移动，则应更换内横拉杆。

波纹护套的状况决定着内球头螺栓的寿命。波纹护套保护齿条免受污染，还能保存油液对齿条进行润滑。如果护套存在裂纹、开裂或泄漏，都应进行更换。还要确保波纹护套的固定夹处于正确位置并被拧紧。

（4）检查外横拉杆端部

进行原地转向检查，抓住每个端部进行转动，感觉内部是否生锈。一定要检查锻件和球头螺栓是否弯曲或损坏，检查密封件是否开裂或劣化，检查锥形孔是否损坏、失圆或松旷。如果存在其中任何一种情况，就应更换零部件。

三、助力转向系统常见故障解析

1. 控制单元温度传感器监测到温度过高

助力转向控制单元利用来自内部温度传感器的电压、电流和输入信号计算系统温度的估计值。如果助力转向控制单元监测到系统温度过高，则减少辅助量以降低系统温度，防止对助力转向部件造成热损坏。

此时读出故障码不代表一定出现故障，而是助力转向控制单元必须限制流向转向助力电动机的电流，以避免对助力转向系统部件造成热损坏。当转向辅助减少时，应询问驾驶员当时的驾驶条件以判断是否确有故障。

确保转向管柱总成下游的转向部件，如球节、转向横拉杆接头、万向联轴器或转向器总成不存在机械卡滞现象。

2. 转向盘转角传感器信号不正确

转向盘转角传感器通过识别转向盘转动的位置和方向来计算驾驶员预期的驾驶方向。助力转向控制单元使用该信号来确定合适的转向辅助量。

不准的或未对中的转向盘转角传感器会降低电动助力转向系统的操作性能并可能导致人身伤害。在执行以下操作后需要进行助力控制单元的校准，保证转向盘转角传感器的对中。

1）更换转向盘转角传感器。

2）更换转向器。

3）更换转向助力电动机。

4）更换转向柱。

5）更换转向内横拉杆。

6）更换转向外横拉杆。

3. 转向盘力矩传感器

助力转向控制单元连续监测数字力矩传感器采集的力矩并定位电流信号。随着转向盘转动和转向轴扭转，通过力矩信号电路监测转向输入轴和输出轴的力矩，然后助力转向控制单元对监测信号进行处理，以计算转动力矩。转向盘力矩传感器需要校准以完全启动。

转向盘力矩传感器短路或断路，会有警告信息并提供故障码。检查力矩传感器端子插头是否有腐蚀或损坏迹象。如果损坏，应更换插头，否则更换转向器总成。

4. 转向盘自由行程过大

在车轮开始转动之前，如果需要将转向盘转动很大的角度，表明自由行程过大。通常情况下，自由行程应该很小。这方面的问题可能是由以下原因引起的。

1）转向传动机构或转向横拉杆端部发生松动、磨损或损坏。

2）转向柱万向联轴器发生松动、磨损或损坏。

3）转向柱支架发生松动、磨损或损坏。

4）转向器发生损坏或磨损。

5）转向器螺栓发生松动。

5. 路感模糊

驾驶员通过转向盘感受到的路面情况的感觉，就称为路感。驾驶员难以通过转向盘感受到路感，即路感模糊。这方面的问题可能是由以下原因引起的。

1）转向传动机构或转向横拉杆端部发生松动、磨损或损坏。

2）转向柱万向联轴器发生松动、磨损或损坏。

3）转向柱支架发生松动、磨损或损坏。

4）转向器固定螺栓发生损坏或磨损。

5）转向柱轴承发生损坏或磨损。

6）悬架衬套、紧固件或球节发生松动。

6. 转向沉重

当需要很大的力才能转动转向盘时，就是转向沉重。这种问题也许只是转向助力丧失导致的。转向沉重可能发生在转向盘转动任何角度时，也可能只是发生在转向盘转动到接近极限时。这方面的问题可能是由以下原因引起的。

1）转向液压泵发生故障。

2）转向柱轴承发生损坏或故障。

3）转向柱万向联轴器发生卡咬。

4）转向器调整得太紧或者卡死。

5）悬架构件发生故障。

6）轮胎充气压力不足。

7. 颤抖

这种感觉与摆振相似，是由轮胎与路面相互作用引起的。用户可能会将其描述为转向盘轻微地来回摆动。这方面的问题可能是由以下原因引起的。

1）转向传动机构或转向横拉杆端部发生松动、磨损或损坏。

2）悬架部件发生松动、磨损或损坏。

8. 摆振

当车轮摆振时，驾驶员会感觉到转向盘产生持续的较大幅度的来回摆动，这是由轮胎横向移动引起的。这方面的问题可能是由以下原因引起的。

1）转向传动机构或转向横拉杆端部发生松动、磨损或损坏。

2）悬架部件发生松动、磨损或损坏。

3）轮胎不平衡。

4）车轮的轴向跳动过大。

5）车轮轴承松动。

9. 转向卡滞或回位性能差

回位性能差或转向卡滞表明转向盘转动后受到阻力难以回位。这方面的问题可能是由以下原因引起的。

1）转向柱万向联轴器发生卡滞。

2）转向传动机构或转向横拉杆端部发生松动、磨损或损坏。

3）转向器调整得过紧或者发生卡滞。

4）悬架部件发生松动、损坏或磨损。

5）前轮定位不好。

6）转向柱轴承发生卡滞。

10. 异响

在转向盘转动过程中，可能还会产生异响。出现异响时，要留意异响来源。有些异响可能是由轮胎或转向盘与转向管柱之间的干涉引起的，有些异响可能是由发生故障的助力转向液压泵或动力转向系统引起的。

检查这一故障时应注意以下几点。

1）在车速很低时转向，例如停车时转向，出现“嘶嘶”声是正常的。

2）“嘟嘟”声或尖叫声通常是传动带松弛或者打滑引起的。

3）软管路径布设不当、助力转向液压泵或转向器的固定螺栓松动会产生“嘎嘎”声。

4）“吱嘎”声或尖叫声表明在液压系统中存在阻塞。

5）控制阀卡滞会发出“嗡嗡”声。

【实训任务七】　电动助力转向系统的拆装和转向盘转角信号的标定

实训任务 7-1　转向盘总成的拆装

实训场地与器材

新能源汽车作业工位、新能源汽车、工作灯、汽车拆装工具车。

作业准备

1）准备好新能源汽车和车内防护三件套等 5S 操作用品。

2）检查工位设备及防护用品。

操作步骤

1）铺设车内防护三件套，将实训车辆正确停入操作工位，并安全驻车。

2）将转向盘转至直线行驶位置，如图 3-20 所示。

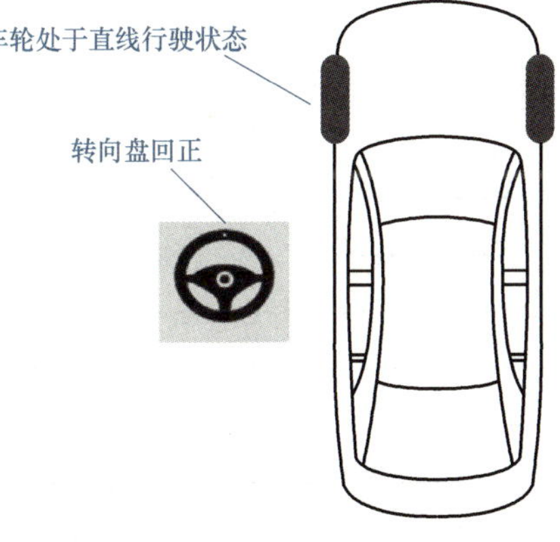

图 3-20　转向盘回正状态

3）关闭车辆用电器开关，依据技术文件说明，选择合适的工具，断开蓄电池负极电缆。

4）依据技术文件说明，选择合适的工具，拆卸驾驶员侧安全气囊，如图 3-21 所示。

5）依据技术文件说明，选择合适的工具，断开多功能转向盘①开关连接插头（图 3-22 中箭头 A 所指位置）。

6）依据技术文件说明，选择合适的工具，旋出转向盘内部的固定螺母（图 3-22 中箭头 B 所指位置）。

7）取下转向盘总成。

注意：静电可能导致安全气囊被意外触发，因此，在维修转向系统前必须释放静电，可以通过短时间触摸车身来释放静电。在取出转向盘总成时，注意电动助力转向管柱总成和转向盘总成的标记。若电动助力转向管柱总成上没有标记，在取下转向盘总成前用记号笔在电动助力转向管柱总成上做标记。安装以倒序进行，必须更换新的转向盘固定螺母。安装后，在试车时必须检查转向盘总成的位置。

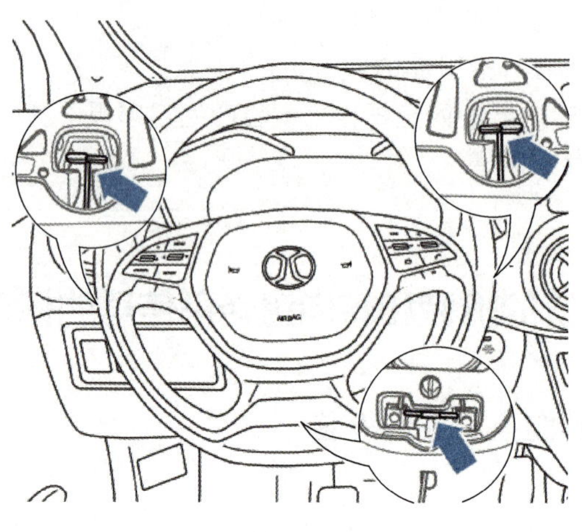

图 3-21　拆卸驾驶员侧安全气囊

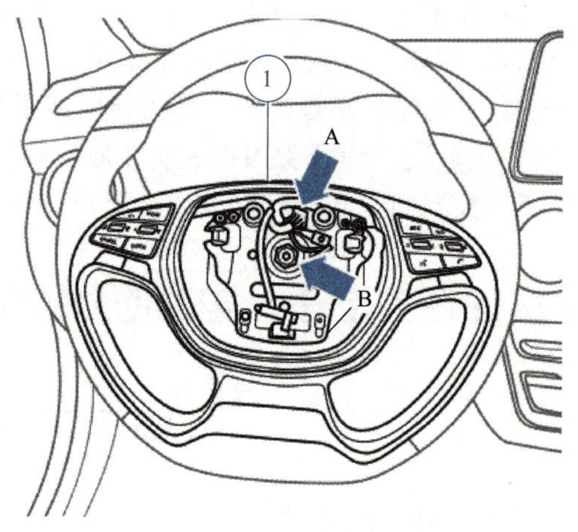

图 3-22　转向盘连线关系

竣工检验

整理、恢复作业场地。

实训任务总结

转向盘总成的拆装	工作任务单	班级：
		姓名：

1. 车辆信息记录

品牌		整车型号		生产年月	
驱动电机型号		动力蓄电池电量		行驶里程	
车辆识别码					

2. 作业场地准备

检查是否设置隔离栏	□是　□否
检查是否设置安全警示牌	□是　□否
检查灭火器压力及有效期是否符合要求	□是　□否
安装车辆挡块	□是　□否

3. 记录转向盘总成拆装的操作过程

转向盘总成的拆装		实习日期：	
姓名：	班级：	学号：	导师签名：
自评：□熟练□不熟练	互评：□熟练□不熟练	师评：□合格□不合格	
日期：	日期：	日期：	

转向盘总成的拆装【评分细则】

序号	评分项	得分条件	分值	评分要求	自评	互评	师评
1	安全/5S/态度	□1. 能进行工位5S操作 □2. 能进行设备和工具的安全检查 □3. 能进行车辆安全防护操作 □4. 能进行工具的清洁、校准及存放操作 □5. 能进行“三不落地”操作	15	未完成1项扣3分	□熟练 □不熟练	□熟练 □不熟练	□合格 □不合格
2	专业技能	□1. 能正确回正转向盘 □2. 能正确断开蓄电池负极 □3. 能正确调整转向盘的位置状态 □4. 能正确拆卸安全气囊 □5. 能正确脱开多功能转向盘连接插头 □6. 能正确做好转向盘及转向管柱拆装标记 □7. 能正确拆卸转向盘固定螺母 □8. 能正确拆下转向盘总成	50	未完成1项扣7分，扣分不得超过50分	□熟练 □不熟练	□熟练 □不熟练	□合格 □不合格
3	工具及设备的使用能力	□1. 能正确铺设防护套装 □2. 能正确选择、使用拆装工具 □3. 能正确通过车身释放静电	10	未完成1项扣4分，扣分不得超过10分	□熟练 □不熟练	□熟练 □不熟练	□合格 □不合格
4	资料及信息的查询能力	□1. 能正确使用维修手册查询资料 □2. 能正确使用用户手册查询资料 □3. 能在规定时间内查询所需资料	10	未完成1项扣4分，扣分不得超过10分	□熟练 □不熟练	□熟练 □不熟练	□合格 □不合格
5	判断及分析能力	□1. 能判断转向盘回正状态 □2. 能判断车辆安全气囊系统是否完全下电 □3. 能判断转向盘的拆、装位置	10	未完成1项扣4分，扣分不得超过10分	□熟练 □不熟练	□熟练 □不熟练	□合格 □不合格
6	表单填写及报告的撰写能力	□1. 能正确记录所需的维修信息 □2. 字迹清晰 □3. 语句通顺 □4. 无错别字 □5. 无涂改	5	未完成1项扣1分	□熟练 □不熟练	□熟练 □不熟练	□合格 □不合格
总分：							

实训任务 7-2　转向盘转角信号的标定

实训场地与器材

新能源汽车作业工位和举升机、新能源汽车、工作灯、汽车拆装工具车、胎压传感器、车辆专用诊断仪。

扫一扫 转向盘转角信号的标定

作业准备

1）准备好新能源汽车和车内防护三件套等 5S 操作用品。

2）检查诊断仪，如图 2-45 所示。

操作步骤

1）停车入位，检查轮胎充气气压是否符合要求。

2）将转向盘转至直线行驶位置，档位置于 P 位。

3）按下启动停止按键，使其处于“ON”位，如图 3-23 所示。

图 3-23　启动停止按键处于“ON”位

4）按照要求连接车用诊断仪。

5）操作诊断仪，选择车型，连接车辆电动助力转向单元。

6）单击特殊功能选项，选择转向传感器标定。

7）按照系统提示，确保转向盘处于中心位置，保持一定时间，操作转向盘由中心位置向左右转到极限位置，各停留 1s，然后回到中心位置。

8）按照提示操作完成后，单击确定选项，完成转向盘转角信号的标定。

竣工检验

整理、恢复作业场地。

实训任务总结

<table>
<tr><td colspan="2" rowspan="2">转向盘转角信号的标定</td><td colspan="2" rowspan="2">工作任务单</td><td colspan="2">班级：</td></tr>
<tr><td colspan="2">姓名：</td></tr>
<tr><td colspan="6">1. 车辆信息记录</td></tr>
<tr><td>品牌</td><td></td><td>整车型号</td><td></td><td>生产年月</td><td></td></tr>
<tr><td>驱动电机型号</td><td></td><td>动力蓄电池电量</td><td></td><td>行驶里程</td><td></td></tr>
<tr><td>车辆识别码</td><td colspan="5"></td></tr>
<tr><td colspan="6">2. 作业场地准备</td></tr>
<tr><td colspan="4">检查是否设置隔离栏</td><td colspan="2">□是　□否</td></tr>
<tr><td colspan="4">检查是否设置安全警示牌</td><td colspan="2">□是　□否</td></tr>
<tr><td colspan="4">检查灭火器压力及有效期是否符合要求</td><td colspan="2">□是　□否</td></tr>
<tr><td colspan="4">安装车辆挡块</td><td colspan="2">□是　□否</td></tr>
<tr><td colspan="6">3. 记录转向盘转角信号标定的操作过程</td></tr>
<tr><td colspan="6"></td></tr>
</table>

转向盘转角信号的标定		实习日期:	
姓名:	班级:	学号:	导师签名:
自评:□熟练□不熟练	互评:□熟练□不熟练	师评:□合格□不合格	
日期:	日期:	日期:	

转向盘转角信号的标定【评分细则】

序号	评分项	得分条件	分值	评分要求	自评	互评	师评
1	安全/5S/态度	□1. 能进行工位5S操作 □2. 能进行设备和工具的安全检查 □3. 能进行车辆安全防护操作 □4. 能进行工具的清洁、校准及存放操作 □5. 能进行“三不落地”操作	15	未完成1项扣3分	□熟练 □不熟练	□熟练 □不熟练	□合格 □不合格
2	专业技能	□1. 能正确操作转向盘回正 □2. 能正确检查轮胎气压 □3. 能正确连接车载诊断仪 □4. 能正确选择车型,进入电动助力转向单元 □5. 能正确按照系统要求完成转向盘转角信号的标定	50	未完成1项扣10分	□熟练 □不熟练	□熟练 □不熟练	□合格 □不合格
3	工具及设备的使用能力	□1. 能正确使用胎压监测设备 □2. 能正确连接车载诊断仪 □3. 能正确使用车载诊断仪	10	未完成1项扣4分,扣分不得超过10分	□熟练 □不熟练	□熟练 □不熟练	□合格 □不合格
4	资料及信息的查询能力	□1. 能正确使用维修手册查询资料 □2. 能正确使用用户手册查询资料 □3. 能在规定时间内查询所需资料	10	未完成1项扣4分,扣分不得超过10分	□熟练 □不熟练	□熟练 □不熟练	□合格 □不合格
5	判断及分析能力	□1. 能判断车辆轮胎气压是否符合要求 □2. 能判断车辆转向盘回正状态 □3. 能判断转向盘转角信号标定状态	10	未完成1项扣4分,扣分不得超过10分	□熟练 □不熟练	□熟练 □不熟练	□合格 □不合格
6	表单填写及报告的撰写能力	□1. 能正确记录所需的维修信息 □2. 字迹清晰 □3. 语句通顺 □4. 无错别字 □5. 无涂改	5	未完成1项扣1分	□熟练 □不熟练	□熟练 □不熟练	□合格 □不合格
总分:							

实训任务 7-3　电动助力转向管柱总成的拆装

实训场地与器材

新能源汽车作业工位、新能源汽车、工作灯、汽车拆装工具车、汽车内饰拆装工具。

作业准备

同转向盘总成拆装作业准备工作步骤 1、2。

操作步骤

1）将实训车辆正确停入操作工位，并安全驻车。

2）转动转向盘回正，使车辆处于至直线行驶位置。

3）依据技术文件说明，选择合适的工具，关闭启动停止按键及所有用电器，拆下蓄电池盖板，断开蓄电池负极电缆。

4）依据技术文件说明，选择合适的工具，拆卸驾驶侧膝部饰板总成①，如图 3-24 所示。

5）依据技术文件说明，选择合适的工具，拆卸转向盘。

6）依据技术文件说明，选择合适的工具，拆卸时钟弹簧①，如图 3-25 所示。

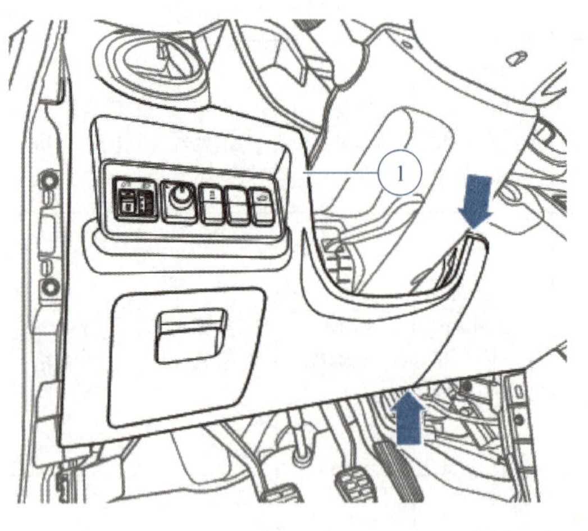

图 3-24　拆卸驾驶侧膝部饰板总成

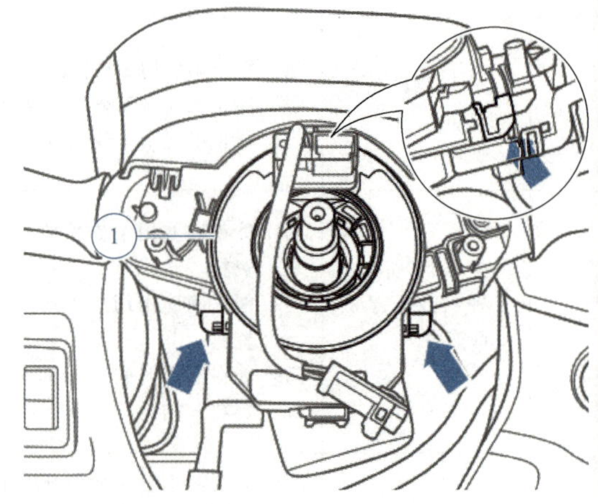

图 3-25　拆卸转向盘内部时钟弹簧

7）依据技术文件说明，选择合适的工具，拆卸螺栓（箭头 A、B、C 所指位置），拆卸转向盘下方组合开关①，如图 3-26 所示。

8）依据技术文件说明，选择合适的工具，断开转向柱锁连接插头（图 3-27 中箭头 B 所指位置），脱开线束固定卡，移开线束①与电动助力转向管柱总成②的连接。

9）依据技术文件说明，选择合适的工具，做好电动助力转向管柱①与转向中间轴②的装配标记（图 3-28 中箭头 A 所指位置），拆卸螺栓（箭头 B 所指位置）。

10）依据技术文件说明，选择合适的工具，脱开转向中间轴②与电动助力转向管柱①的连接，如图 3-28 所示。

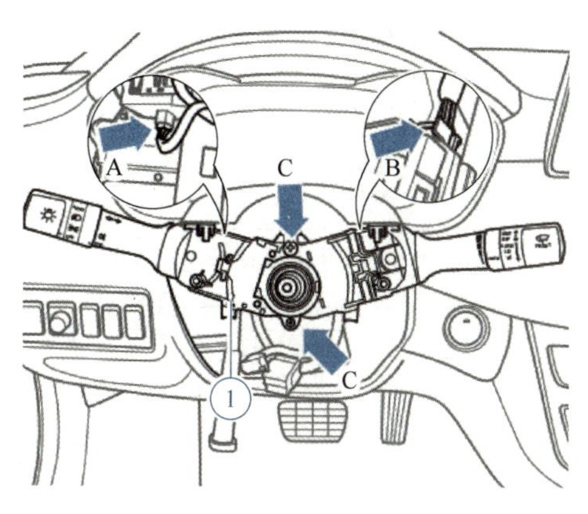

图 3-26　拆卸转向盘组合开关

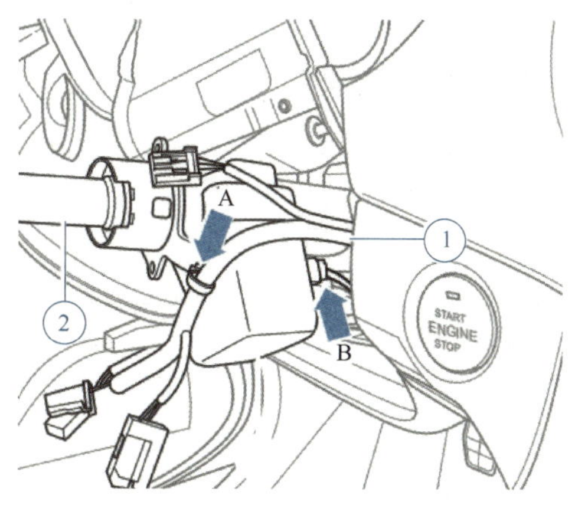

图 3-27　断开转向柱锁连接插头

11）依据技术文件说明，选择合适的工具，脱开电动助力转向管柱①与仪表板横梁的连接（图 3-29 中箭头 A、B 所指连接螺栓）。

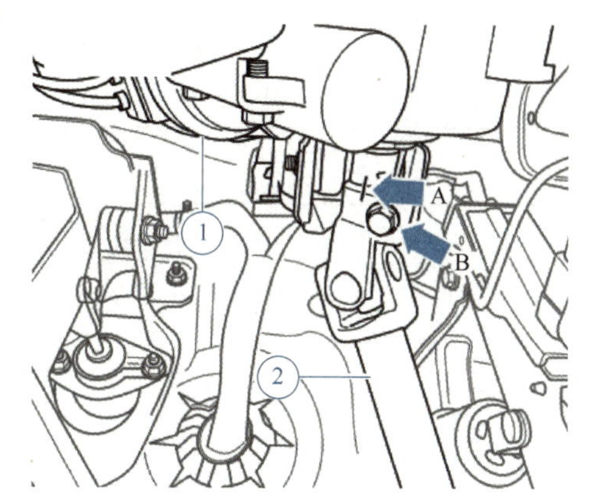

图 3-28　标记转向管柱与中间轴相对位置关系

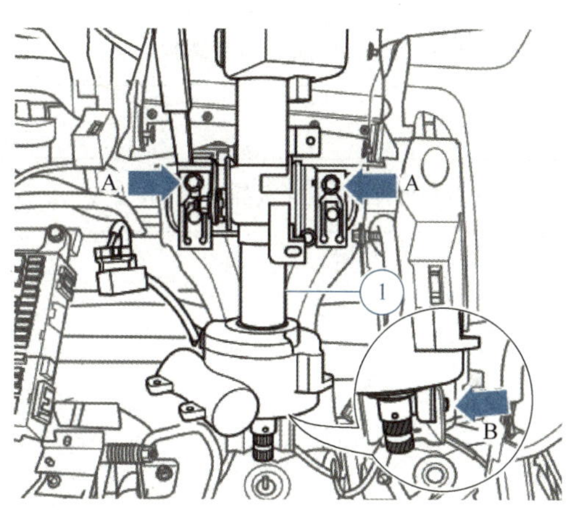

图 3-29　脱开电动助力转向管柱与仪表板的连接

12）取下电动助力转向管柱。

注意：安装以上述步骤的倒序进行；电动助力转向管柱总成更换后，将启动停止按键置于“RUN”状态，进行电动助力转向系统控制器配置，具体配置方法按照诊断仪的提示进行；连接诊断仪进行检测；安装完成后，在试车时必须检查转向盘总成的位置。

竣工检验

整理、恢复作业场地。

实训任务总结

<table>
<tr><td rowspan="2">电动助力转向管柱总成的拆装</td><td rowspan="2">工作任务单</td><td>班级：</td></tr>
<tr><td>姓名：</td></tr>
</table>

1. 车辆信息记录

<table>
<tr><td>品牌</td><td></td><td>整车型号</td><td></td><td>生产年月</td><td></td></tr>
<tr><td>驱动电机型号</td><td></td><td>动力蓄电池电量</td><td></td><td>行驶里程</td><td></td></tr>
<tr><td>车辆识别码</td><td colspan="5"></td></tr>
</table>

2. 作业场地准备

检查是否设置隔离栏	□是　□否
检查是否设置安全警示牌	□是　□否
检查灭火器压力及有效期是否符合要求	□是　□否
安装车辆挡块	□是　□否

3. 记录电动助力转向管柱总成拆装的操作过程

<table>
<tr><td colspan="2">电动助力转向管柱总成的拆装</td><td colspan="2">实习日期：</td></tr>
<tr><td>姓名：</td><td>班级：</td><td>学号：</td><td rowspan="3">导师签名：</td></tr>
<tr><td>自评：□熟练□不熟练</td><td>互评：□熟练□不熟练</td><td>师评：□合格□不合格</td></tr>
<tr><td>日期：</td><td>日期：</td><td>日期：</td></tr>
</table>

电动助力转向管柱总成的拆装【评分细则】

序号	评分项	得分条件	分值	评分要求	自评	互评	师评
1	安全/5S/态度	□1. 能进行工位 5S 操作 □2. 能进行设备和工具的安全检查 □3. 能进行车辆安全防护操作 □4. 能进行工具的清洁、校准及存放操作 □5. 能进行“三不落地”操作	15	未完成 1 项扣 3 分	□熟练 □不熟练	□熟练 □不熟练	□合格 □不合格
2	专业技能	□1. 能正确回正转向盘，档位置于 P 位 □2. 能正确断开蓄电池负极 □3. 能正确拆卸驾驶侧膝部饰板总成 □4. 能正确拆卸转向盘 □5. 能正确拆卸时钟弹簧 □6. 能正确拆卸转向盘下方组合开关 □7. 能正确脱开转向柱锁连接插头 □8. 能正确做好电动助力转向管柱与转向中间轴的装配标记 □9. 能正确脱开转向中间轴与电动助力转向管柱的连接 □10. 能正确脱开电动助力转向管柱与仪表盘横梁的连接	50	未完成 1 项扣 5 分	□熟练 □不熟练	□熟练 □不熟练	□合格 □不合格
3	工具及设备的使用能力	□1. 能正确使用内饰拆装工具 □2. 能正确选择、使用其他拆装工具 □3. 能正确做好相关装配标记	10	未完成 1 项扣 4 分，扣分不得超过 10 分	□熟练 □不熟练	□熟练 □不熟练	□合格 □不合格
4	资料及信息的查询能力	□1. 能正确使用维修手册查询资料 □2. 能正确使用用户手册查询资料 □3. 能在规定时间内查询所需资料	10	未完成 1 项扣 4 分，扣分不得超过 10 分	□熟练 □不熟练	□熟练 □不熟练	□合格 □不合格
5	判断及分析能力	□1. 能判断安全气囊系统是否完全下电 □2. 能判断时钟弹簧的技术状态 □3. 能判断各部件的装配关系	10	未完成 1 项扣 4 分，扣分不得超过 10 分	□熟练 □不熟练	□熟练 □不熟练	□合格 □不合格
6	表单填写及报告的撰写能力	□1. 能正确记录所需的维修信息 □2. 字迹清晰 □3. 语句通顺 □4. 无错别字 □5. 无涂改	5	未完成 1 项扣 1 分	□熟练 □不熟练	□熟练 □不熟练	□合格 □不合格
总分：							

项目四
新能源汽车制动系统

任务一　制动系统的维护与检修

【学习目标】

知识目标：

1）了解液压制动系统的功能。

2）理解液压制动系统的工作原理。

3）掌握制动液的更换方法。

技能目标：

能运用维修资料及相关设备对制动器进行检查与更换。

素质目标：

1）具有良好的品德、文化修养和职业道德。

2）具有良好的身体素质和心理素质。

3）具有一定的计划、组织、实施、评估等工作能力和沟通、表达、团队协作等社会能力。

4）具有良好的自我学习持续进步的能力。

【任务描述】

有一位客户反映其新能源汽车踩制动踏板时有弹性，制动效果变差。请依据故障现象，对故障原因进行分析，并制订维修方案。

【相关知识】

一、液压制动系统的原理与结构

为了保证汽车安全行驶，提高汽车的平均行驶速度，以提高运输效率，在各种汽车上都设有专用制动机构。这样的一系列专用装置即制动系统。

汽车制动系统的功能：保证汽车行驶中能按驾驶员的要求减速停车、保证车辆可靠停放，保障汽车和驾驶员的安全。

1. 液压制动系统的工作原理

汽车行驶时，如果驾驶员踩下制动踏板，制动过程就开始了，制动踏板连杆推动助力器的推杆运动，助力器在真空的作用下会把踏板力放大，并使制动主缸里的活塞移动，将制动液从制动主缸压出，通过制动管路将制动压力传递到前后制动部件。如果为鼓式制动器，制动液进入制动轮缸后，轮缸活塞在液压力的作用下，克服回位弹簧的拉力使制动蹄摩擦旋转的制动鼓；如果为盘式制动器，制动液压力使卡钳活塞移动，挤压制动片并摩擦转动的制动盘。制动鼓、制动盘和车轮相连，作用在车轮上的制动力可以使车辆减速和停车，如图 4-1 所示。

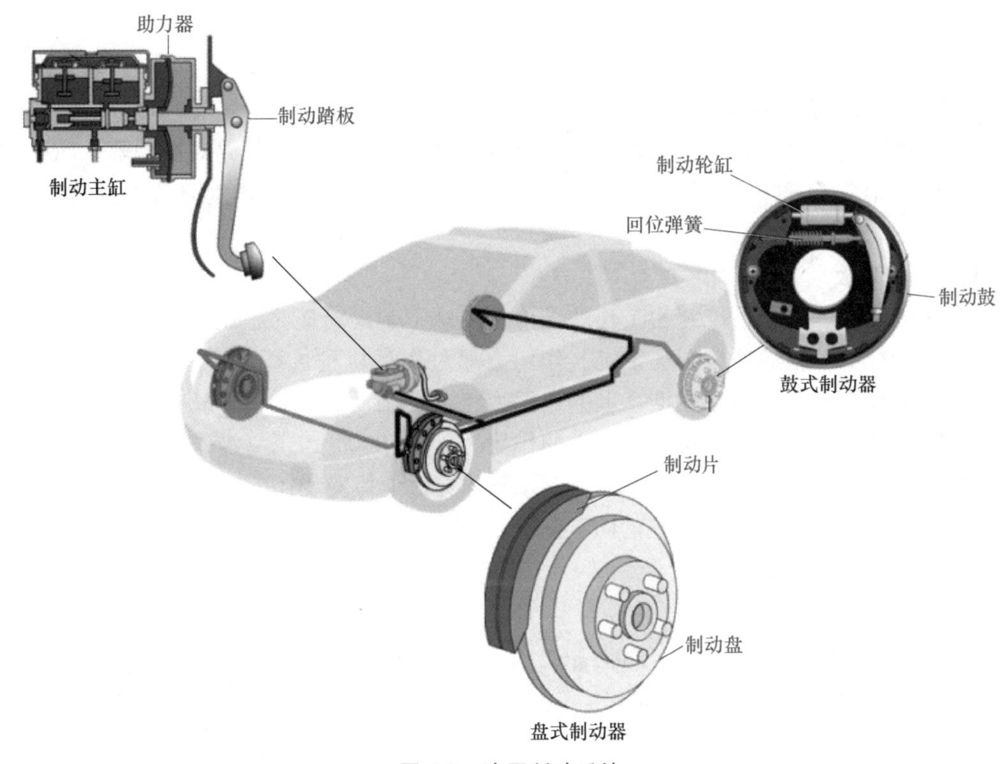

图 4-1　液压制动系统

小知识

现在我国要求所有的轿车都必须配备两套独立的制动系统。如果一个制动回路失效，另一个制动回路仍然能够提供制动力使汽车安全停车。

双回路制动系统不同于单回路制动系统，它增加了一个冗余的制动主缸，即在两个缸筒中分别安装有两个独立的活塞和储液罐，形成两个基本的制动主缸，每个活塞向两个车轮提供液压力，如图 4-2 所示。

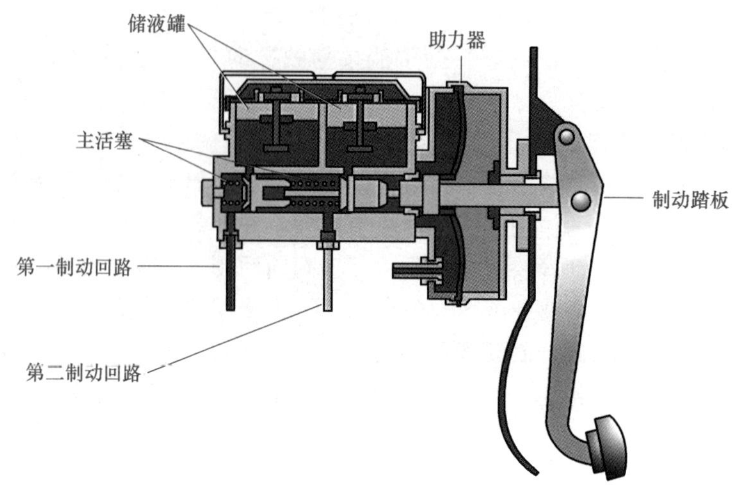

图 4-2　双回路制动主缸

2. 液压制动系统的结构

液压制动系统主要包括：制动踏板、助力器、制动主缸、制动管路和制动器。汽车制动系统是车辆主动安全的核心系统，对车辆的行驶安全至关重要，因此还需要有制动警告系统。

（1）制动踏板

制动踏板是液压制动系统开始工作的部件。当踩下制动踏板时，制动踏板向制动主缸施加了作用力，对于基本的液压制动系统，作用力通过机械机构进行传递。随着踏板的动作，作用力被机械机构放大，作用在推杆上的作用力将推动制动主缸中的活塞，因此，作用在主缸活塞上的作用力大于作用在制动踏板上的作用力。

制动踏板安装形式通常有两种：一种是制动踏板穿过地板安装在车架上（图 4-3a），另外一种是制动踏板安装在前座舱隔板内侧的固定支座上（图 4-3b）。大多数车辆使用第二种形式。

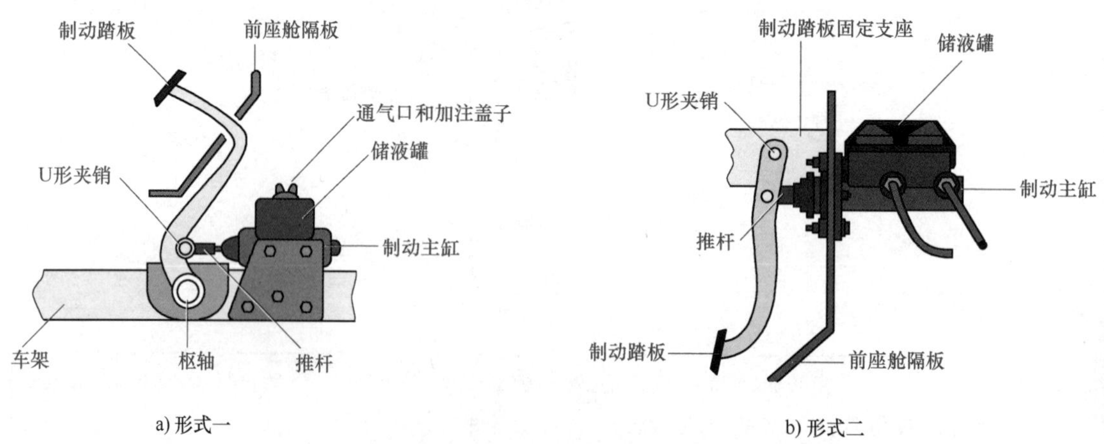

图 4-3　制动踏板安装形式

（2）助力器

汽车上采用的助力机构有两种基本类型，第一种是真空助力（图 4-4a），这种系统利用真空泵产生的真空进行制动助力；第二种是液压助力（图 4-4b），这种类型通常只在大型汽车上才会见到，这种系统由动力转向泵或其他外部油泵产生的液压进行制动助力。

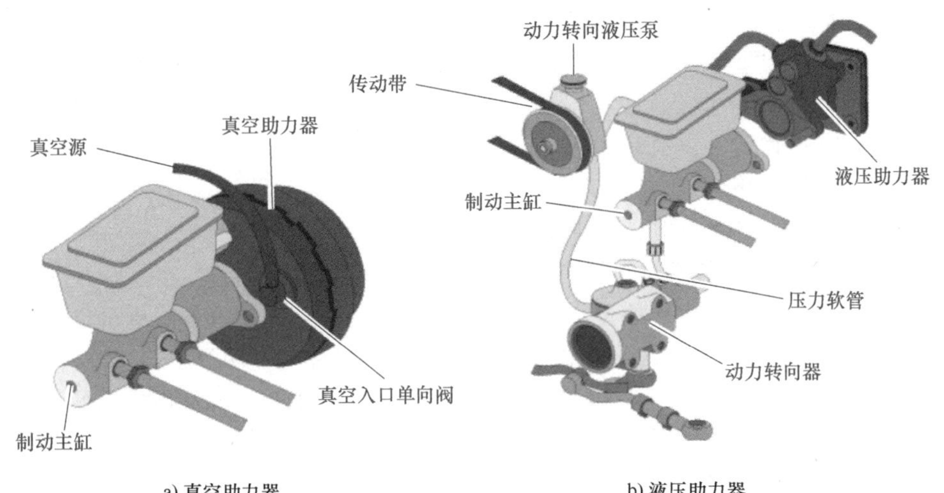

图 4-4　助力器

真空助力和液压助力的作用都是对驾驶员施加在踏板上的踩踏力进行放大，以增大传输到轮缸或钳缸的制动液压力，以减小驾驶员的踩踏力。

1）真空助力器的结构。真空助力器通常安装在制动踏板和制动主缸之间，如图 4-5 所示。

图 4-5　制动主缸和真空助力器

所有真空助力器的结构基本都相同，它们都是利用大气压力与车载真空泵真空度之间的压差进行制动助力。真空助力器主要由活塞和气缸、柔性膜片、腔室等组成。

各种真空助力器都是真空浮动式系统。在制动踏板未被踩下时，助力器内的膜片一直由真空泵产生的真空保持平衡，踩下制动踏板后，允许大气压力打破真空平衡，并推动膜片移动，产生制动助力。

2）真空助力器的常见故障。真空助力器的故障通常表现为以下特征：①制动踏板僵硬；②踩踏或者释放制动踏板时有“嘶嘶”的响声；③踏板踩下时太靠近地板；④制动有拖滞感。

如果制动时有拖滞感，就应该把制动主缸与助力器分离。如果此时制动器松开了，则故障原因在真空助力器中；如果制动器并没有松开，则故障原因在制动系统的液压执行部分。

3）真空助力器性能检查。关闭真空泵，踩踏制动踏板若干次，排出助力器内的真空。踩踏制动踏板，保持踩下的状态不动，运转真空泵。若制动踏板向前移动很短的距离后停止，且不需要很大的力，说明真空助力器的功能正常；如果制动踏板不移动，就需要执行真空助力器测试。

（3）制动主缸

图 4-6 制动主缸

制动主缸（图 4-6）的工作方式如下。制动踏板通过推杆与制动主缸的活塞组件连接，控制活塞组件的移动。踩下制动踏板时，活塞组件就会移动，活塞就会对制动液施加压力，制动主缸中的制动液在压力作用下从出液口流出，进入液压制动系统的其他部分；当制动踏板放松时，制动主缸中的回位弹簧将推动活塞组件回到原始位置。

1）制动主缸的组成及工作原理。如图 4-7 所示，制动主缸是一个液压装置，因此，系统必须保持密封并充满制动液，为此，每个活塞都有一个第一级皮碗（主皮碗）和一个第二级皮碗。踩下制动踏板时，第二级皮碗压迫制动液，并在制动液受压时使活塞前方的制动液得以保持，活塞移动，皮碗将来自储液罐的供液孔封闭，使第一级皮碗之前成为封闭系统。为了防止储液罐中的制动液在第一级皮碗向前移动后从制动主缸中泄漏，每个活塞都有一个第二级皮碗，第二级皮碗用于封闭无压力的制动液。

没有踩下制动踏板时，来自储液罐中的制动液始终充满制动主缸，制动液通过储液罐与活塞腔连通的流通孔（进液孔）或补偿孔进入制动主缸。

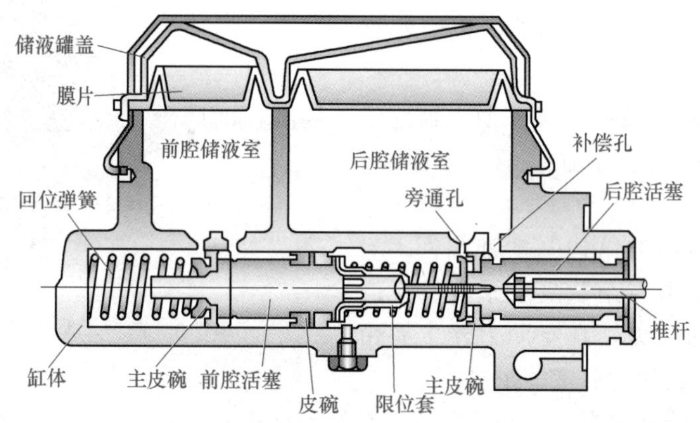

图 4-7 制动主缸结构原理

每个活塞在其前方都有一个回位弹簧，将第一级皮碗推向补偿孔后方少许，使储液罐中的制动液依靠重力将制动主缸充满，并保证补偿孔不被遮盖。回位弹簧还帮助制动踏板在撤去踩踏力后回位。进行制动时，较硬的第一级活塞（后腔活塞）弹簧将略微推动第二级活塞（前腔活塞）和第二级回位弹簧，使得第二级活塞前端的皮碗经过并封闭制动主缸上第二级一侧的第一级补偿孔。

当活塞快速回到其原始位置时，制动液不能通过管路快速回流。为了防止在活塞前方产生低压状态，制动液必须及时到达低压区，为活塞的下一次前移做好准备。为使系统充满制动液并保持系统密封，来自储液罐的制动液就会通过旁通孔进入制动主缸，将空区充满。制动液还流过第一级皮碗进入系统。在回位行程，皮碗的边缘被拉离缸壁，足以使制动液经过活塞组件周围到达低压区。最后，制动块或制动蹄回到起始位置，释放制动踏板时，制动主缸活塞回到起始位置时，制动蹄回位弹簧（鼓式制动器）和活塞密封圈（盘式制动器）就会使活塞回缩。所有制动器完全释放后，任何多余的制动液都会通过补偿孔流回储液罐，使系统中的压力得到释放。

2）制动主缸内部渗漏的检查。制动主缸内部渗漏会造成制动压力不足，制动警告灯点亮；在踩下制动踏板时，储液罐液面高度会有少许的升高。制动主缸渗漏的检查方法有两种。①取下储液罐的盖子，使储液罐内至少存有一半的制动液。在你查看制动液液面高度时，请另一位技工踩下制动踏板，如果液面高度上升了，则制动主缸活塞的皮碗（图 4-8）可能存在渗漏。②使用合适的夹钳把制动软管夹住，踩住制动踏板约 1min，如果制动踏板被踩下了，那么制动主缸活塞皮碗的密封性能就已失效了。

（4）制动管路

钢管和柔性合成橡胶软管作为液压制动系统中的“动脉”管和“静脉”管，将制动压力从主缸传输到鼓式和盘式制动器的轮缸和钳缸。

1）制动硬管。大多数制动硬管都是具有铜保护层的双层钢管，直径范围一般为 3～9mm。

2）管接头。各种管接头用于将钢管连接到接入块或其他硬管部分。双层型喇叭口型（图 4-9a）或折叠型喇叭口型管接头最为常用，双层型喇叭口对于保证系统的强度和安全非常重要，单层型或箍压型管接头不能适应标准汽车制动系统所处的严酷工作环境。

图 4-8　活塞皮碗

a) 双层型喇叭口　b) ISO制管接头

图 4-9　管接头

3）制动软管。制动软管可以提供柔性连接，使车轮上的转向和悬架部件能够正常工作，而不会损坏制动系统。制动软管的长度范围一般为 25～76mm，一般用合成橡胶浸渍多层纤维制成。制动软管的材料必须能够抗高温，并能经受严酷的工作条件。

4）制动管的更换。拆卸之前做好规划，记住原始制动管的走向，如果它们的走向有问题，就要重新布置。

在管接头被固定的状态下将接头两侧清理干净，使用管扳手松开管接头。如果制动管是连接在软管上的，使用另外一把管扳手固定软管的管接头，封堵好管道的各个开口，如图 4-10 所示。

卸下固定用夹紧座（图 4-11）和制动管，检查夹紧座和螺栓是否被损坏或者被腐蚀。

更换不能继续使用的部件，保留制动管的保护套以供再次使用。更换不能使用的制动管。

如果打算制作新的制动管，应保留好原来的制动管以备测量之用。

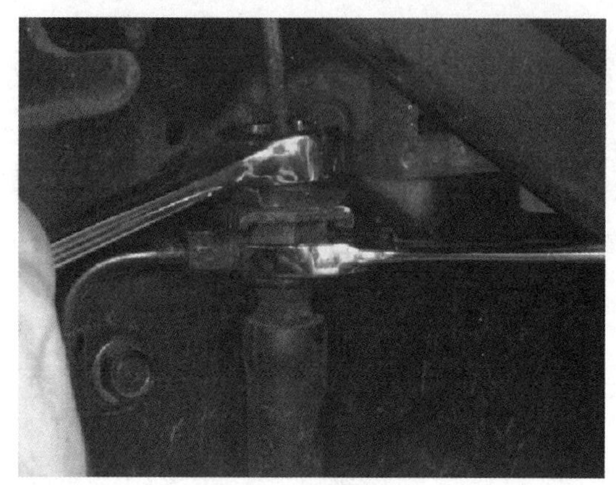

图 4-10　松开管接头

图 4-11　卸下固定用夹紧座

可以向厂家定购新制动管，如果没有定购到新制动管，就需要制作新管。安装制动管时，把制动管放在车架底盘上，松松地套上固定用夹紧座。使用管扳手把制动管两端的管接头拧紧，拧紧夹紧座，如图 4-12 所示。

图 4-12　安装制动管

（5）制动器

制动器有鼓式制动器和盘式制动器两种类型，将在下一节详细介绍。

（6）制动警告系统

制动警告系统包括位于仪表上提醒驾驶员的系统警告灯和位于车辆尾部用于提醒后方车辆与行人的制动灯。

1）系统警告灯。系统警告灯在液压系统失去压力或者储液罐液位太低时点亮。触发开关有两种形式，分别为压差开关和液位开关。

① 压差开关。压差开关（图 4-13）安装在制动主缸上，当其探测到两个液压回路中存在压力差时，就会触发系统警告灯。在正常工作时，压差阀被液压系统中两个回路的相等压力所平衡。如果两个压力不相等，压差阀片就偏向一边，此时电路接通，系统警告灯点亮。

② 液位开关。液位开关是安装在储液罐内的浮子式开关，如图 4-14 所示。当液面低于特定值时，系统警告灯会被点亮。

系统警告灯在防抱死制动系统存在故障时也有可能被点亮，系统警告灯还可以被驻车制动开关激活。

2）制动灯。制动灯主要由制动灯开关激发。踩下制动踏板，制动灯开关（图 4-15）接通制动灯电路，制动灯点亮。

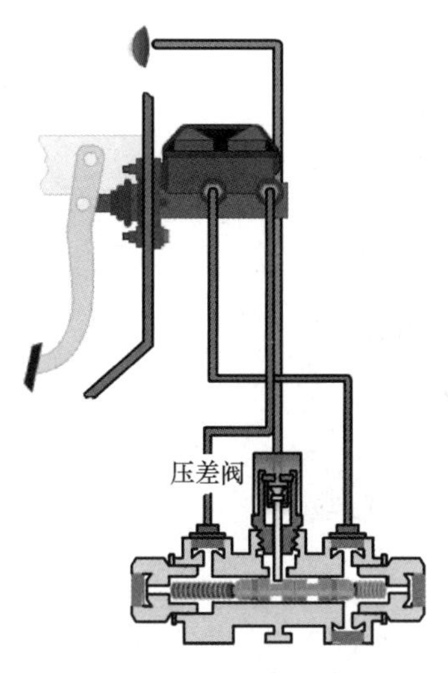

图 4-13　压差开关

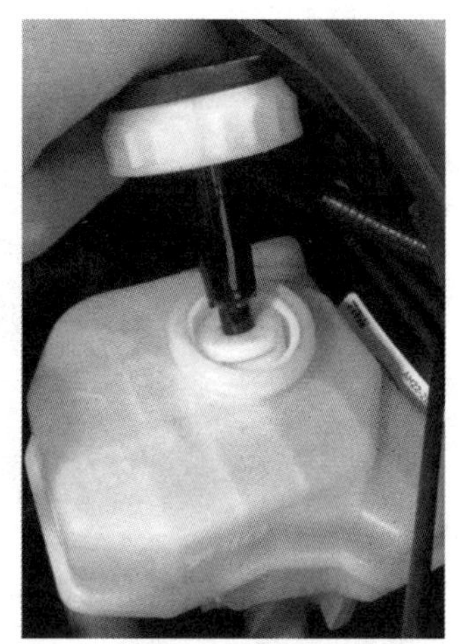
图 4-14　液位开关

3. 制动液的选择与补充

（1）制动液的选择

液压制动液有以下三种基本类型。

图 4-15　制动灯开关

DOT3 是一种常规制动液，是天然的，主要成分是聚乙二醇，会损害汽车油漆；一般为琥珀色，能吸收大气中的湿气。其干平衡回流沸点（ERBP）最低为 205℃，湿平衡回流沸点最低为 140℃，一般推荐用于大多数防抱死制动系统和有些动力制动系统。

DOT4 与 DOT3 一样，也是一种主要成分为天然聚乙二醇的常规制动液，其干平衡回流沸点最低为 230℃，湿平衡回流沸点最低为 180℃，这种制动液是普通制动系统最常使用的制动液。

DOT5 是一种独特的硅基制动液，不会损害油漆，且对制动部件没有腐蚀，通常为紫色，不吸收大气中的湿气。其干平衡回流沸点最低为 260℃，湿平衡回流沸点最低为 180℃。由于其没有吸水性，水分会独立地存在于制动液中影响制动性能，更换周期较短。DOT5 更多用在赛车上。

DOTS5. 1 是合成的、非硅基的聚乙二醇制动液，颜色为琥珀色，有吸水性和腐蚀性，具有与 DOT5 相同的沸点，由于价格昂贵，通常用作重载液体。

按照汽车制造商的建议选择合适类型制动液，添加到储液罐（图 4-16）中。

制动液被污染，含有过量的铜（图 4-17）或含有无机物（橡胶部件会产生膨胀），或更换制动主缸后，应更换制动液。

（2）制动液的补充

清洁储液罐盖，防止灰尘进入系统中，如图 4-18 所示。

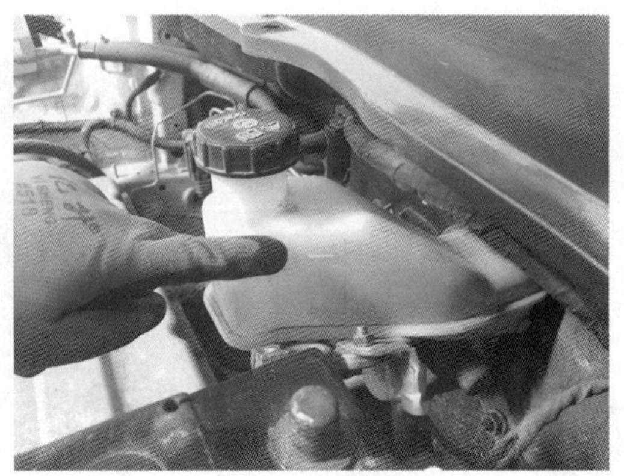

图 4-16　储液罐

a)被污染的制动液

b)未被污染的制动液

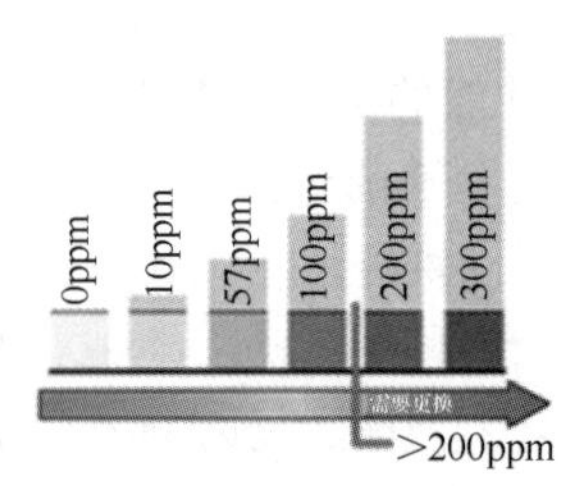

c) 铜含量的彩色图例

图 4-17　制动液铜含量检查

注：ppm 为质量分数，$1\text{ppm}=10^{-6}$。

图 4-18　清洁储液罐盖

检查制动液液面高度。液面应该在储液罐上的“MAX”线以下约 6mm 以内（具体车型的要求参照维修手册），如果需要添加特定类型的制动液，应选择合适类型的制动液添加到储液罐中，如图 4-19 所示。

图 4-19　添加制动液

放好膜片，拧紧储液罐盖，操作完成。

4. 液压系统排气

当拆装部件或者出现渗漏现象时，空气就会进入液压系统。液体不可被压缩，而气体可以被压缩。制动液压系统中存在的空气会随着压力的增大而被压缩，这会减小液体能够传递的力，因此，保证液压系统中没有气体非常重要。为此，必须将制动液压系统中的空气完全排出，这一过程称为制动系统的排气。

图 4-20　排气螺钉

排气是使液体进入制动管路并从排气阀或排气螺钉排出的过程（图 4-20），通过液体将系统中的空气完全排出。排气螺钉和排气阀固定在轮缸或卡钳上，必须将排气螺钉或排气阀清理干净，再将排液软管的一端连接在排气螺钉或排气阀上，并将排液软管的另一端插入容器中。

制动器排气方法有手动排气和真空排气两种。对于有些防抱死制动系统，可以用诊断检测仪进行制动排气。对制动器排气时一定要按照制造商的建议进行，排气顺序非常重要，通常按照由远及近的原则，距离制动主缸远的轮缸优先进行排气操作。

注意：对制动系统进行排气时一定要使用新制动液，绝不可使用泄放出来的制动液。泄放出来的制动液可能已被污染，对制动系统有害。

（1）手动排气

进行手动排气时，需要两个人进行配合，一个人操作排气阀，另一个人操纵制动踏板。每次只能对一个车轮的制动器进行排气。一定要使排气软管的出液端始终处于容器中的液面以下，不允许将主缸中的制动液排净。如果不遵守这些规范，空气会进入系统，就要重新排气。主缸盖一定要盖好。

将排气软管和容器安放好，让助手踩踏制动踏板几次，然后以适中的力将制动踏板踩住，慢慢打开排气阀。如图 4-21 所示，当制动液和空气停止流出时，关上排气阀，让助手慢慢释放制动踏板，再重复以上过程，直到从排气阀排出的制动液变得透明而没有气泡为止。依次将所有轮缸中的空气排出。注意：对于传统燃油汽车，离合器的液压系统如果共用制动液，离合器操作缸的排气应在制动系统排气完成之后进行。

向主缸储液罐加注新制动液，调整到合适的液面高度，试车检查制动器能否正常工作。

（2）真空排气

将手动的或者气动的真空泵接在排气螺钉上，如图 4-22 所示，在抽真空后，再把排气螺钉拧开，低压就把制动液和空气一起抽出。真空排气只需要一位维修技师操作，但是在处理过程中必须给制动主缸添加制动液，而且有一些制造厂家不建议使用真空排气方法。

图 4-21　手动排气

图 4-22　真空排气

二、制动器的结构与原理

汽车制动器是指产生阻碍车辆运动或运动趋势的力（制动力）的部件，其旋转部分与车轮相连，固定部分与车身或车架相连，如图 4-23 所示。汽车所用的制动器几乎都是摩擦式的，可分为鼓式和盘式两大类。

图 4-23　制动器

1. 鼓式制动器

鼓式制动器能提供更大的制动力，但制动稳定性较差，更适合使用在货车、客车等较重的车辆上，以及轻型车辆的后轮中。

(1) 鼓式制动器的组成

鼓式制动器主要由制动器底板、制动蹄、制动鼓、回位弹簧、压紧弹簧、轮缸组成，如图 4-24 所示。

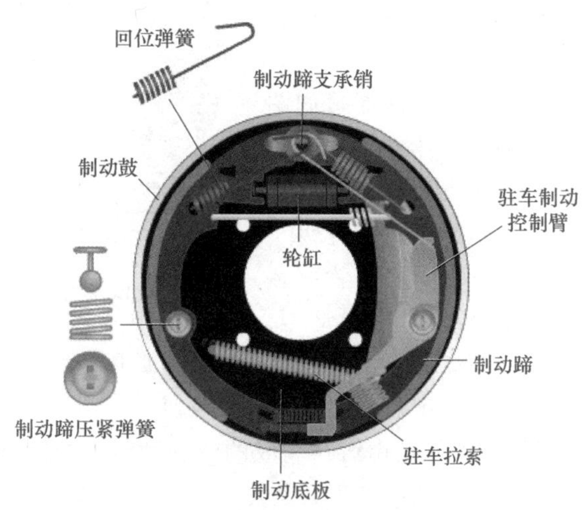

图 4-24　鼓式制动器的组成

1）轮缸。轮缸（图 4-25）将来自主缸的液压转换成作用在制动器上的机械作用力，轮缸内腔充满制动液，当踩下制动踏板时，额外的制动液被推入轮缸，迫使顶块和活塞向外移动，推动制动蹄张开与制动鼓接触，从而产生制动力。活塞限位环用于防止活塞到达轮缸端部时发生制动液泄漏或空气进入制动系统。

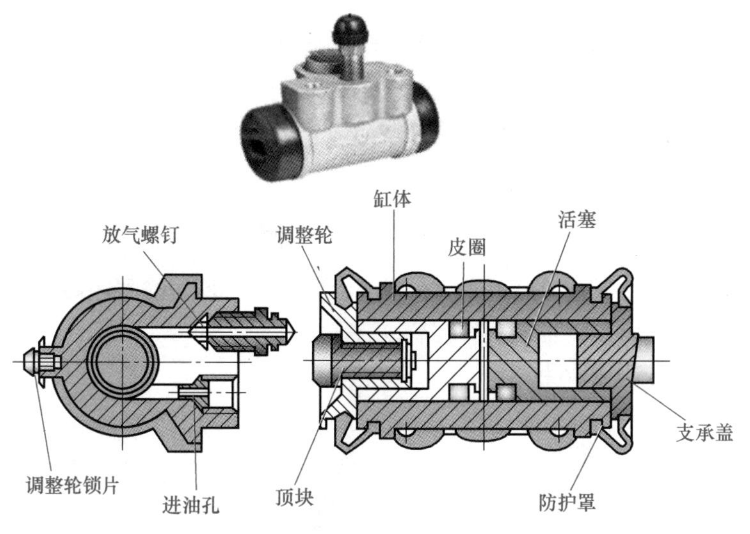

图 4-25　轮缸

2）制动蹄和制动片。尺寸相同的制动蹄，其腹板的厚度、断面形状和加强部位可能不相同。如图 4-26 所示，制动蹄履板焊接在腹板上，为制动片提供刚性支撑面。不同使用场合对制动蹄的刚度或挠度的要求不同，所以腹板的厚度也不相同。许多制动蹄沿腹板边缘具

有凸尖或凹槽，这些凸尖抵靠在制动底板上的制动蹄支撑刃口上，防止制动蹄脱落。

3）回位弹簧。如图 4-24 所示，不进行制动时，制动蹄由回位弹簧拉靠在支承销上。制动蹄回位弹簧和固位弹簧分别钩在挂钩或柱销上或者张紧在制动蹄之间。

4）制动蹄压紧弹簧。制动蹄压紧弹簧如图 4-24 所示。通过限位弹簧或弹簧夹压在制动底板上，当松开或锁止圆柱销时，压下弹簧座和螺旋弹簧或弹簧夹，然后旋转圆柱销或压紧装置 90°。

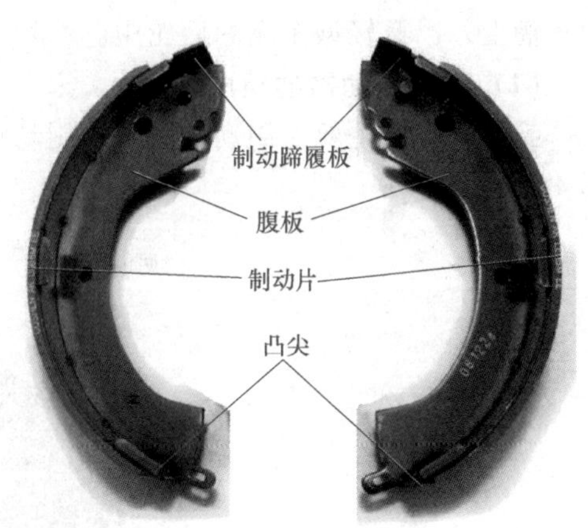

图 4-26　制动蹄和制动片

5）制动蹄固定装置。制动蹄固定装置有多种类型，有不可调整型、制动蹄自对中滑动型，有些老车采用的是可通过偏心销或槽形调整装置调整的可调固定型，有些前轮制动器通过螺纹或螺栓装在转向节上。制动蹄固定装置还用于支撑轮缸。

6）制动鼓。现代汽车的制动鼓是由铸铁制成的。制动时，与制动蹄压靠的经过机械加工的制动鼓内表面会产生摩擦力，从而产生大量热能。由于鼓式制动器的散热性能比盘式制动器差，而且增力的存在造成制动稳定性差，因此，在现代轿车上鼓式制动器逐步被盘式制动器所取代。

（2）鼓式制动器的形式

常用的鼓式制动器有双向自增力鼓式制动器和领从蹄鼓式制动器两种结构形式。自增力式制动器能提供更大的制动力，非自增力式制动器能够在不降低制动效能的前提下，减少后轮制动抱死的可能性。

1）双向自增力鼓式制动器。自增力鼓式制动器不论从哪个方向旋转，都会将自行增大的作用力从一个制动蹄传给另一个制动蹄。主（前）蹄和从（后）蹄都由双活塞轮缸驱动（图 4-27），每个制动蹄的上端都用回位弹簧压靠在同一个支承销上，两个制动蹄的下端由调整螺杆和弹簧连接起来。

轮缸固定在制动底板上。制动时，轮缸在液压力的作用下，推动两个活塞向外移动，使制动器产生制动作用。

当制动蹄与旋转的制动鼓接触时，制动蹄都有随着制动鼓移动的趋势，直到一个制动蹄与支承销接触而另一个制动蹄被调整装置限制。当汽车前行时，主蹄制动片与制动鼓之间的摩擦力对调整装置产生作用力，并将该作用力传递给从蹄。该作用力要

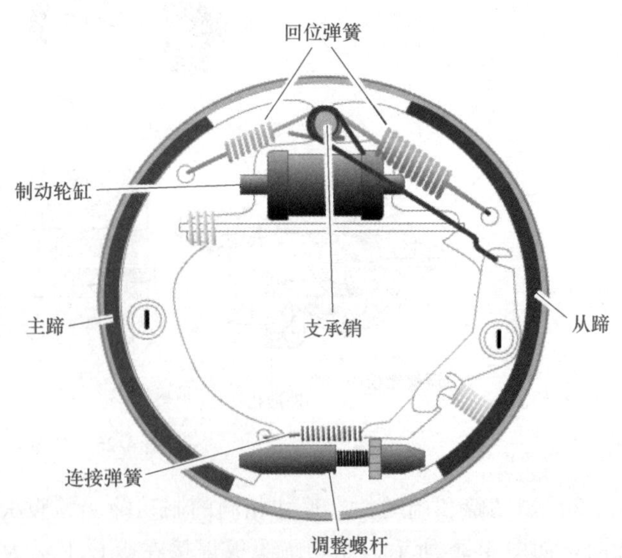

图 4-27　双向自增力鼓式制动器

比轮缸施加给主蹄的作用力大许多倍，此力又被从蹄与制动鼓之间的摩擦力进一步放大，产生的所有作用力最后都由支承销承受。前行制动时，从蹄制动片所产生的摩擦力比主蹄的大，因此，从蹄制动片通常较厚且较大。倒车制动时，主蹄和从蹄制动片的功能相互转换。

2）领从蹄鼓式制动器：领从蹄式（非自增力）制动器常用于小型轿车，与自增力鼓式制动器不同，在非自增力式制动器中，用限位弹簧将两个制动蹄的端部压靠在固定的支承销上（图 4-28），非自增力式制动器没有自行增力效果。

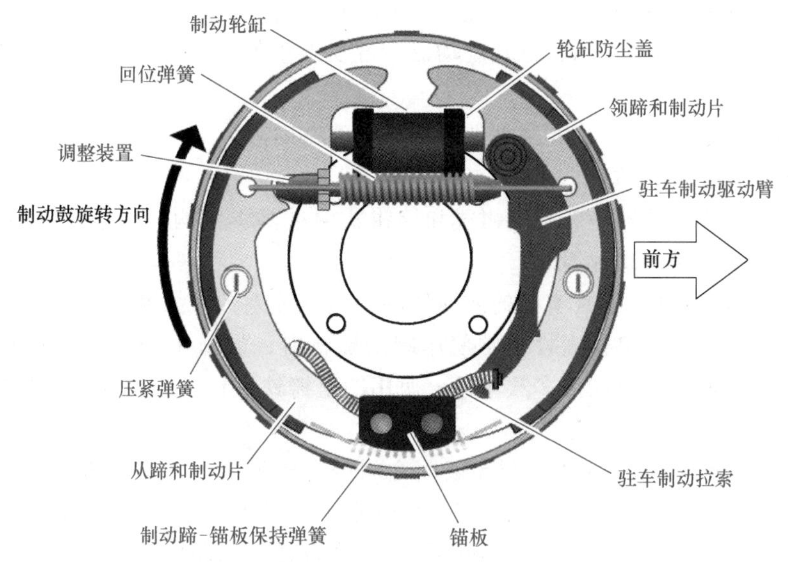

图 4-28　领从蹄鼓式制动器

汽车前行制动时，轮缸液压迫使制动蹄制动片与旋转的制动鼓接触，从而使前蹄（领蹄）产生摩擦力，制动蹄摩擦力作用在制动蹄下端的支承销上。相等的轮缸液压也作用在从蹄上，但从蹄仅产生与轮缸活塞作用力相等的摩擦力，从蹄支承销不承受摩擦力。这类制动器的领蹄具有增势作用，与不具有增势作用的从蹄相比较，领蹄承担主要的制动作用。当汽车倒车制动时，领蹄和从蹄功能互换。

在领从蹄鼓式制动器中，当汽车前进制动时，前蹄为领蹄，后蹄为从蹄；在自增力鼓式制动器中，前蹄为主蹄，后蹄为从蹄。

2. 盘式制动器

盘式制动器（图 4-29）的旋转元件是固定在车轮上的制动盘，内外制动片由制动钳总成中的活塞驱动，制动钳固定不会转动。当制动片和制动盘压紧时，随制动钳固定的制动片和随车轮旋转的制动盘之间产生制动力。

图 4-29　盘式制动器

与鼓式制动器中的制动蹄不同，盘式制动器制动片在制动时的移动方向垂直于制动盘。在鼓式制动器中，摩擦力会拉动制动蹄压紧制动鼓，而盘式制动器的制动蹄不会这样。所以，要获得与鼓式制动器相同的制动力，盘式制动器需要更大的作用力，因此，盘式制动器通常采用助力装置。

（1）盘式制动器的优点

与鼓式制动器相比，盘式制动器的优点主要表现在以下几个方面。

1）由于盘式制动器的制动盘暴露在空气中的面积较大，所以散热效果更好，从而在高速制动停车或反复制动过程中的抗热衰退性更好。

2）由于制动盘旋转有助于甩掉水分，而且制动片边缘的挤压作用可以排除制动盘上的水膜，所以抗水衰退性更好。

3）由于制动片的夹紧作用，盘式制动器不容易产生偏拉作用，所以盘式制动器的直线停车能力更好。

4）随着制动片的磨损，盘式制动器能够自动调整间隙。

（2）盘式制动器的组成

目前采用的盘式制动器一般有定钳式和浮钳式两种基本结构，不论是哪种盘式制动器，都由制动盘、制动钳和制动片组成。

1）制动盘。制动盘一般是实心的或通风的，由摩擦系数较大和抗磨损性能较好的铸铁制成；高性能车上为提高热稳定性，常使用碳陶瓷材料，如图 4-30 所示。但是由于碳陶瓷材料成本高、寿命短，所以在大多数车辆上使用的是铸铁材料。制动盘固定在轮毂上并随轮毂一起旋转。

通风制动盘（图 4-31）的两个摩擦表面之间铸有辐板结构，能够像风扇叶片一样散发制动盘中央的热量。制动盘旋转时，空气从制动盘中央吸入，流过摩擦表面，最后从制动盘外缘流出，对制动盘进行冷却，极大地降低了发生制动热衰退的可能性，即使进行多次紧急制动也能保证一定的制动性能。

图 4-30　碳陶瓷材料制动盘

图 4-31　通风制动盘

挡溅板（图 4-32）用于防止泥水和尘土到达制动盘和制动片上，并设有空气能够流经制动盘暴露表面的通道。

2）制动钳。制动钳将液压转换成机械力。制动钳体（图 4-33）通常是铸铁或铝制的一个整体，在顶部开有用于检查制动片磨损的检查窗。制动钳体设有缸筒，在缸筒中加工有安置矩形油封的环槽，环槽在朝向缸筒底部的方向具有锥度，以增大对油封边缘的压缩，使其接近制动液压力。缸筒的顶部也切有环槽，用于安装防尘罩，在缸筒底部加工有进液孔，靠近顶部装有排气阀。

图 4-32　挡溅板

图 4-33　制动钳体

制动钳中可以设有一个、两个、四个甚至更多缸筒和活塞，向制动器的制动片提供均匀的压力分布。活塞直径相对较大而行程较短，以较小的制动液排量可以给制动片提供较高的压力。

① 定钳式制动器。定钳式制动器的制动钳用螺栓固定在安装位置，在制动时不能移动。制动钳两侧的活塞向内移动迫使制动片压靠在制动盘上，如图 4-34 所示。定钳式制动器的优点是可以安装更多的制动活塞，制动响应时间短，制动稳定性好，制动效能高。但其制造成本较高，常用于高性能制动器。

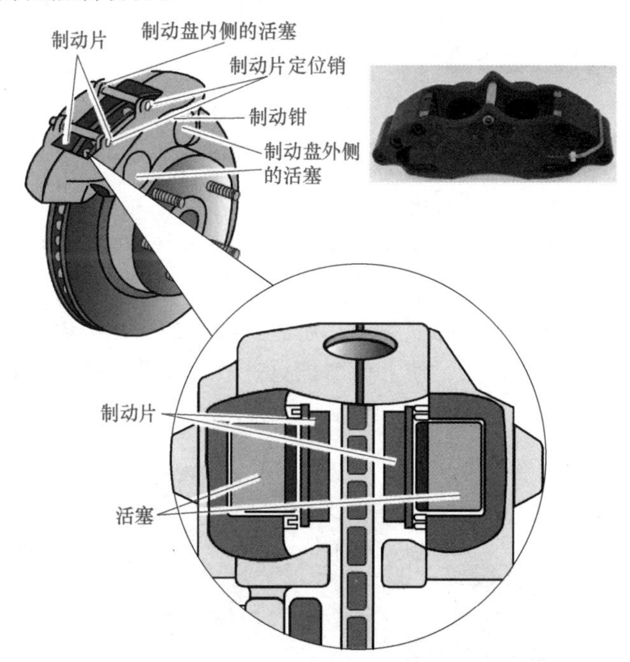

图 4-34　定钳式制动器

② 浮钳式制动器。典型的浮钳式制动钳体是一个整体铸件，其中设有一个液压缸筒和一个活塞。制动钳用两个加工有螺纹的定位销安装在中心轴支承板上，衬套将制动钳体与定位销隔开，制动钳在制动过程中沿着定位销前后滑动。

制动时，活塞和油封后面的缸筒中建立起液压，因为液压在各个方向上产生相同的压力，所以活塞在缸筒中平稳地向外移动。活塞迫使内侧制动片压靠在制动盘上，当制动片与旋转着的制动盘接触时，增大了活塞向外移动的阻力，迫使液压推动制动钳远离活塞，这又迫使外侧制动片压靠在制动盘上（图 4-35b），而且两个制动片受到的液压相同。

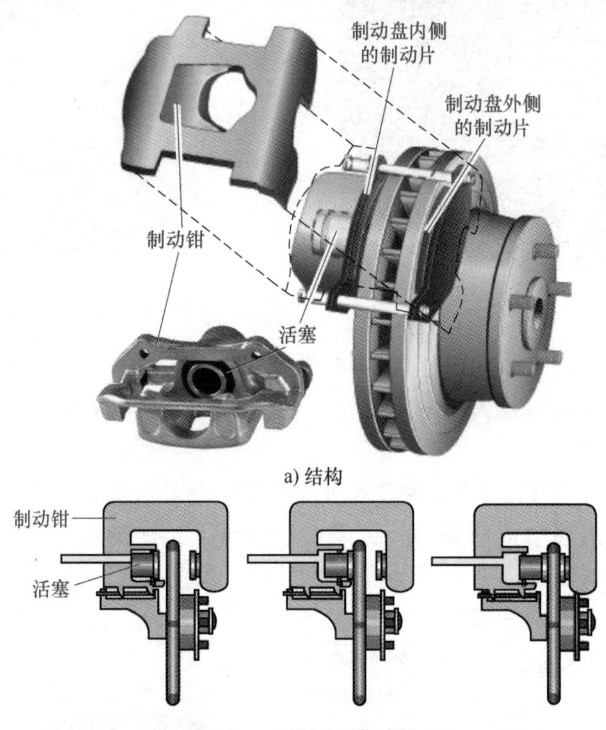

a) 结构

b) 制动工作过程

图 4-35　浮钳式制动器

3）制动片。制动片布置在制动钳的两侧，跨骑在制动盘上。内侧制动片固定在活塞上，不能与外侧制动片互换。制动片由半金属或其他非石棉材料制成。如图 4-36 所示，制动片是由金属背板和摩擦材料粘接而成。

防噪声制动片可以有效减振、降低噪声，还起到隔热的作用。倒角和开槽的设计有利于水、污垢和灰尘从制动片表面排出，使盘面摩擦更有效，优化噪声和振动问题。

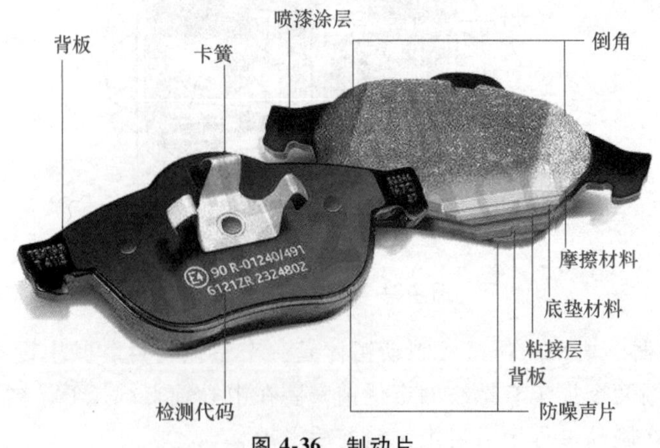

图 4-36　制动片

制动片磨损指示器。有些制动片设有磨损指示器，常见的磨损指示器有发声式、发光式和触觉式三种。

【实训任务八】　制动系统的维护与检修

实训任务 8-1　液压制动系统制动液的更换

实训场地与器材

新能源汽车整车、新能源汽车作业工位、举升机、工作灯。

作业准备

1）检查举升机。
2）整车和防护三件套等 5S 操作准备。

扫一扫

液压制动系统制动液的更换

操作步骤

（1）制动液液位的检查

查看制动液储液罐，液位处于上、下标线间为合适，如图 4-37 所示。

（2）制动液质量的检查

用定性分析含水量的制动液快速探测笔检查制动液的质量，如图 4-38 所示。

图 4-37　制动液液位检查

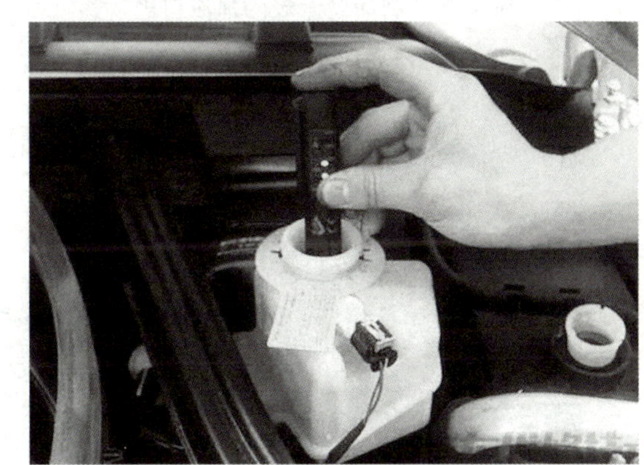

图 4-38　制动液质量的检查

小知识：制动液快速探测笔的使用方法

制动液快速探测笔上有 3 个发光二极管（LED），分别为绿色、黄色和红色。使用方法非常简单，只要在管内吸入制动液，根据笔上 LED 的点亮情况，就可以快速定性判断制动液的含水量。绿色 LED 点亮说明制动液含水量低，制动液合格；黄色 LED 点亮说明制动液含水量一般，可以继续使用，不过 6 个月以后需要再检测一次；红色 LED 点亮说明制动液含水量较高，制动液不能继续使用，需要及时更换。

（3）更换制动液

按照下述操作流程和要求更换制动液。

1）拧下制动储液罐的加液口盖，如图 4-39 所示。

2）在制动轮缸放气螺钉上套上一根透明塑料管，将管的另一端放入一个盛装旧制动液的容器内，如图 4-40 所示。

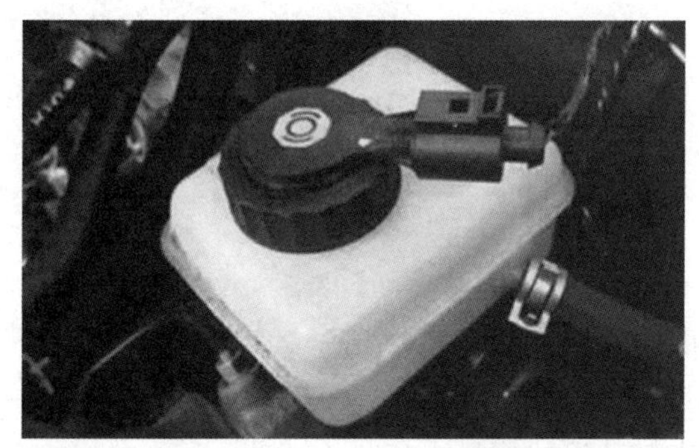

图 4-39　制动储液罐的加液口盖

图 4-40　制动轮缸连接管

3）拧松放气阀，然后向储液罐内加注足量的同种制动液，如图 4-41 所示。

4）排放制动管路内的空气，如图 4-42 所示。

图 4-41　拧松放气阀

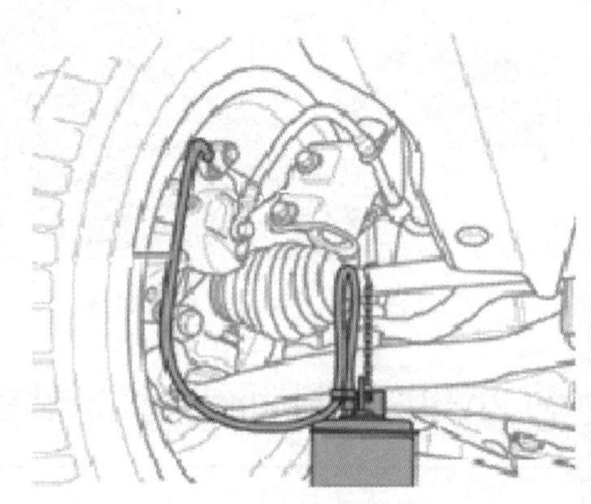

图 4-42　排放制动管路内的空气

注意：在排气时应一边排出空气，一边检查和补充制动液，直到空气被完全排放干净为止。完成排气后应将储液罐的制动液补充到规定位置。

竣工检验

整理、恢复作业场地。

实训任务总结

液压制动系统制动液的更换	工作任务单	班级：
		姓名：

1. 车辆信息记录

品牌		整车型号		生产年月	
制动液类型		动力蓄电池电压		行驶里程	
车辆识别码					

2. 作业场地准备

检查是否设置隔离栏	□是　□否
检查是否设置安全警示牌	□是　□否
检查灭火器压力及有效期是否符合要求	□是　□否
安装车辆挡块	□是　□否

3. 记录液压制动系统制动液更换的操作过程

液压制动系统制动液的更换		实习日期：	
姓名：	班级：	学号：	导师签名：
自评：□熟练□不熟练	互评：□熟练□不熟练	师评：□合格□不合格	
日期：	日期：	日期：	

液压制动系统制动液的更换【评分细则】

序号	评分项	得分条件	分值	评分要求	自评	互评	师评
1	安全/5S/态度	□1. 能进行工位5S操作 □2. 能进行设备和工具的安全检查 □3. 能进行车辆安全防护操作 □4. 能进行工具的清洁、校准及存放操作 □5. 能进行“三不落地”操作	15	未完成1项扣3分	□熟练 □不熟练	□熟练 □不熟练	□合格 □不合格
2	专业技能	□1. 能正确进行制动液液面高度的检查 □2. 能正确进行制动液质量的检查 □3. 能熟练进行制动液的更换 □4. 能正确进行制动液的排气操作 □5. 能正确进行制动系统性能的测试	50	未完成1项扣10分	□熟练 □不熟练	□熟练 □不熟练	□合格 □不合格
3	工具及设备的使用能力	□1. 能正确举升车辆 □2. 能正确使用工作灯 □3. 能正确进行工具的使用	10	未完成1项扣4分，扣分不得超过10分	□熟练 □不熟练	□熟练 □不熟练	□合格 □不合格
4	资料及信息的查询能力	□1. 能正确使用维修手册查询资料 □2. 能正确使用用户手册查询资料 □3. 能在规定时间内查询所需资料	10	未完成1项扣4分，扣分不得超过10分	□熟练 □不熟练	□熟练 □不熟练	□合格 □不合格
5	判断及分析能力	□1. 能判断制动液液位高度 □2. 能判断制动液质量 □3. 能判断制动管路是否存在气体	10	未完成1项扣4分，扣分不得超过10分	□熟练 □不熟练	□熟练 □不熟练	□合格 □不合格
6	表单填写及报告的撰写能力	□1. 能正确记录所需的维修信息 □2. 字迹清晰 □3. 语句通顺 □4. 无错别字 □5. 无涂改	5	未完成1项扣1分	□熟练 □不熟练	□熟练 □不熟练	□合格 □不合格
总分：							

实训任务 8-2　制动器的检查与更换

扫一扫

制动器的
检查与更换

实训场地与器材

新能源汽车整车、新能源汽车作业工位、举升机、工作灯。

作业准备

1）检查举升机。

2）新能源汽车整车和防护三件套等 5S 操作准备。

操作步骤

1）按照相关车型的技术文件要求，选择合适的工具拆卸车轮及制动器。

2）制动器拆卸与检查的步骤如下。

① 利用工具采用正确的方法检查制动片的厚度，如图 4-43 所示。

② 检查制动盘是否有深度擦伤、翘曲变形，使用外径千分尺测量制动盘的厚度，如图 4-44 所示。

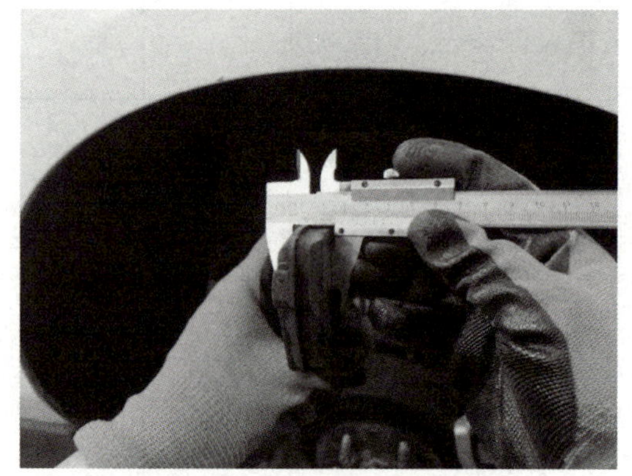

图 4-43　检查制动片的厚度

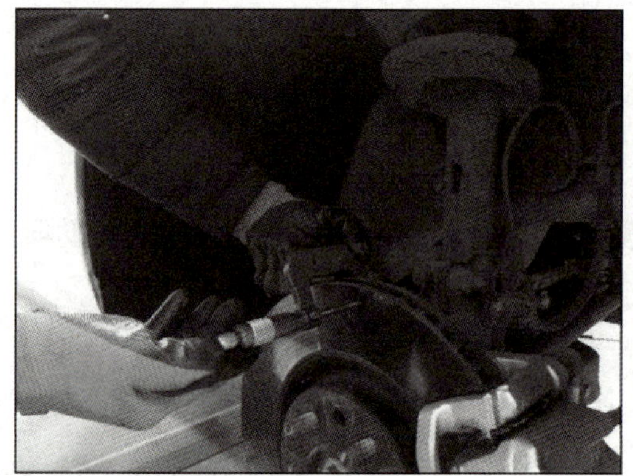

图 4-44　检查制动盘的厚度

小知识：制动盘的检测方法

检查时在制动盘与制动片的接触面上沿圆周方向检测六个点的厚度，可用千分尺进行测量（图 4-44）。如果厚度的最大差值超过 0.013mm，则此制动盘需重新加工。

③ 使用百分表检查制动盘的端面圆跳动量（图 4-45）是否超标。修理时，应同时检查测量制动盘端面圆跳动量，若端面圆跳动量大于 0.06mm，应予以更换。

3）制动器安装：用专用工具将制动轮缸活塞复位，再装回制动钳与制动片，如图 4-46 所示。

图 4-45　检查制动盘的端面圆跳动量

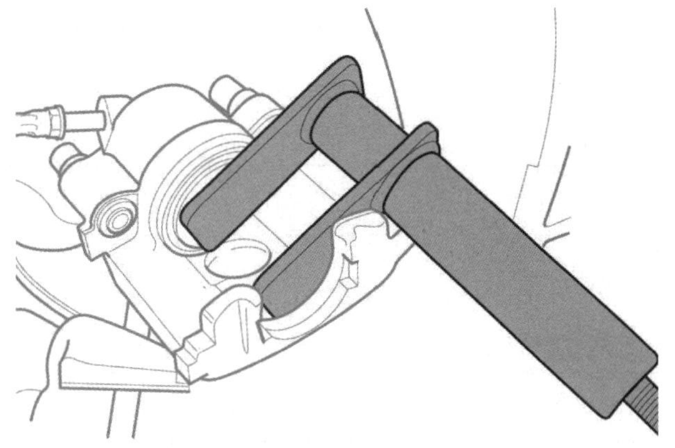
图 4-46　用工具将制动轮缸活塞复位

4）选择合适的工具，按照正确的方法对车轮进行安装复位。

竣工检验

整理、恢复作业场地。

实训任务总结

制动器的检查与更换	工作任务单	班级：
		姓名：

1. 车辆信息记录

品牌		整车型号		生产年月	
制动液类型		动力蓄电池电压		行驶里程	
车辆识别码					

2. 作业场地准备

检查是否设置隔离栏	□是　□否
检查是否设置安全警示牌	□是　□否
检查灭火器压力及有效期是否符合要求	□是　□否
安装车辆挡块	□是　□否

3. 记录制动器的检查与更换过程

制动器的检查与更换		实习日期：	
姓名：	班级：	学号：	导师签名：
自评：□熟练□不熟练	互评：□熟练□不熟练	师评：□合格□不合格	
日期：	日期：	日期：	

制动器的检查与更换【评分细则】

序号	评分项	得分条件	分值	评分要求	自评	互评	师评
1	安全/5S/态度	□1. 能进行工位 5S 操作 □2. 能进行设备和工具的安全检查 □3. 能进行车辆安全防护操作 □4. 能进行工具的清洁、校准及存放操作 □5. 能进行“三不落地”操作	15	未完成 1 项扣 3 分	□熟练 □不熟练	□熟练 □不熟练	□合格 □不合格
2	专业技能	□1. 能正确进行车轮的拆装 □2. 能正确进行制动器的拆卸 □3. 能熟练进行制动片磨损程度的检查 □4. 能正确进行制动盘磨损程度的检查 □5. 能正确进行制动器和车轮的装配	50	未完成 1 项扣 10 分	□熟练 □不熟练	□熟练 □不熟练	□合格 □不合格
3	工具及设备的使用能力	□1. 能正确举升车辆 □2. 能正确使用工作灯 □3. 能正确进行工具的使用	10	未完成 1 项扣 4 分，扣分不得超过 10 分	□熟练 □不熟练	□熟练 □不熟练	□合格 □不合格
4	资料及信息的查询能力	□1. 能正确使用维修手册查询资料 □2. 能正确使用用户手册查询资料 □3. 能在规定时间内查询所需资料	10	未完成 1 项扣 4 分，扣分不得超过 10 分	□熟练 □不熟练	□熟练 □不熟练	□合格 □不合格
5	判断及分析能力	□1. 能判断制动片的磨损程度 □2. 能判断制动盘的磨损程度 □3. 能判断制动器的装配状态	10	未完成 1 项扣 4 分，扣分不得超过 10 分	□熟练 □不熟练	□熟练 □不熟练	□合格 □不合格
6	表单填写及报告的撰写能力	□1. 能正确记录所需的维修信息 □2. 字迹清晰 □3. 语句通顺 □4. 无错别字 □5. 无涂改	5	未完成 1 项扣 1 分	□熟练 □不熟练	□熟练 □不熟练	□合格 □不合格
总分：							

任务二　电子制动控制系统的维护与检修

【学习目标】

知识目标：

1）了解电子制动控制系统的功能。

2）理解电子制动控制系统的工作原理。

3）掌握电子制动控制系统的检修方法。

技能目标：

能运用维修资料及相关设备对电子制动控制系统进行检修。

素质目标：

1）具有良好的品德、文化修养和职业道德。

2）具有良好的身体素质和心理素质。

3）具有一定的计划、组织、实施、评估等工作能力和沟通、表达、团队协作等社会能力。

4）具有良好的自我学习及持续进步的能力。

【任务描述】

一辆纯电动汽车在行驶中踩制动踏板，车辆减速到大约10km/h时，有时ABS会突然介入工作，导致低速制动不良。该车在其他维修站先后更换了ABS制动泵、四个轮速传感器，但是故障现象依然存在。请依据故障现象，对故障原因进行分析，并制订维修方案。

【相关知识】

一、ABS的结构、原理与检修

1. ABS的功能

1）提高汽车制动过程中的方向稳定性，防止汽车侧滑甩尾。

2）使汽车在最短的距离内停车。

3）在制动过程中保持对汽车的转向控制。

4）防止轮胎抱死拖滑，减轻轮胎磨损。

5）减轻驾驶员的紧张情绪。

2. ABS的组成与工作原理

（1）ABS的组成

一般ABS都是由传感器、执行器、电子控制单元三大部分组成。其中传感器主要是指车轮转速传感器，执行器主要是指制动压力调节器，如图4-47所示。各组成元件的功能见表4-1。

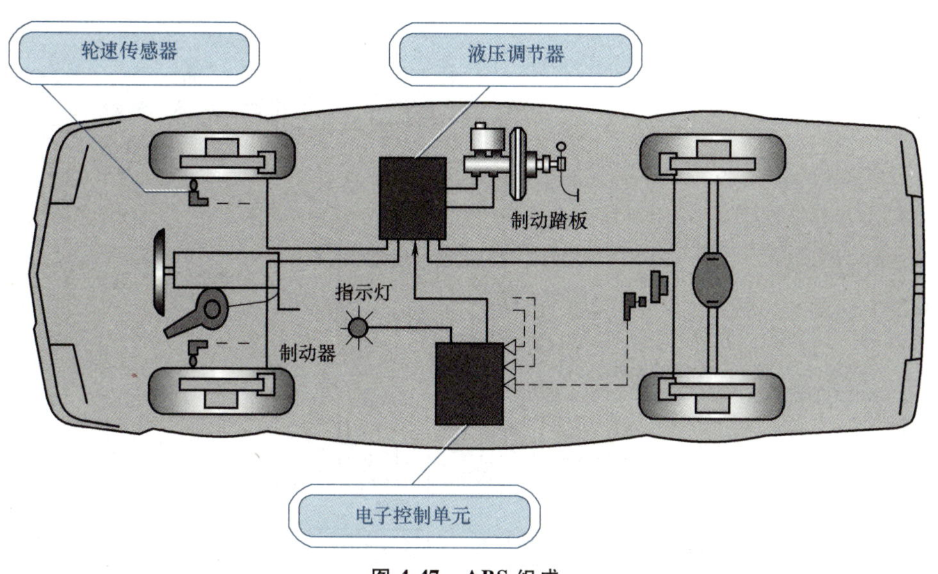

图 4-47　ABS 组成

表 4-1　ABS 组成元件及功能

组成元件		功　能
传感器	车速传感器	检测行车速度，给 ECU 提供车速信号，用于滑移率控制方式
	轮速传感器	检测车轮转速，给 ECU 提供轮速信号，各种控制方式均采用
	减速度传感器（G 传感器）	检测制动时汽车的减速度，识别当前路面是否是冰雪等易滑路面，只用于四轮驱动控制系统
执行器	制动压力调节器	接受 ECU 的指令，通过电磁阀的动作，控制制动系统压力的增加、保持或降低
	ABS 警告灯	ABS 出现故障时，ECU 将其点亮，发出报警，并可由其闪烁读取故障码
ECU		接受车速、轮速、减速度等传感器的信号，计算出车速、轮速、滑移率和车辆减速度、加速度，并将这些信号加以分析、判断、放大，由输出级输出控制指令，控制各种执行器工作

（2）ABS 的工作原理

1）增压。踩下制动踏板，由于电磁阀的进液阀开启、回液阀关闭，各电磁阀将制动主缸与各制动轮缸之间的通路接通，制动主缸中的制动液将通过各电磁阀的进出液口进入各制动轮缸，各制动轮缸的制动液压力将随着制动主缸输出制动液压力的升高而升高，即增压。增压过程与常规制动相同，如图 4-48 所示。

2）保压。当某车轮制动中，滑移率接近 20%时，ECU 输出指令，控制电磁阀线圈通过较小电流（约 2A），使电磁阀的进液阀关闭（回液阀仍关闭），保证该控制通道中的制动轮缸制动压力保持不变，即保压，如图 4-49 所示。

3）减压。当某车轮制动中，滑移率大于 20%时，ECU 输出指令，控制电磁阀线圈通过较大电流（约 5A），使电磁阀的进液阀关闭、回液阀开启，制动轮缸中的制动液将通过回

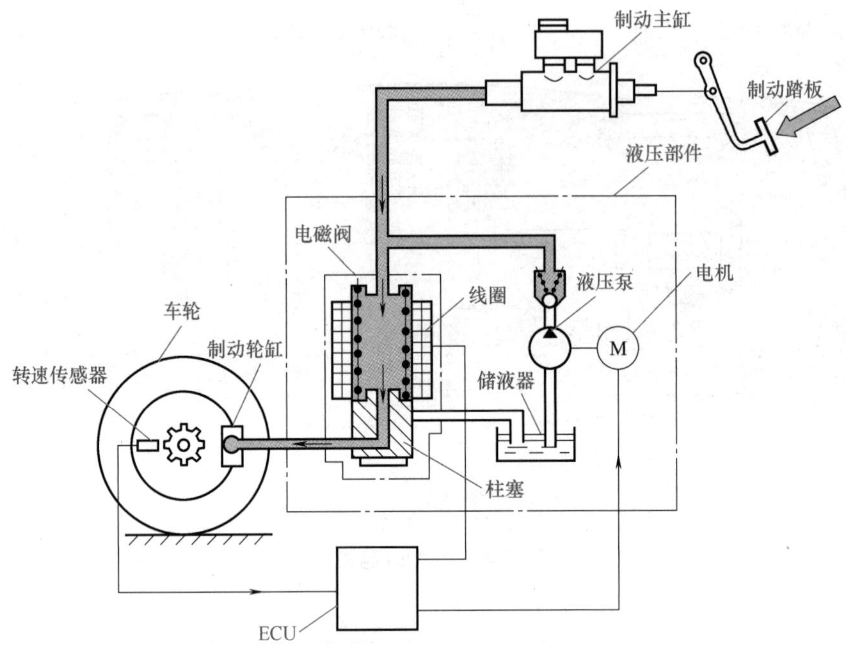

图 4-48　增压过程

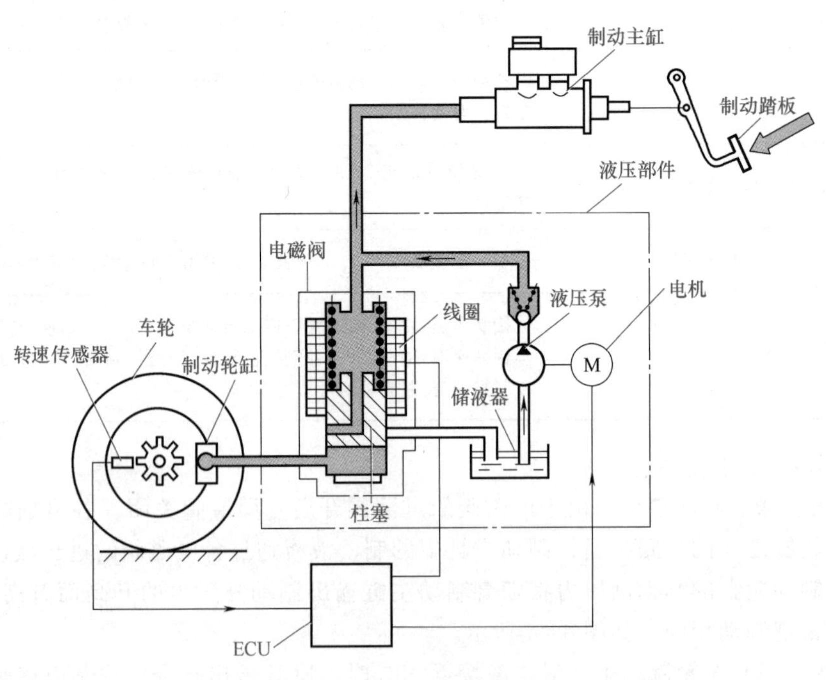

图 4-49　保压过程

液阀流入储液器，使制动压力减小，即减压。与此同时，ECU 控制电动泵通电运转，将流入储液器的制动液泵回制动主缸出液口，如图 4-50 所示。

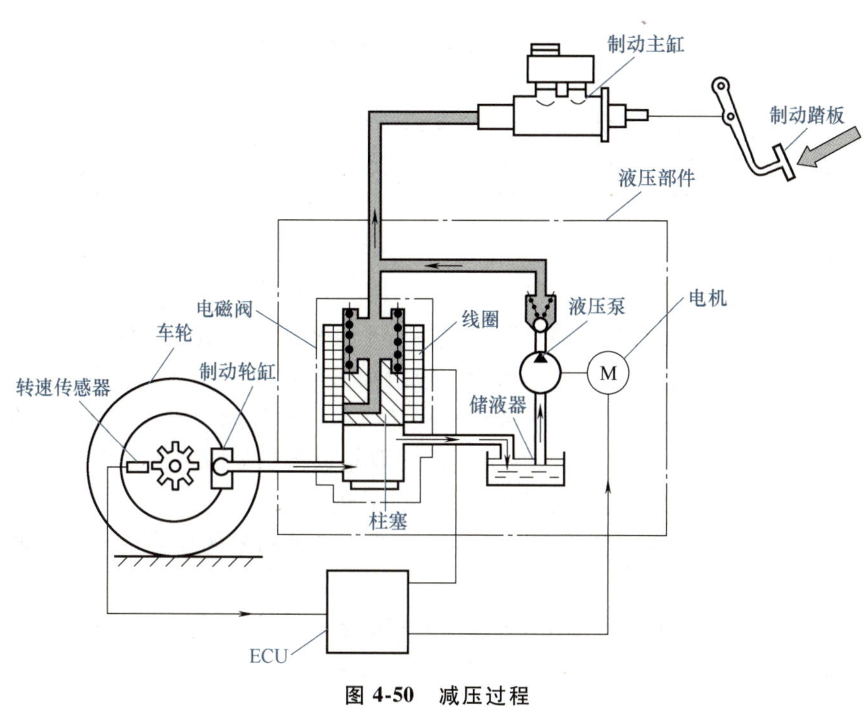

图 4-50　减压过程

3. ABS 的检测

（1）直观检查

直观检查是在 ABS 出现故障或感觉系统工作不正常时，采用的初步目视检查方法，具体常检查以下内容。

1）检查驻车制动器是否完全释放。

2）检查制动液是否渗漏、制动液液面是否在规定的范围内。

3）检查所有 ABS 的熔丝、继电器是否完好、插接是否牢固。

4）检查 ABS 的 ECU 插接器（插头和插座）连接是否良好。

5）检查有关元器件（轮速传感器、电磁阀体、电动泵、压力警示开关和压力控制开关等）的插接器和导线是否连接良好。

6）检查 ABS 的 ECU、压力调节器等的接地（搭铁）线是否接触可靠。

（2）ABS 警告灯性能检查

ABS 警告灯性能检查程序如下。

1）车辆仪表通电。

2）检查 ABS 警告灯是否亮起约 2s 然后熄灭。如果警告灯在仪表通电打开时不亮、常亮或连续闪亮，则表明系统工作不正常，需要对警告灯的电路或 ABS 进行故障检查。

小知识：ABS警告灯可能的故障原因

ABS 警告灯在车辆启动且检测过程结束后仍不熄灭，可能的故障原因如下。

1）供电电压低于 10V。

2）ABS 本身有故障。

3）在上次车辆启动后轮速传感器出现暂时性故障。在这种情况下，汽车重新启动且车速超过 20km/h 后 ABS 警告灯自动熄灭。

4）从组合仪表到 ABS 控制单元的连接线路故障。

5）组合仪表损坏或仪表线路故障。

（3）轮速传感器的检测

1）外观检查主要内容如下：

检查传感器线路，有无破损短路、断路或接触不良故障，如有，应修复。

检查传感器外观，传感器磁头有无破损、吸附细屑等现象，如有，应更换传感器。

检查传感器信号触发轮，有无缺齿或齿环损坏、移位的故障现象，如有，应更换。

2）用诊断仪检查的步骤如下：使用诊断仪读取轮速传感器故障码；根据故障码读取动态的轮速数据流；确认轮速传感器信号故障，对信号进行诊断。

3）使用测量工具检查的方法如下：使用示波器测量传感器的信号波形，或者使用万用表测量传感器信号线电压。

轮速传感器如果有故障，分别测量传感器两根线到模块插头之间的导通性，以确认线路好坏，如果线路正常，说明是传感器本身或触发轮有故障。

二、EBD 系统的功能、组成与原理

电子制动力分配（Electric Brake Force Distribution，EBD）系统是指能够根据汽车制动时产生轴荷转移的不同，而自动调节前、后轴的制动力分配比例，提高制动效能，并配合 ABS 提高制动稳定性的系统。

1. EBD 的功能

汽车制动时，作用在车轮上的制动力随踏板力的增加而增加，但受到轮胎与路面间附着力的限制，并且一旦制动力达到或超过附着力，车轮将出现抱死现象。无论左侧车轮抱死或右侧车轮抱死、前轮抱死或后轮抱死，都会严重影响车辆行驶的安全性并加剧轮胎的磨损，尤其是后轮先于前轮抱死的危害更大。制动时，要使汽车既保持行驶方向的稳定性，又使汽车能得到尽可能大的制动力，最理想的状态就是使汽车各车轮，特别是前后车轮同时达到抱死的边缘，即各车轮的制动力之比等于附着力之比。在前后轮路面附着系数相同的情况下，汽车前后轮同时达到抱死边缘的条件是前后车轮制动力之比等于前后车轮对路面垂直载荷之比。

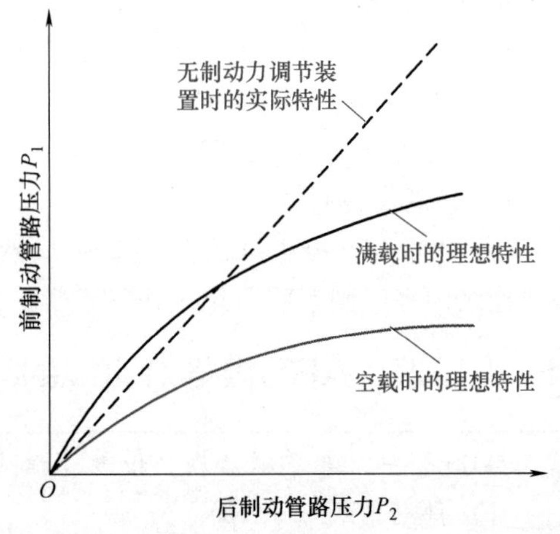

图 4-51　前后轮制动管路压力分配特性

但是，随着装载量不同和汽车制动时减速度所引起载荷的转移不同，汽车前后车轮的实际垂直载荷比是变化的，同时，各车轮与路面的附着系数也不尽相同。因此，要实现最佳制动状态，汽车前后轮制动力的比例也应是变化的。

理想的前后轮制动管路压力分配特性曲线如图 4-51 实线所示。由于汽车满载较空载时质心后

移，P_2 应相应增加，故其曲线较空载曲线上移。又因随制动强度的增加（工作压力 P 的增加），质心向前转移的程度增加，压力比 P_2/P_1 应相应减小（小于 1），故随压力 P_2 的增加，曲线变得平缓。

为满足上述理想特性的要求，在一些汽车上采用了制动力分配调节装置，来调节前后车轮制动管路中的工作压力。常用的制动力分配调节装置有限压阀、比例阀、感载阀和惯性阀等，而这些都是机械装置，其调整曲线基本处于相对静态，与理想曲线还有很大差距。因此，在此基础上，现代车辆上出现了 EBD 系统。制动时，EBD 系统可动态调整汽车各车轮的制动压力，使前、后车轮的制动压力之比接近理想曲线，从而可防止汽车制动时后轮先于前轮抱死，有效地提高制动性能。

2. EBD 系统的基本组成及原理

EBD 系统是建立在 ABS 之上的一个电控系统，但并没有增加额外的硬件。其组成部件与 ABS 相同，但是在 ABS 的基础上通过改进 ABS 软件的控制逻辑，使之具有了新的功能。因此，具有 EBD 功能的 ABS，也合称为 ABS+EBD。EBD 系统的组成如图 4-52 所示。

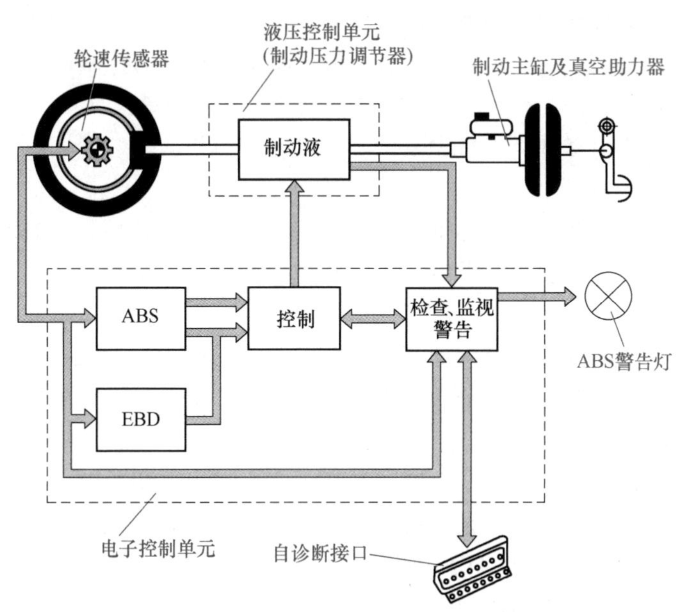

图 4-52　EBD 系统的组成

汽车行驶时，如果四个车轮与路面的附着条件（附着系数或垂直载荷）不同，如前轮附着在湿滑路面，而后轮附着于干燥路面，则四个车轮与地面的附着力也不同。在制动时，若四个车轮的制动力同步增加，就容易造成附着力小的车轮先接近抱死状态。有了 EBD 系统后，在汽车制动时，EBD 系统电控单元时刻监控四个车轮的运动状态，会快速计算出四个车轮由于附着条件不同而各异的附着力，自动以前轮为基准去比较后轮的滑移率，如发觉此差异程度达到了必须要调整的设定值，而车轮滑移率又没达到 ABS 的调节值，此时，EBD 系统将启动，系统将通过制动压力调节器电磁阀的工作，来调整滑移率较大的车轮的制动管路液压，以使制动力之比与附着力之比相匹配，使四个车轮得到更平衡且更接近理想的制动力分配，从而保证车辆的平稳和安全，同时可充分利用路面附着力，使车辆整车制动力达到最大值。

制动管路液压的调节原理与 ABS 类似，也是在“保压-减压-增压”三个阶段不断循环，直至车速很低或各车轮滑移率差值在规定范围之内。

三、TCS 的原理与组成

牵引力控制系统（Traction Control System，TCS）用来防止驱动轮在车辆加速时出现滑转现象，又称驱动防滑系统（Acceleration Slip Regulation，ASR）。

1. TCS 的基本原理

车身电子控制模块（Electronic Body Control Module，EBCM）根据车轮转速信号来判断驱动轮是否出现了打滑。若两个驱动轮（或四轮驱动车辆的前后桥）之间存在转速差，EBCM 就判定为驱动轮出现了打滑现象，便输出控制指令驱动执行机构，以减小或消除打滑。

TCS 系统通过以下方式来实现驱动防滑控制。

（1）动力传动系统牵引转矩调节

当出现驱动轮加速滑转时，EBCM 便会通过 CAN 总线向动力传动系统的控制单元发出控制请求，请求降低来自动力传动系统的牵引转矩。

1）动力输出转矩调节。MCU 接收到请求后，将采取相应的控制措施以减小输出转矩。

2）自动变速器输出转矩调节。对于配置自动变速器的车辆，还可以通过升档的方式，使变速器输出的牵引转矩降低，来减少或消除驱动轮的打滑。

（2）驱动轮制动控制

当今车辆所用的差速器多为对称锥齿轮式差速器，其转矩特性是左右两侧半轴所分配到的转矩基本相等。当一侧驱动轮打滑时，打滑车轮上的驱动转矩较小，限制了另一侧车轮的驱动转矩的升高。

如果对打滑的车轮进行一定程度的制动，使它受到的阻力矩增大，则该车轮上的驱动转矩增加。同时，另一侧车轮上的驱动转矩也会随之增加，最终使车辆的驱动力增加，并且两驱动轮运动的速度趋于一致。

驱动轮制动控制方式也称为电子差速器锁止（Electronic Differential Locking，EDL）。

驱动轮制动控制方式通常不单独使用，而是与动力输出转矩调节协同工作。如果动力输出转矩调节不足以消除滑转，EBCM 再使用制动控制方式，对滑转车轮进行部分制动。使用制动控制方式时，制动轮缸内的压力被限制在 7MPa 以内，避免过制动。

为防止制动器过热，制动控制方式只在设定的时速以下短时间内使用。

2. TCS 的组成

TCS 在 ABS 电液控制系统的基础上，又增设了一些诸如 TCS 开关、警告灯以及控制电磁阀等电子和液压元器件。同时，由于 TCS 需要与电机控制器进行数据交换，如图 4-53 所示。

（1）信号输入装置

1）车轮转速传感器。EBCM 根据轮速信号确定车轮是否制动抱死或驱动滑转。

2）制动开关。在驱动防滑控制过程中，如果 EBCM 接收到制动信号，马上停止驱动防滑控制。

3）牵引力控制系统开关。TCS 开关是瞬时接触开关，该开关允许驾驶员控制牵引力控制系统不起作用。按下 TCS 开关至少 0.25s，才能向控制模块发出一个有效信号。控制模块

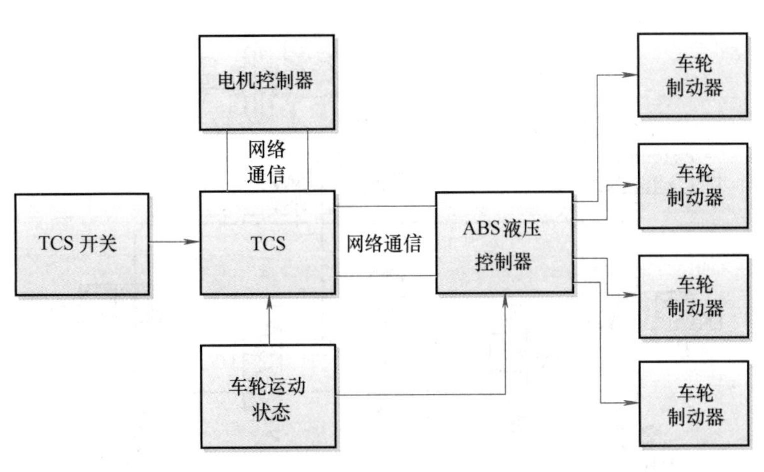

图 4-53 牵引力控制系统的组成

将 TCS 功能关闭，并点亮仪表板上的 TCS 故障指示灯。再次按下该开关时，TCS 功能恢复。每次通电时，控制模块使 TCS 功能自动启用，即使在上次通电期间关闭了牵引力控制功能。

（2）EBCM

EBCM 根据轮速传感器的信息计算制动时车轮的制动滑移程度和驱动时驱动轮的滑转程度。在制动防抱死控制和牵引力控制期间，EBCM 控制液压装置，调节轮缸的制动压力。EBCM 监测整个系统的工作状态，系统出现故障时，将故障信息存储在电擦除可编程只读存储器（EEPROM）中。

EBCM 控制 ABS 警告灯和 TCS 功能灯的点亮与熄灭。

在故障诊断时，EBCM 为诊断仪提供通信。

有些系统中还装有热限制器。EBCM 根据限滑制动的持续时间来计算制动器制动片的温度。当计算温度高于预置极限值时，中断 TCS 功能，并点亮 TCS 警告灯。当制动器冷却后，控制模块才使热限制器复位。但热限制器不影响 ABS 的工作。

（3）指示灯

除 ABS 故障指示灯和制动系统故障指示灯之外，TCS 系统还有 TCS 工作指示灯和 TCS 故障指示灯。

TCS 工作指示灯通常为绿色，图形如图 4-54 所示。车辆行驶期间，当牵引力控制系统工作时，TCS 工作指示灯闪烁，以提醒驾驶员车辆正行驶在糟糕的路面上。

TCS 故障指示灯通常为橙色，图形与工作指示灯相同。在 TCS 关闭的情况下，TCS 故障指示灯常亮。如果 TCS 故障指示灯在车辆启动后点亮，说明系统可能存在故障，TCS 功能已关闭。TCS 故障指示灯熄灭后，TCS 所有功能恢复正常。

图 4-54 TCS 工作指示灯

（4）执行器与液压单元

相较于 ABS，TCS 的液压单元中增加了隔离电磁阀（USV）和高压开关电磁阀（HSV），如图 4-55 所示。

隔离电磁阀装在制动主缸到进油阀之间的制动回路中，为常开式 2/2 阀。高压开关电磁阀装在制动主缸到回油泵进油侧之间的制动回路中，为常闭式 2/2 阀。

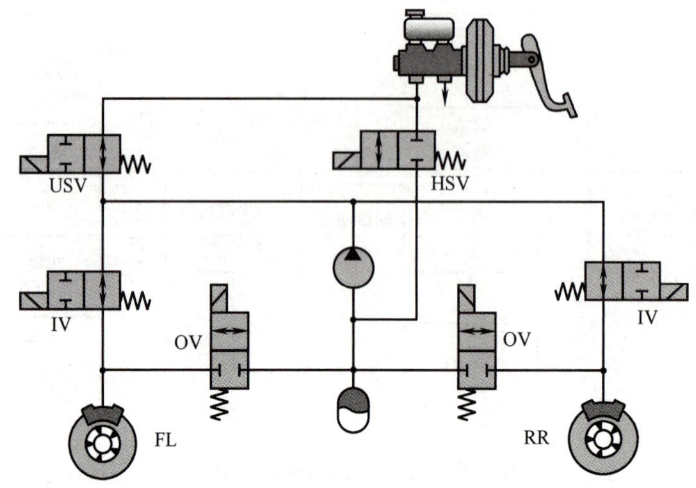

图 4-55　TCS 中的液压控制单元

IV—进油阀　OV—出油阀　HSV—高压开关电磁阀　USV—隔离电磁阀　FL—左前轮　RR—右后轮

注：图中只表示出了一条制动回路。

四、ESP 的组成、原理及其他

电子稳定程序（Electronic Stability Program，ESP）系统是一个主动防滑系统。车辆行驶过程中，ESP 不停地监控驾驶员的操纵意图和车辆的行驶状态。当识别出车辆处于不稳定状态时，ESP 迅速通过对制动系统、动力输出管理系统和变速器管理系统实施主动干预，有针对性地弥补车辆滑动，以提高行驶稳定性，降低汽车意外侧滑带来的事故风险。

1. ESP 的作用

ESP 可以使车辆在各种状况下保持最佳的稳定性，特别是在高速转弯或在湿滑路面上行驶时效果更加明显。

ESP 可以应对的典型工况有以下几种。

1）躲避前方突然出现的障碍物 C，如图 4-56 所示。

2）在急转弯车道上高速行驶，如图 4-57 所示。

3）在地面附着力不同的路面上行驶，如图 4-58 所示。

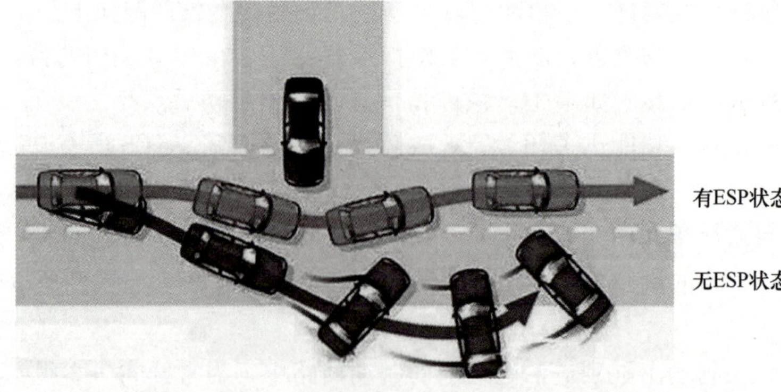

图 4-56　躲避前方突然出现的障碍物

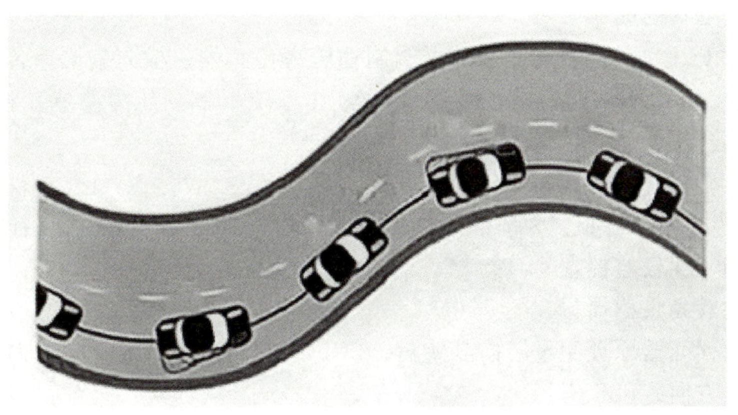

图 4-57　在急转弯车道上高速行驶

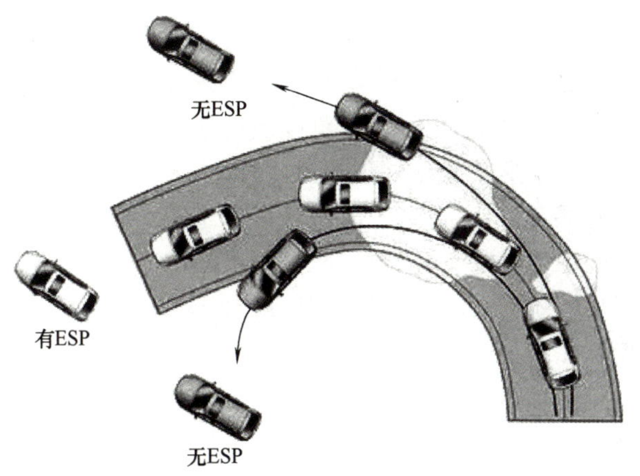

图 4-58　在地面附着力不同的路面上行驶

带 ESP 与不带 ESP 的车辆在弯道中行驶状态对比如图 4-59 所示。

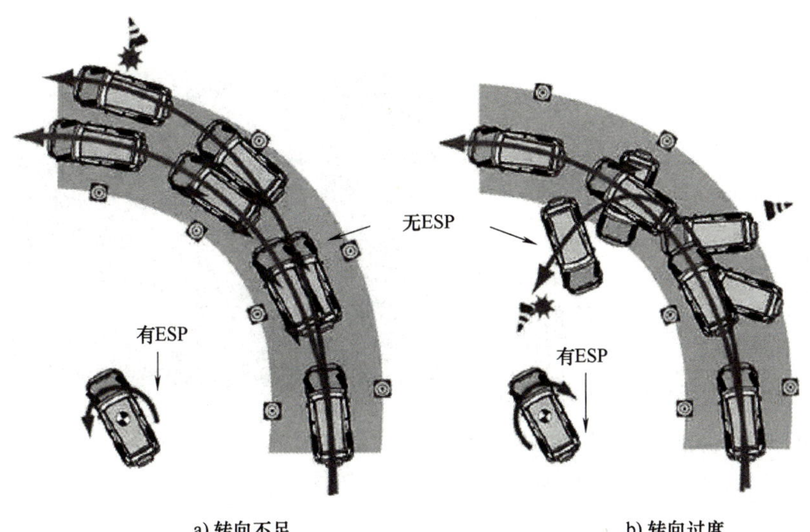

图 4-59　车辆在弯道中有无 ESP 行驶状态对比

2. ESP 的基本组成

ESP 一般由 ECU、转向盘转角传感器、制动压力传感器、横向偏摆率传感器、纵/侧向加速度传感器、ASR/ESP 开关、系统指示灯、液压系统（制动压力调节）及轮速传感器等组成。

（1）ECU

ECU 是 ESP 的控制核心，为确保高可靠性，采用冗余控制，用两个相同的处理器同时处理信号，并相互比较监控。

（2）转向盘转角传感器

该传感器依据光栅原理测量转向盘转角，ECU 以此获得预定的行驶方向。若无此信号，则无法确定行驶方向，ESP 失效。

（3）制动压力传感器

该传感器检测制动管路实际压力大小，ECU 由此计算出车轮上的制动力和整车的纵向力大小。

（4）横向偏摆率传感器

该传感器检测车辆绕其纵轴旋转的角度和转动角速度，ECU 以此来获得车辆的实际行驶方向。该传感器基于音叉形振荡式陀螺仪原理工作。

（5）纵向加速度传感器

该传感器只安装在四轮驱动的车辆上。对于单轴驱动车辆，可以通过计算制动压力、轮速信号以及动力控制管理系统信息，得出纵向加速度。

（6）侧向加速度传感器

该传感器检测车辆侧向加速度大小。

（7）ASR/ESP 开关

安装了防滑链的车辆在积雪路面或松软路面上起步，或车辆在测功机上检测时，应关闭 ESP。

（8）系统指示灯

ESP 指示灯在仪表板上的位置如图 4-60 所示。

3. ESP 的基本原理

从外部作用于汽车的所有力，包括制动力、驱动力及任何一种侧向力，都会引起汽车绕其质心转动。ESP 根据此原理，在汽车进入不稳定行驶状态时，通过对制动系统、驱动传动系统进行干涉，修正过度转向或转向不足的倾向，使汽车保持稳定行驶。

图 4-60　ESP 指示灯

电控单元的只读存储器（Read-Only Memory，ROM）中，预先存储了控制程序中的标准技术数据。当汽车传感器监测汽车行驶状态的各种数据并将数据随机传送给 ECU 时，ECU 立即调出预存的标准数据与之进行比较，判定车辆是否出现不稳定行驶趋势以及不稳定的程度及原因。一旦确定汽车有不稳定行驶的趋势，ESP 就会自动代替驾驶员控制汽车，通过计算机控制系统向制动执行机构和动力输出控制系统发出指令，采取最有利的安全措施修正驱动力和制动力阻止潜在危险情况的发生，使汽车恢复到安全稳定的行驶状态。

图 4-61 所示是汽车在转弯道路上行驶时的轨迹示意图。当汽车驶入弯道时，假如驾驶员通过转向盘使汽车转向的转弯半径大于弯道半径，这种情况称为转向不足。如汽车速度过快，则可能冲出路面。安装在汽车上的横向偏摆率传感器会测出转向偏差，侧向加速度传感器会测得右驶加速度偏大，转向盘转角传感器会测得左转向不足，并立即监测到这种冲出路面的危险趋势，将信号输入 ESP 中的 ECU，ECU 立即控制车轮制动力进行调整，制动力在汽车质心产生一个向内偏转的力矩，迫使汽车绕质心向内偏转一个角度。同时 ECU 控制减少动力输出转矩，将汽车速度降下来，并代替驾驶员使汽车转向角度稍大一些，使汽车按弯道半径要求的转向角度行驶，回到正确路线上。反之，假如驾驶员转向盘转动过猛，使汽车转弯半径小于弯道半径，这种情况称为转向过度。如汽车速度过快，则可能因离心力而向外翻转。安装在汽车上的横向偏摆率传感器、侧向加速度传感器和转向盘转角传感器等监测到这种翻转的危险趋势，立即将信号输入 ESP 中的 ECU，ECU 控制车轮制动力进行调整，制动力在汽车质心产生一个向外偏转的力矩，抵消离心翻转力矩，迫使汽车绕质心向外偏转一个角度，制止了汽车可能侧翻的趋势。同时，ECU 控制迅速减小驱动力，将汽车速度降下来，并代替驾驶员使汽车转向角度稍小一些，使汽车按弯道半径要求的转向角度行驶。

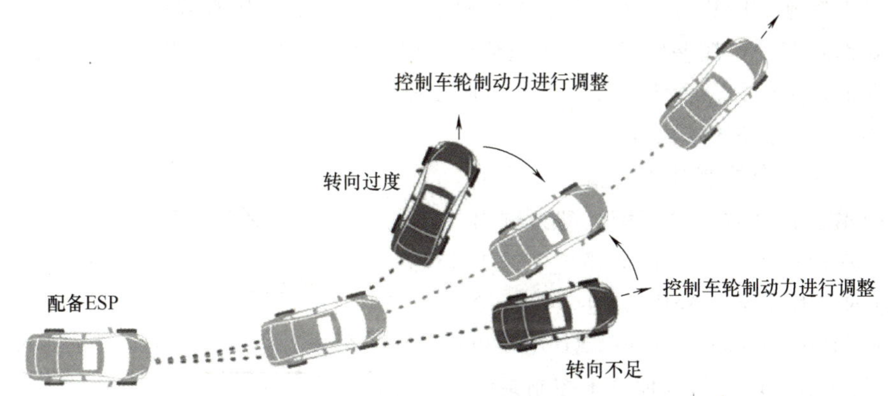

图 4-61　汽车转弯时的行驶轨迹

ESP 控制框图如图 4-62 所示。通过传感器收集转向盘转角、横向偏摆角速度、侧向加速度等信息，输入电控单元，检测转向盘转角输入和实际行驶状态，一旦识别出车辆不稳定状态，立刻对制动系统、动力输出管理系统和变速器管理系统等进行综合协调控制，从而降低车辆横向滑移，防止在制动时车轮抱死、起步时打滑和车辆侧滑。一般情况下，如果单独制动某个或某几个车轮不足以稳定车辆，ESP 将通过降低动力转矩输出或其他方式来进一步加强控制。在不踩制动踏板时，制动预压力一般来源于 ABS 液压控制单元。

综上所述，汽车 ESP 在汽车出现不稳定行驶趋势时，采用了两种不同的控制方法，使汽车消除行驶的不稳定因素，恢复并保持汽车预定的行驶状态。其一，ESP 通过精确地控制一个或者多个车轮的制动过程（脉冲制动），根据需要分配施加在每个车轮上的制动力，迫使汽车产生一个绕其质心转动的旋转力矩，同时代替驾驶员调整汽车行驶方向。其二，在必要时（比如车速太快、动力输出驱动转矩过大），ESP 自动进行动力输出减转矩控制，以降

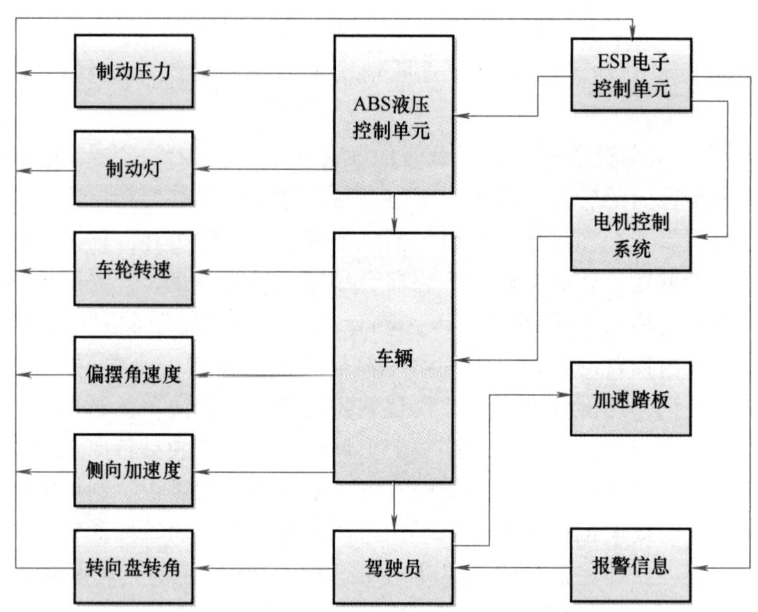

图 4-62　ESP 控制框图

低汽车的行驶速度，提高行驶稳定性。

通过以上措施，ESP 可以使汽车在进行蛇形线路测试的时候有效地避免汽车发生翻转，特别是在路面附着性比较差的时候，诸如结冰、湿滑以及存在碎石等情况下，可以有效地保持行驶方向的稳定性，从而大大提高了汽车的安全性能。

4. ESP 与其他系统的关系

ESP 是一项综合控制技术，整合了多项电子制动技术，通过对制动系统、动力输出管理系统施加控制来防止车辆滑移。装备了 ESP，则同时具有 TCS（ASR）、电子差速锁（Electronic Differential System，EDS）和 ABS/EBD 的功能，ESP 与其他电子控制系统的关系如图 4-63 所示。

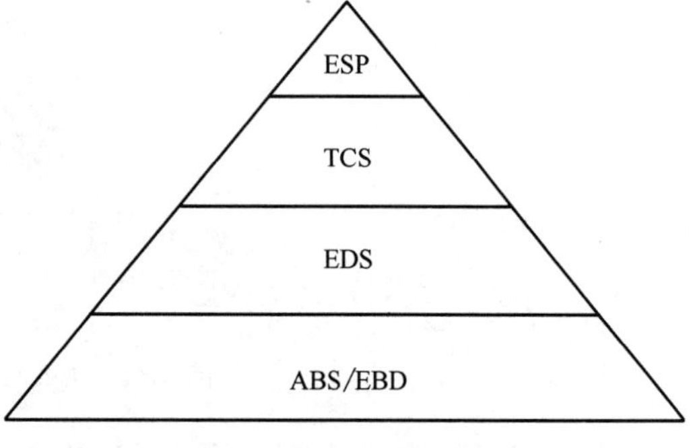

图 4-63　ESP 与其他电子控制系统的关系

工作时，ESP 与其他系统的控制优先原则如下。

（1）TCS 逻辑覆盖 ESP 逻辑（只发生在驱动轮）

即选择较低的制动压力施加在车轮上。与 TCS 直接介入有所不同的是，此时动力源来自 ESP 压力调节器，否则将破坏液压系统。

（2）ESP 逻辑覆盖 ABS 逻辑

因为 ESP 产生接近 50% 的滑移率来稳定车辆，超出 ABS 20% 的逻辑控制范围，所以 ESP 逻辑覆盖 ABS 逻辑。

（3）动力输出转矩调节

如果 ESP 和 TCS 都需要降低动力输出转矩，则优先采用最大调节量。在 ESP 出现故障而不能正常工作时，ABS 和 ASR 系统能照常工作，以保证汽车正常行驶和制动。

ESP 的功能不是简单的 ABS 和 ASR 的功能叠加，而是远超二者功能之和，因此，ESP 能使汽车在极其恶劣的条件下保持行驶的稳定性。

5. ESP 的应用

目前，ESP 系统的主要生产厂家有博世（BOSCH）等，奥迪 A4、A6、A8，大众帕萨特，别克荣御，一汽马自达 6，日产天籁，宝马 Z4，沃尔沃 C70 等中、高档轿车都装备了 ESP。

五、EBA 系统的功能、组成与工作过程

传统的制动系统中，制动踏板与执行机构之间以机械或液压方式连接。当驾驶员踩下制动踏板后，制动系统的反应迟滞时间较长，对制动效能有较大影响。另外，如果需要产生大的制动力，则要依靠真空助力器或增压器等装置来协助完成，这些部件占据了一定的车辆空间。还有，在 ABS 工作时，制动踏板的反弹力会使没有经验的驾驶员产生错觉，做出抬起制动踏板的动作，这是很危险的。

电子控制制动辅助（Electronic Brake Assist，EBA）系统采用线控制动（brake-by-wire）技术，在构成上取消了真空助力器和真空泵，制动踏板与执行机构之间没有任何机械连接，将制动助力器和 ESP 集成在一起。操纵单元通过冗余的传感器将检测到的制动踏板操纵信号传输给电控单元，电控单元按一定的算法发出控制命令，在液压调节器中转换为相应的轮缸制动压力。

1. EBA 系统的功能

（1）EBA 系统的基本功能

EBA 系统的基本功能就是制动：使车辆减速、使车辆停下来和使车辆保持在静止状态。作为主动制动控制，EBA 系统还承担着操纵制动器、进行制动力分配和控制制动力的任务，并具有故障自诊断功能。

（2）EBA 系统的附加功能

带有附加功能的 EBA 系统，可以明显提高汽车的安全性和舒适性。

1）起步辅助制动。在激活起步辅助制动后，制动力明显增加，汽车保持在静止状态而不需要持续踩制动踏板制动。当驾驶员踩下加速踏板后，一旦动力输出转矩足够，系统就会自动松开制动器。在其他情况下，如汽车在静止状态没有制动而车轮滚动时，在激活起步辅助制动后，驾驶员不需要持续制动汽车。

2）扩大制动辅助功能。松开加速踏板，EBA 系统可以自动建立一定的制动压力，使制动片轻靠在制动盘或制动鼓上。在出现紧急制动时，该措施可让汽车尽快停下来，缩短制动距离。若系统识别出驾驶员紧急制动，可以在短时间内将制动压力提高到附着系数允许的最佳制动压力，在驾驶员延迟制动时仍可明显缩短制动距离。

3）“软”停车。在舒适型制动时，在停车前短时间借助 EBA 系统制动控制的制动压力自动减小功能，可以使车辆停车时驾驶员和乘员不前冲。在汽车减速度较高的情况下，不会激活“软”停车功能。

4）交通拥堵附加功能。在激活交通拥堵附加功能时，利用 EBA 系统制动控制功能，在松开加速踏板时可得到较大的动力倒拖转矩。这样，在交通拥堵时不需要频繁踩踏加速踏板和制动踏板。在需要时可对汽车自动制动直至停车和将汽车保持在静止状态。交通拥堵附加

功能只能在汽车速度低于 60km/h 时才激活。

5）制动盘擦拭功能。当风窗玻璃刮水器接通时，制动盘擦拭功能可经常擦拭掉制动盘上的水膜，以缩短制动距离。

2. EBA 系统的组成

EBA 系统主要由传感器、电子控制单元、液压调节器和操纵单元等组成，如图 4-64 和图 4-65 所示。

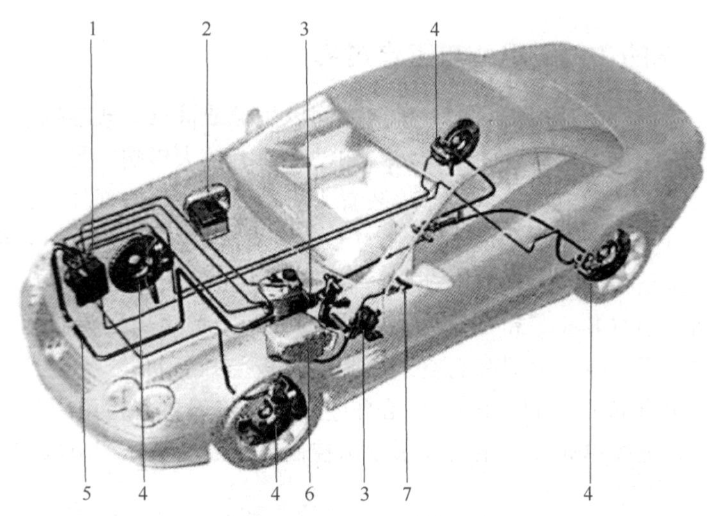

图 4-64 EBA 系统的组成

1—带 EBA 系统控制单元的液压单元 2—熔丝盒 3—操纵单元
4—主动式轮速传感器 5—液压管路 6—ESP 控制单元 7—横摆率传感器

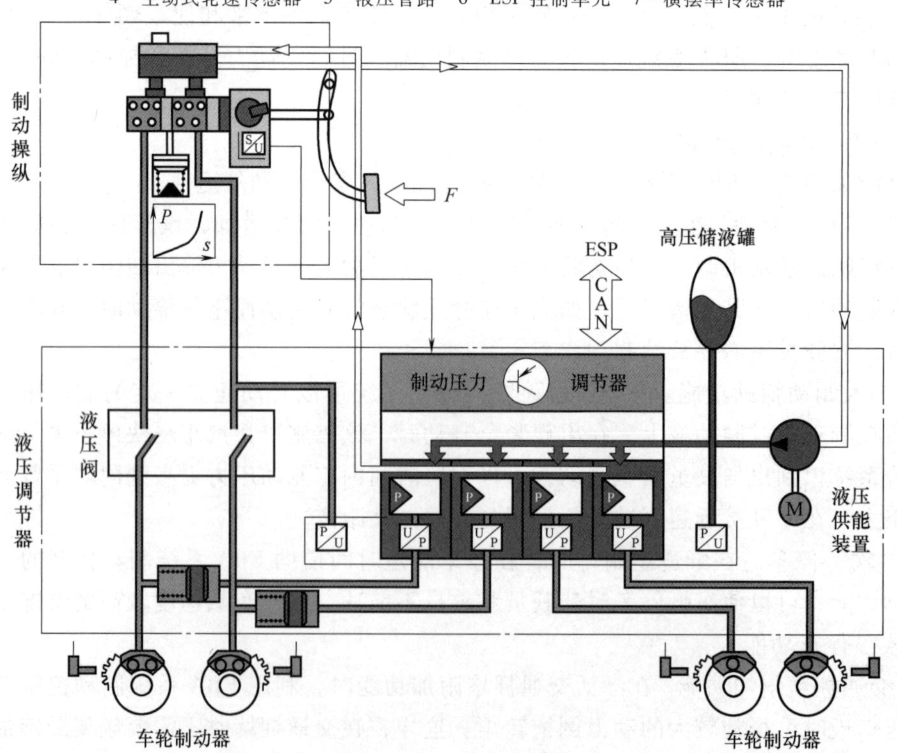

图 4-65 EBA 系统的功能模块

操纵单元与制动踏板相连，主要由带稳压罐的主缸、制动踏板行程传感器和制动踏板行程模拟器等组成。制动踏板行程模拟器装在主缸上，用弹簧和液压力的阻尼来模拟制动过程中（位移和速度）踏板上的作用力，并起到一定的缓冲作用。当电液制动器制动时，模拟器可使驾驶员获得与常规制动系统相同的感觉。

轮速传感器、横向偏摆率传感器、转向盘转角传感器和横向加速度传感器将车速、车辆运动状态等汽车行驶状态数据传递给 EBA 系统控制单元和 ESP 控制单元。

EBA 系统的电子控制系统有两个微处理器，它们具有自诊断功能，持续监控系统的可信度并互相监控。

4 个压力传感器分别监测每个车轮液压制动回路中的制动液压力。1 个压力传感器监测高压储液罐的制动液压力。

制动踏板行程传感器安装在操纵单元上，为两个冗余的、独立的角度传感器。它们和制动压力传感器相配合，可以三重检测驾驶员的制动意愿。即使有一个传感器出现故障，整个系统仍可继续工作。

液压调节器连接操纵单元和制动轮缸，由隔离电磁阀、压力调节器、高压蓄能器、液压泵、电机等组成。电机在 EBA 系统电控单元的控制下驱动液压柱塞泵，使高压蓄能器中的压力升高到 14~16MPa，并由蓄能器上的压力传感器监控，确保了即使在动力关闭时也能在最短时间内提供最大的制动压力。

高压的制动液进入车轮制动压力调节器中。每个车轮的制动压力调节器都由两个比例调节特性的分配阀和 1 个压力传感器组成。

由于 EBA 系统把制动踏板与制动器进行了隔离，即使制动时 ABS 开始起作用，驾驶员也不会感觉到制动踏板反弹，提高了驾驶舒适性。

3. EBA 系统的工作过程

（1）正常制动

正常制动时，EBA 系统处于线控制动方式。当驾驶员踩下制动踏板时，系统会根据踏板行程传感器和制动压力传感器检测出驾驶员的制动意向。控制单元再结合其他传感器信号获知汽车的行驶状态，并计算出各个车轮所需的制动压力。两个隔离电磁阀通电，切断制动轮缸与操纵单元的连接。电机运转驱动液压泵，液压泵和高压蓄能器通过制动压力调节器向各个制动轮缸提供高压制动液，使车辆快速、稳定地制动。

系统中每个车轮的制动压力都可以单独控制，并通过压力传感器进行监控。例如，当汽车转向时，EBA 系统主要对外车轮施加制动；当要倒车时，EBA 系统主要对后轴施加制动；当汽车连续下坡制动时，EBA 系统轮流对前轴和后轴施加制动；当汽车载货时，EBA 系统又能根据整车质心的变化来分配各车轮的制动力。

在弯道上制动时，EBA 系统能根据实际情况分配制动力，增加外侧车轮的制动力来提高制动效果，同时减小内侧车轮的制动力以提高侧向力，使车辆具有良好的弯道制动性能。

紧急制动时，EBA 系统借助电子部件测量和传递信号，反应速度比单纯的液压制动系统快。由于采用了高压蓄能器，制动压力也比传统制动系统高，因此可以明显缩短制动距离。

可以通过调节 EBA 系统控制单元的应用程序，来满足不同汽车生产商甚至驾驶者的要求，设计不同的踏板感觉和制动效果。例如可以设计成柔软和舒适的制动感觉，或者具有偏硬的制动感觉。因而，EBA 系统能满足现代汽车紧凑型设计和柔性化生产的要求。

（2）系统故障时制动

出于安全考虑，当 EBA 系统出现重大故障（如供电故障）时，汽车仍应能实现制动。因此，在操纵单元和制动轮缸之间设有两个常开型的隔离电磁阀。在没有电流通过时，制动液可以从操纵单元直接进入制动轮缸，实现制动。

为了在系统出现故障时也有最好的制动性能，EBA 系统的主动制动回路和常规的前轮制动回路之间装有分离活塞，从而防止高压蓄能器排出的气体进入前轮制动器的制动回路中。因为在系统出现故障时，进入前轮制动器制动回路中的气体会减小制动效率。

六、EPB 的组成与功能

电子驻车制动器（Electronic Parking Brake，EPB）采用开关代替手动制动杆来进行驻车制动，使用由 ECU 控制的电机来驱动驻车制动器，无须安装手动制动拉索，简化了车辆的生产和装配过程。

1. EPB 的组成

电子驻车制动器主要由开关、电子控制单元、执行器和指示灯组成，如图 4-66 所示。

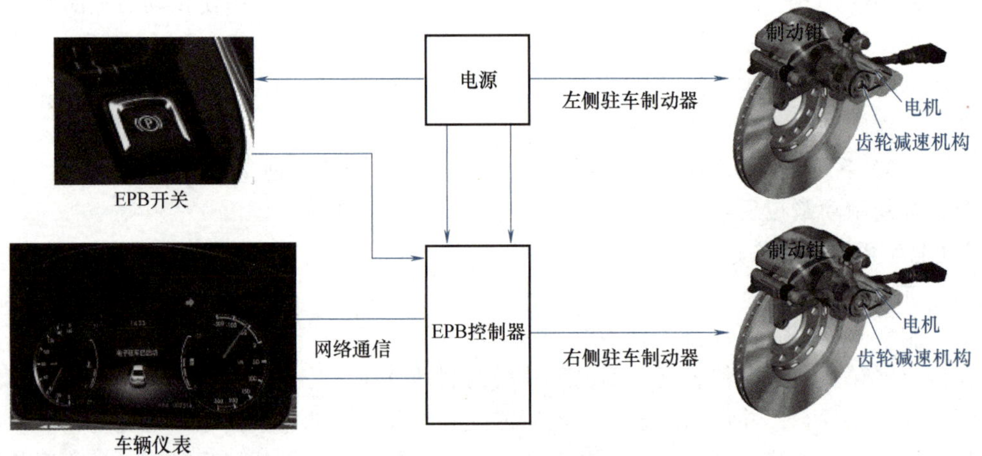

图 4-66　电子驻车制动器的组成

（1）开关

1）驻车制动器开关。驻车制动器开关用来操纵驻车制动器。拉出开关，驻车制动器就处于工作（拉紧）状态。要想松开驻车制动器（使其不工作），只有在通电的情况下，按下开关的同时踏下制动踏板或加速踏板。

2）AUTO HOLD 开关。通过 AUTO HOLD 按钮可以打开或关闭 AUTO HOLD 功能。

（2）电子控制单元

电子驻车制动器的控制单元内装有两个处理器，驻车制动器松开的命令由这两个处理器共同执行。控制单元通过专用 CAN 数据总线与 ESP 控制单元联网，并通过 ESP 控制单元与动力总线相连。

控制单元中集成有横向加速度传感器、纵向加速度传感器以及行驶偏转传感器，用于电子驻车制动和 ESP 调节。从纵向加速度传感器的信号可以推算出倾斜角。

(3) 执行器

电子驻车制动器的执行器为电机，它和减速传动机构一起构成执行器模块。根据执行器模块和驻车制动器中的位置关系不同，电子驻车制动器有分离式和集成式两种类型。

分离式 EPB 的执行器模块由电机、减速齿轮组、离合器、螺栓、平衡器和紧急解锁拉线组成，通过拉线操纵驻车制动器，如图 4-67 所示。分离式 EPB 结构简单，易于在车上加装。

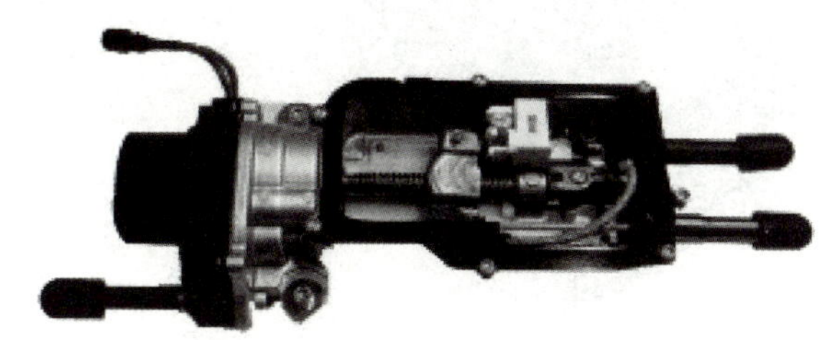

a) 执行器外观

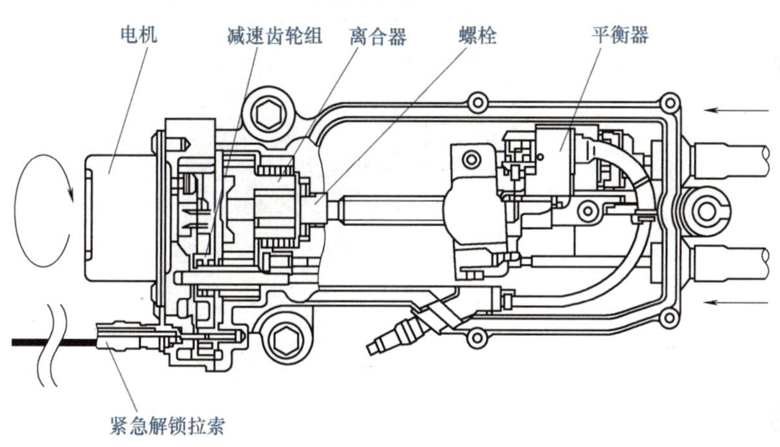

b) 执行器结构

图 4-67　分离式电子驻车制动器的执行器模块

当 EPB 控制单元使电机正向转动时，电机通过减速机构和离合器使螺栓转动，带动螺母和拉线平衡器向左移动，并通过拉线使驻车制动器制动。当 EPB 控制单元使电机反向转动时，驻车制动释放。

集成式 EPB 的执行器模块集成在后轮制动钳中，如图 4-68 所示，由伺服电机、减速机构和螺杆传动组等组成，伺服电机响应电子控制单元的指令转动，经减速机构减速后驱动执行机构。

螺杆传动组的螺杆由电机通过减速机构驱动，它只能转动而不能轴向移动。螺母安装在制动轮缸活塞中，它只能轴向移动而不能旋转，如图 4-69 所示。

电机正转时，螺母推动活塞和制动片压紧制动盘，实现驻车制动。螺杆装置具有自锁功能，系统在驻车后的断电状态下，保持锁止状态。电机反转时，螺母回位，活塞被密封圈拉回位，驻车制动解除。

电机通过齿轮机构和螺杆使螺母压向制动活塞和制动片。压力导致电机消耗的电流增加。如果电流增大到超过设定的阈值，控制单元将切断供电。

a) 执行器安装位置

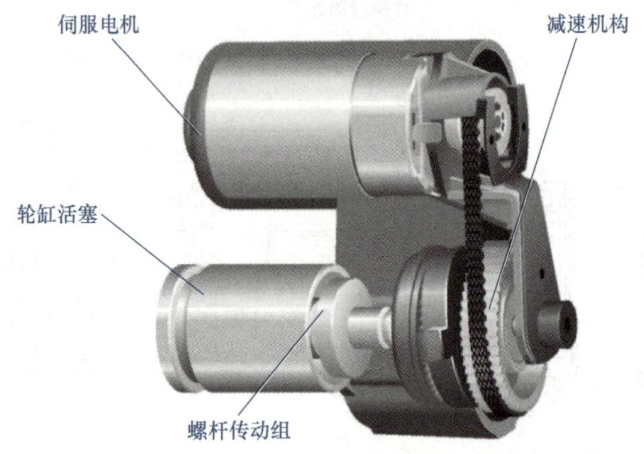

b) 执行器结构

图 4-68　集成式电子驻车制动器的执行器模块

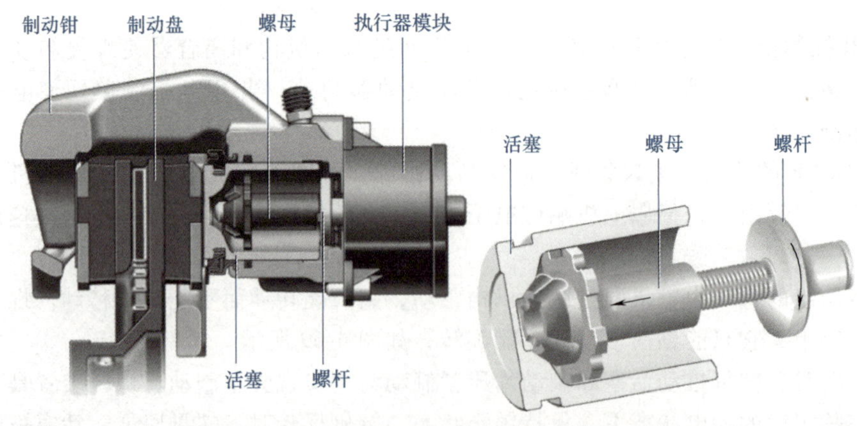

图 4-69　集成式电子驻车制动器执行器模块结构

液压制动时，制动液将活塞压向制动片，实现制动。此时，密封环变形。制动结束后，液压下降，密封环带动活塞缩回，制动片离开制动盘。

（4）指示灯

1）EPB 指示灯。EPB 指示灯位于驻车制动开关内。当按下开关且驻车制动被激活时，指示灯点亮。

2）AUTO HOLD 指示灯。AUTO HOLD 指示灯位于 AUTO HOLD 按钮中。按下按钮 AUTO HOLD 打开时，指示灯点亮。

3）EPB 故障指示灯。EPB 故障指示灯位于组合仪表中。如果制动装置发生故障，故障指示灯点亮。

2. 电子驻车制动器的功能

（1）驻车制动功能

通过按 EPB 按钮来启用和释放 EPB。即使在启动键关闭的情况下也可以启用 EPB。

如果在启动键接通的情况下启用 EPB，EPB 指示灯以及制动指示灯点亮。如果在启动键关闭的情况下启用 EPB，两个指示灯点亮约 30s，然后熄灭。

车辆静止以后，控制单元就会通过一个温度曲线模型持续地判定制动盘当前的温度。如果制动器（制动片和制动盘）冷却，必要时，EPB 还会自动张紧。

只有在启动键接通的情况下才能释放 EPB。踩下制动踏板（制动管路压力约 10×10^5Pa），同时按 EPB 按钮，EPB 将释放。

当驾驶员系上安全带，关上车门并启动车辆后，踩下加速踏板或车辆起步时，EPB 自动释放，EPB 指示灯和制动指示灯熄灭。EPB 控制单元根据倾斜角度和动力输出转矩，计算出何时释放 EPB。

驾驶员按 EPB 按钮，EPB 控制单元通过专用 CAN 数据总线与 ABS 控制单元通信，确定车速低于 7km/h，EPB 启动制动电机，实现制动。

驾驶员再次按 EPB 按钮同时踩下制动踏板，驻车制动器释放。

（2）动态紧急制动功能

制动踏板失灵或卡住时，EPB 可以通过动态紧急制动功能制动车辆。

车辆行驶时，通过按住 EPB 按钮，可以制动车辆。这时，警报音响起，并且制动灯接通。

车速超过 7km/h 时，ESP 建立液压制动压力并调节制动过程，在所有车轮上实现动态紧急制动功能，有 6~8$\mathrm{m/s^2}$ 的减速度。

车速低于 7km/h 时，EPB 启用驻车制动电机，实现制动。

为了避免误操作，只要再次踩下加速踏板，紧急制动功能立即终止。

按住 EPB 按钮，EPB 控制单元通过专用 CAN 数据总线与 ABS 控制单元通信，确定车速高于 7km/h，ESP 控制单元启动液压泵，在液压管路中建立液压制动压力，液压管路与 4 个车轮制动器连接，车辆制动。

如果松开 EPB 按钮或者操纵加速踏板，EPB 控制单元解除动态紧急制动功能。

（3）自适应起步辅助功能

通过按 EPB 按钮来启用和释放 EPB。当驾驶员想要起步时，选择一档并且踩下加速踏板，EPB 控制单元根据纵向倾斜角度、动力输出转矩、加速踏板位置、变速器档位等参数，决定何时释放驻车制动器。只有当驱动力矩大于控制单元计算出的斜坡阻碍力矩时，驻车制动才会解除，确保车辆不会溜车。

只有在驾驶员侧车门关闭、安全带已经系上并且动力开始输出的情况下，该功能才能起效。

（4）AUTO HOLD 功能

按下 AUTO HOLD 按钮，按钮中的指示灯点亮，该功能激活。再次按下按钮，指示灯熄灭，功能关闭。每次启动键接通时，都必须按 AUTO HOLD 按钮来激活该功能。

只有当驾驶员侧车门关闭、安全带已经系上并且车辆已经启动时，AUTO HOLD 功能才会激活。只要以上三种情况中的一种发生变化，AUTO HOLD 功能就会关闭。

AUTO HOLD 功能的作用流程如下。

1）驾驶员通过踩踏制动踏板使车辆停下后，释放制动踏板。

2）ESP 控制单元根据倾斜度计算出制动压力，通过 4 个车轮制动器的液压制动使车辆保持静止。若车辆意外移动，ESP 则自动增加制动压力。

3）3min 后，ABS 控制单元将计算出的制动压力传递给 EPB 控制单元，EPB 介入，制动方式由液压式转换成电控机械式，同时制动液压力自动降低。

AUTO HOLD 辅助功能如下。

1）“Stop and Go”功能。驾驶员通过制动使车辆静止后无须再踩制动踏板，在停停走走的行驶状况下，减轻了驾驶员的负担。

2）起步辅助功能。停止过程和起步过程的自动化给车辆坡道起步提供了支持，使车辆不会溜车。

3）自动驻车功能。在 AUTO HOLD 启用的状况下，如果车辆停止并且驾驶员侧车门打开、安全带被解除或启动键关闭，驻车制动器会自动工作。

（5）制动片磨损识别和间隙校正功能

EPB 还能定期测量制动片的厚度。车辆每行驶一段里程（500～1000km）后，如果驾驶员仍没有操作过驻车制动器，EPB 将会自动进行一次制动器间隙校正。制动片磨损识别和间隙校正在车辆静止且驻车制动器不工作时进行。校正时，制动片从零位向制动盘移动。EPB 控制单元根据霍尔传感器的测量值计算出制动片的行程，从而得知制动片的厚度，并对制动片磨损进行补偿。

【实训任务九】 电子制动控制系统的维护与检修

实训任务 9-1 轮速传感器的更换

实训场地与器材

新能源汽车整车、新能源汽车作业工位、举升机、工作灯、汽车拆装工具车。

作业准备

1）检查举升机。

2）新能源汽车整车和防护三件套等 5S 操作准备。

操作步骤

1）选择合适的工具，按照车型技术手册要求进行轮速传感器的拆卸。

① 举升汽车。

② 脱开前轮速传感器总成上的连接插头，如图 4-70 中的箭头所示。

③ 如图 4-71 所示，将前轮速传感器总成线束从传感器安装支架、车身及减振器上的固定夹上脱开。

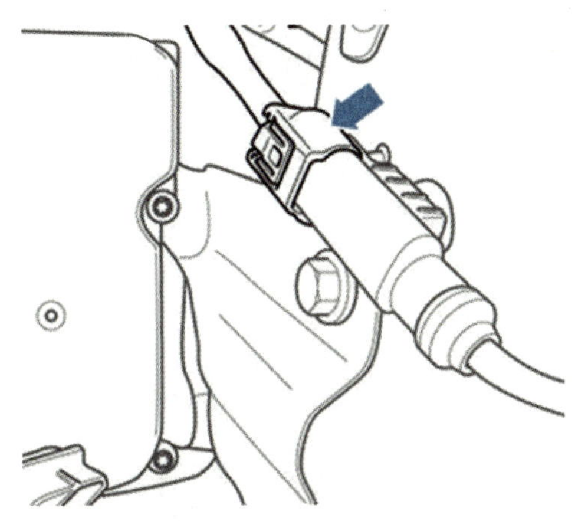

图 4-70　脱开前轮速传感器总成上的连接插头

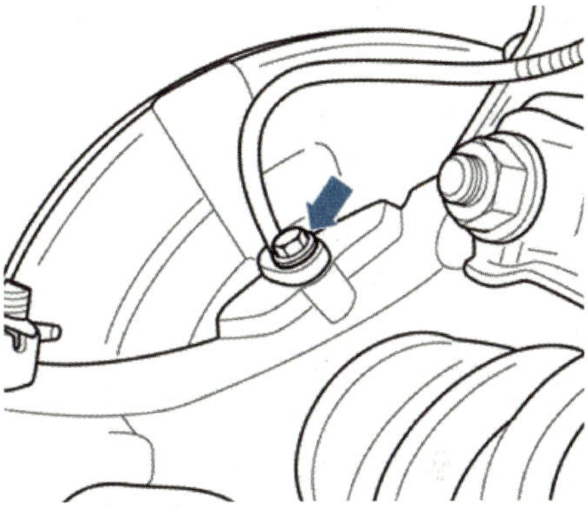

图 4-71　脱开前轮速传感器线束

④ 从转向节上拧出前轮速传感器总成固定螺栓，如图 4-71 中的箭头所示。螺栓拧紧力矩为（8±2）N·m。

⑤ 将前轮速传感器总成从转向节上拉出。

⑥ 取下前轮速传感器总成。

2）轮速传感器的安装步骤如下

① 在装入前轮速传感器总成前要清洁孔内的表面，用热的螺栓膏涂抹前轮速传感器总成一圈。

② 将前轮速传感器总成装入转向节上的安装孔中，并用（8±2）N·m 的力矩拧紧螺栓，固定连接线束。

③ 连接前轮速传感器总成插头。

竣工检验

整理、恢复作业场地。

实训任务总结

<table>
<tr><td rowspan="2">轮速传感器的更换</td><td rowspan="2">工作任务单</td><td>班级：</td></tr>
<tr><td>姓名：</td></tr>
</table>

1. 车辆信息记录

品牌		整车型号		生产年月	
轮速传感器类型		动力蓄电池电压		行驶里程	
车辆识别码					

2. 作业场地准备

检查是否设置隔离栏	□是　□否
检查是否设置安全警示牌	□是　□否
检查灭火器压力及有效期是否符合要求	□是　□否
安装车辆挡块	□是　□否

3. 记录轮速传感器更换的操作过程

轮速传感器的更换		实习日期：	
姓名：	班级：	学号：	导师签名：
自评：□熟练□不熟练	互评：□熟练□不熟练	师评：□合格□不合格	
日期：	日期：	日期：	

轮速传感器的更换【评分细则】

序号	评分项	得分条件	分值	评分要求	自评	互评	师评
1	安全/5S/态度	□1. 能进行工位5S操作 □2. 能进行设备和工具的安全检查 □3. 能进行车辆安全防护操作 □4. 能进行工具的清洁、校准及存放操作 □5. 能进行“三不落地”操作	15	未完成1项扣3分	□熟练 □不熟练	□熟练 □不熟练	□合格 □不合格
2	专业技能	□1. 能正确识别轮速传感器的类型 □2. 能正确进行轮速传感器的拆卸 □3. 能熟练进行轮速传感器的检测 □4. 能正确进行轮速传感器的安装 □5. 能正确进行轮速传感器的更换	50	未完成1项扣10分	□熟练 □不熟练	□熟练 □不熟练	□合格 □不合格
3	工具及设备的使用能力	□1. 能正确举升车辆 □2. 能正确使用工作灯 □3. 能正确进行工具的使用	10	未完成1项扣4分，扣分不得超过10分	□熟练 □不熟练	□熟练 □不熟练	□合格 □不合格
4	资料及信息的查询能力	□1. 能正确使用维修手册查询资料 □2. 能正确使用用户手册查询资料 □3. 能在规定时间内查询所需资料	10	未完成1项扣4分，扣分不得超过10分	□熟练 □不熟练	□熟练 □不熟练	□合格 □不合格
5	判断及分析能力	□1. 能判断轮速传感器的类型 □2. 能判断传感器的技术状态 □3. 能判断传感器的安装状态	10	未完成1项扣4分，扣分不得超过10分	□熟练 □不熟练	□熟练 □不熟练	□合格 □不合格
6	表单填写及报告的撰写能力	□1. 能正确记录所需的维修信息 □2. 字迹清晰 □3. 语句通顺 □4. 无错别字 □5. 无涂改	5	未完成1项扣1分	□熟练 □不熟练	□熟练 □不熟练	□合格 □不合格
总分：							

实训任务 9-2 电子制动器控制总成的更换

实训场地与器材

新能源汽车整车、新能源汽车作业工位、举升机、工作灯。

作业准备

1）检查举升机。

2）新能源汽车整车和防护三件套等 5S 操作准备。

操作步骤

1）读取、记录现有的 ABS 控制器总成编码。

2）按照技术要求，断开蓄电池负极电缆。

3）用制动液加注和排气装置或抽吸装置从储液罐中尽可能多地抽出制动液。

4）脱开图 4-72 中箭头 A 所指的线束卡扣，断开箭头 B 所指的 ESP 控制器总成线束插接器。

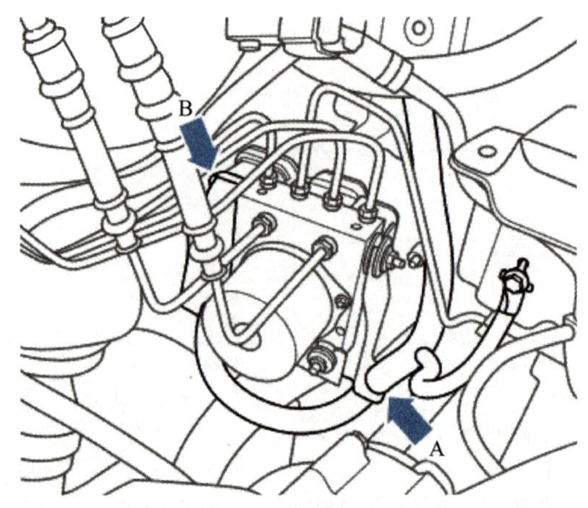

图 4-72 脱开箭头 A、B 所指的卡扣及插接器

5）旋出图 4-73 中箭头 A 所指的制动主缸一腔硬管总成油管接头。

箭头 A 所指的油管接头拧紧力矩为 14~18N·m。箭头 A 所指的油管接头使用工具为 12mm 油管扳手。

6）旋出图 4-73 中箭头 B 所指的制动主缸二腔硬管总成油管接头。

箭头 B 所指的油管接头拧紧力矩为 14~18N·m。箭头 B 所指的油管接头使用工具为 12mm 油管扳手。

7）旋出图 4-73 中箭头 C、D、E、F 所指的油管接头，脱开制动油管与 ESP 控制器的连接，用维修套件中密封塞将其封闭。箭头 C、D、E、F 所指的油管接头拧紧力矩为 14~18N·m，箭头 C、D、E、F 所指的油管接头使用工具为 10mm 油管扳手。

8）旋出固定螺母，取出 ESP 控制器组件。

9）旋出图 4-74 中箭头所指的固定螺母，脱开 ESP 控制器总成①与固定支架②的连接。箭头所指螺母规格为 M6×1.0。箭头所指螺母拧紧力矩为 7～9N・m。箭头所指螺母使用工具为 10mm 六角套筒。

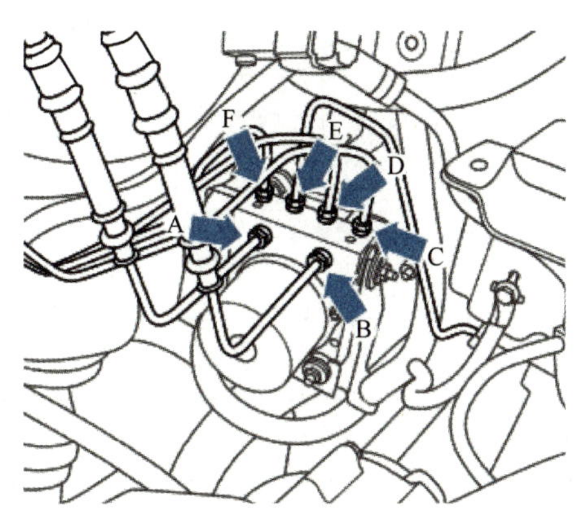

图 4-73　旋出油管接头

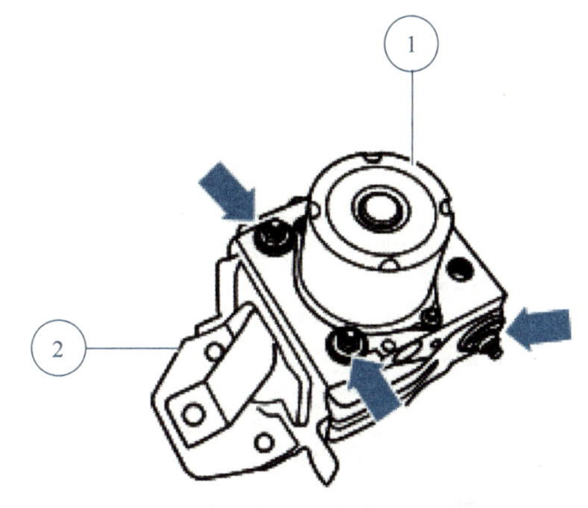

图 4-74　脱开 ESP 控制器总成①与固定支架②的连接

竣工检验

整理、恢复作业场地。

实训任务总结

<table>
<tr><td rowspan="2">电子制动器控制总成的更换</td><td rowspan="2">工作任务单</td><td colspan="4">班级：</td></tr>
<tr><td colspan="4">姓名：</td></tr>
<tr><td colspan="6">1. 车辆信息记录</td></tr>
<tr><td>品牌</td><td></td><td>整车型号</td><td></td><td>生产年月</td><td></td></tr>
<tr><td>制动器类型</td><td></td><td>动力蓄电池电压</td><td></td><td>行驶里程</td><td></td></tr>
<tr><td>车辆识别码</td><td colspan="5"></td></tr>
<tr><td colspan="6">2. 作业场地准备</td></tr>
<tr><td colspan="4">检查是否设置隔离栏</td><td colspan="2">□是　□否</td></tr>
<tr><td colspan="4">检查是否设置安全警示牌</td><td colspan="2">□是　□否</td></tr>
<tr><td colspan="4">检查灭火器压力及有效期是否符合要求</td><td colspan="2">□是　□否</td></tr>
<tr><td colspan="4">安装车辆挡块</td><td colspan="2">□是　□否</td></tr>
<tr><td colspan="6">3. 记录电子制动器控制总成更换的操作过程</td></tr>
</table>

电子制动器控制总成的更换		实习日期:	
姓名:	班级:	学号:	导师签名:
自评:□熟练□不熟练	互评:□熟练□不熟练	师评:□合格□不合格	
日期:	日期:	日期:	

电子制动器控制总成的更换【评分细则】

序号	评分项	得分条件	分值	评分要求	自评	互评	师评
1	安全/5S/态度	□1. 能进行工位5S操作 □2. 能进行设备和工具的安全检查 □3. 能进行车辆安全防护操作 □4. 能进行工具的清洁、校准及存放操作 □5. 能进行“三不落地”操作	15	未完成1项扣3分	□熟练 □不熟练	□熟练 □不熟练	□合格 □不合格
2	专业技能	□1. 能正确读取、记录现有的ABS控制器总成编码 □2. 能正确进行电子制动控制器总成的拆卸 □3. 能熟练进行电子制动控制器总成的检测 □4. 能正确进行电子制动控制器总成的安装 □5. 能正确进行电子制动控制器总成的更换	50	未完成1项扣10分	□熟练 □不熟练	□熟练 □不熟练	□合格 □不合格
3	工具及设备的使用能力	□1. 能正确举升车辆 □2. 能正确使用工作灯 □3. 能正确进行工具的使用	10	未完成1项扣4分,扣分不得超过10分	□熟练 □不熟练	□熟练 □不熟练	□合格 □不合格
4	资料及信息的查询能力	□1. 能正确使用维修手册查询资料 □2. 能正确使用用户手册查询资料 □3. 能在规定时间内查询所需资料	10	未完成1项扣4分,扣分不得超过10分	□熟练 □不熟练	□熟练 □不熟练	□合格 □不合格
5	判断及分析能力	□1. 能判断车载ABS控制的类型 □2. 能判断电子控制器总成的技术状态	10	未完成1项扣5分	□熟练 □不熟练	□熟练 □不熟练	□合格 □不合格
6	表单填写及报告的撰写能力	□1. 能正确记录所需的维修信息 □2. 字迹清晰 □3. 语句通顺 □4. 无错别字 □5. 无涂改	5	未完成1项扣1分	□熟练 □不熟练	□熟练 □不熟练	□合格 □不合格
总分:							

参考文献

[1] 胡勇，娄学辉. 汽车传动系统检测与修复 [M]. 2版. 北京：机械工业出版社，2017.
[2] 梁朝彦，高云. 汽车构造与维修（底盘部分）[M]. 北京：北京航空航天大学出版社，2008.
[3] 曾显恒，胡勇. 汽车电器系统检测与修复 [M]. 北京：机械工业出版社，2011.
[4] 施明香. 汽车转向、行驶与制动系统检修 [M]. 北京：机械工业出版社，2018.
[5] 杨培刚. 汽车转向、行驶与制动系统检修 [M]. 北京：机械工业出版社，2021.
[6] 李佳音. 新能源汽车构造原理与检测维修 [M]. 北京：机械工业出版社，2018.
[7] 艾若扎维克. 汽车底盘及其诊断维修 [M]. 司利增，等，编译. 北京：电子工业出版社，2006.
[8] 王鸿波，谢敬武. 新能源汽车构造与检修 [M]. 北京：机械工业出版社，2018.
[9] 陈社会. 新能源汽车构造与检修 [M]. 北京：人民交通出版社股份有限公司，2021.
[10] 金加龙. 汽车底盘构造与维修 [M]. 4版. 北京：电子工业出版社，2016.